Um Sábado Qualquer...

Boteco dos Deuses

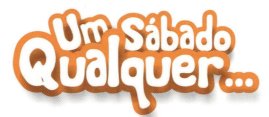

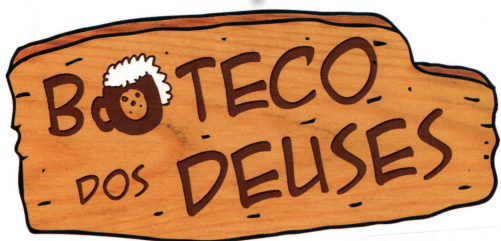

CARLOS RUAS

2ª edição

Rio de Janeiro-RJ / Campinas-SP, 2014

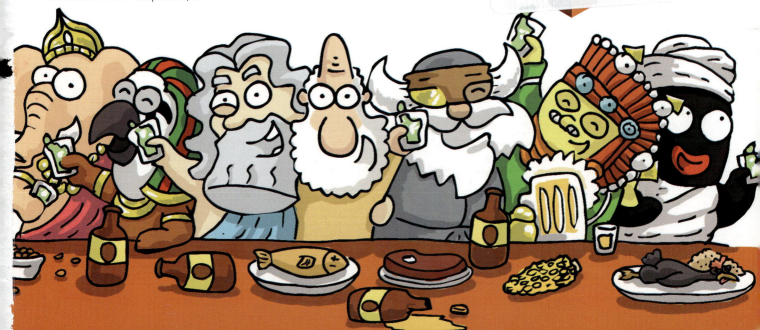

Editora: Raïssa Castro
Coordenadora editorial: Ana Paula Gomes
Revisão: Anna Carolina G. de Souza
Capa, diagramação e ilustrações: Carlos Ruas

ISBN: 978-85-7686-185-0

Copyright © Carlos Ruas, 2012
Todos os direitos reservados.

Direitos reservados em língua portuguesa, no Brasil, por Verus Editora.
Nenhuma parte desta obra pode ser reproduzida ou transmitida
por qualquer forma e/ou quaisquer meios (eletrônico ou mecânico,
incluindo fotocópia e gravação) ou arquivada em qualquer sistema ou
banco de dados sem permissão escrita da editora.

Verus Editora Ltda.
Rua Benedicto Aristides Ribeiro, 55, Jd. Santa Genebra II, Campinas/SP,
13084-753 Fone/Fax: (19) 3249-0001 | www.veruseditora.com.br

CIP-BRASIL. CATALOGAÇÃO NA FONTE
SINDICATO NACIONAL DOS EDITORES DE LIVROS, RJ

R822b

Ruas, Carlos, 1987-
   Boteco dos deuses / [texto e ilustração] Carlos Ruas. - 2.ed. - Campinas,
SP : Verus, 2014.
   il. ; 21 cm

Textos em quadrinhos
ISBN 978-85-7686-185-0

1. História em quadrinhos. I. Título.

12-2296	CDD: 741.5
	CDU: 741.5

Revisado conforme o novo acordo ortográfico

Impressão e acabamento: Yangraf

VÁ COM DEUS! OU MELHOR, COM DEUSES!

QUANDO O CARLOS RUAS ME PEDIU PARA PREFACIAR ESTE SEU SEGUNDO ÁLBUM (O PRIMEIRO SAIU EM *2011*, PELA DEVIR), EU ESTAVA NUMA CORRERIA INSANA DE TRABALHOS. MESMO ASSIM, NÃO PUDE RECUSAR O CONVITE, PELA SIMPLES RAZÃO DE QUE SOU MUITO FÃ DAS TIRAS QUE COMEÇARAM NO SITE UM SÁBADO QUALQUER E GANHARAM AS LIVRARIAS.

LEMBRO BEM DA PRIMEIRA VEZ QUE VISITEI O SITE DO RUAS. DE CARA, ADMITO QUE A OPÇÃO POR DEUS ESTRELANDO AS TIRAS ME DEIXOU COM A PULGA ATRÁS DA ORELHA. AFINAL, O GENIAL LAERTE JÁ HAVIA FEITO UMA SÉRIE COM O TODO-PODEROSO. MAS BASTOU LER ALGUMAS HISTÓRIAS PARA VER QUE A PEGADA ERA DIFERENTE.

SE NO COMEÇO AS TIRAS GIRAVAM QUASE SEMPRE EM TORNO DE DEUS, ADÃO, EVA E A CRIAÇÃO DO MUNDO, COM O PASSAR DO TEMPO O AUTOR RESOLVEU AMPLIAR SEU LEQUE DE ATUAÇÃO. AFINAL, SE JÁ ESTAVA BRINCANDO (DE MANEIRA DIVERTIDA, PORÉM RESPEITOSA, DIGA-SE) COM OS ÍCONES DA FÉ CRISTÃ, POR QUE NÃO ESTENDER ESSA SAUDÁVEL ZOAÇÃO PARA OUTRAS DEIDADES?

E É ISSO QUE VOCÊ VAI CONFERIR NAS PÁGINAS A SEGUIR. COM SEU *BOTECO DOS DEUSES*, CARLOS RUAS CRIOU UMA SABOROSA SÁTIRA, NA QUAL REÚNE DEUS, ZEUS, HÓRUS, ODIN, OXALÁ, BUDA E, VEJA SÓ, O... GOOGLE!

EM MEIO ÀS DISPUTAS MALUCAS DE TODOS ELES PELA FÉ DOS HUMANOS, HÁ LUGAR PARA APARIÇÕES IMPAGÁVEIS DE ADÃO, EVA, DO DIABO LUCIRALDO E ATÉ DE CHARLES DARWIN, MOISÉS, NOÉ E DO MÉDIUM CHICO XAVIER, QUE FAZEM SUAS PONTAS NAS TIRAS!

O QUE MAIS ATRAI NAS TIRAS DE CARLOS RUAS (QUE TAMBÉM PARTICIPA DE ALGUMAS COMO PERSONAGEM) É O HUMOR LEVE QUE UTILIZA PARA APROXIMAR OS ATOS DAS DIVINDADES DOS REALIZADOS POR NÓS, MEROS MORTAIS. E O MELHOR: LEITORES ATENTOS VÃO SACAR QUE, POR DETRÁS DAS PIADAS, HÁ, SIM, AULINHAS DE MITOLOGIA. BASTA A PESSOA SE INTERESSAR EM BUSCAR INFORMAÇÕES ADICIONAIS.

ENTÃO, PUXE UMA CADEIRA, ACOMODE-SE E PEÇA UM DRINQUE NESTE DIVERTIDO "BOTECO". VOCÊ NÃO VAI NEM PRECISAR DAR UM POUCO PRO SANTO, POIS OS CHEFES DELES ESTÃO TODOS POR AQUI.

SIDNEY GUSMAN
JORNALISTA E EDITOR-CHEFE
DO UNIVERSOHQ.COM

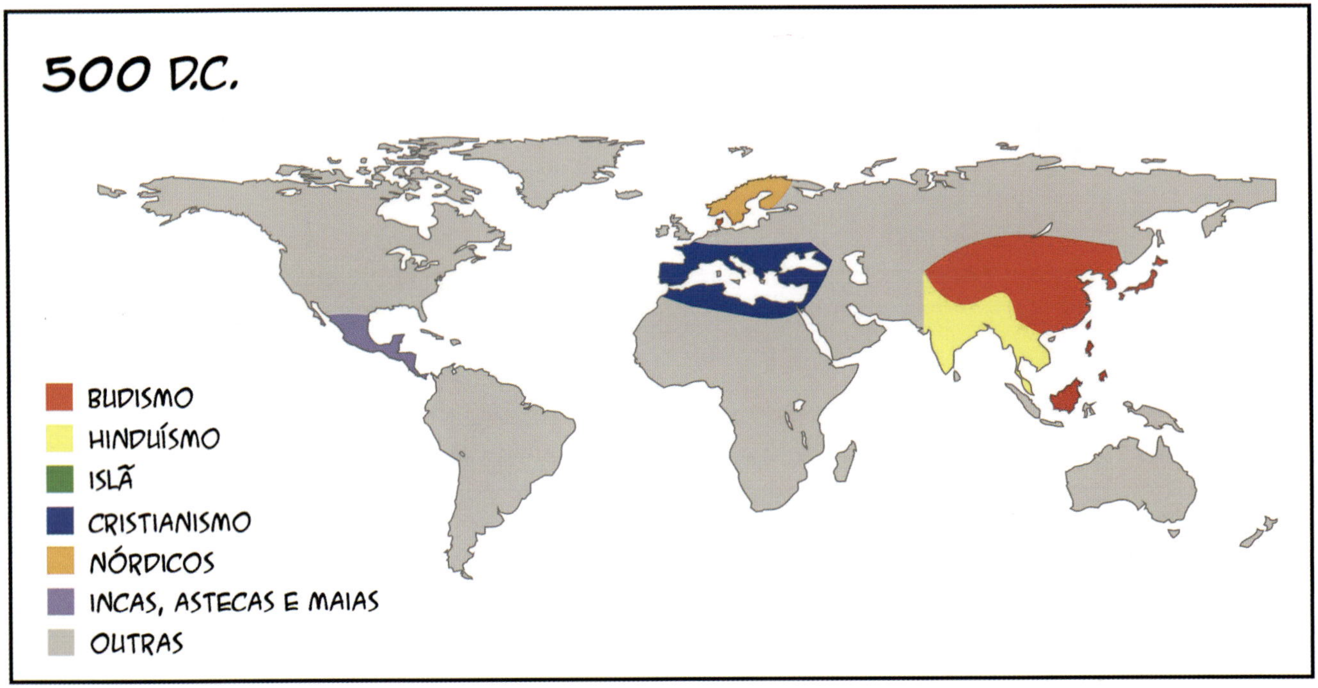
500 D.C.
BUDISMO
HINDUÍSMO
ISLÃ
CRISTIANISMO
NÓRDICOS
INCAS, ASTECAS E MAIAS
OUTRAS

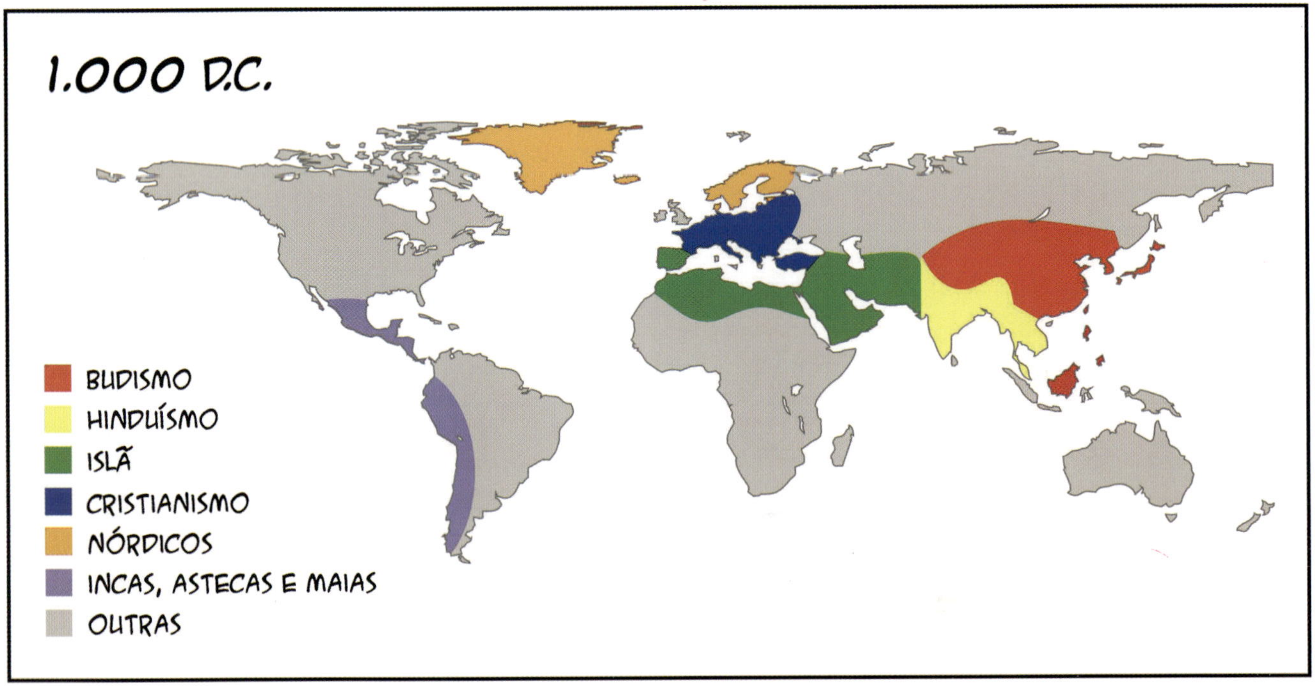
1.000 D.C.
BUDISMO
HINDUÍSMO
ISLÃ
CRISTIANISMO
NÓRDICOS
INCAS, ASTECAS E MAIAS
OUTRAS

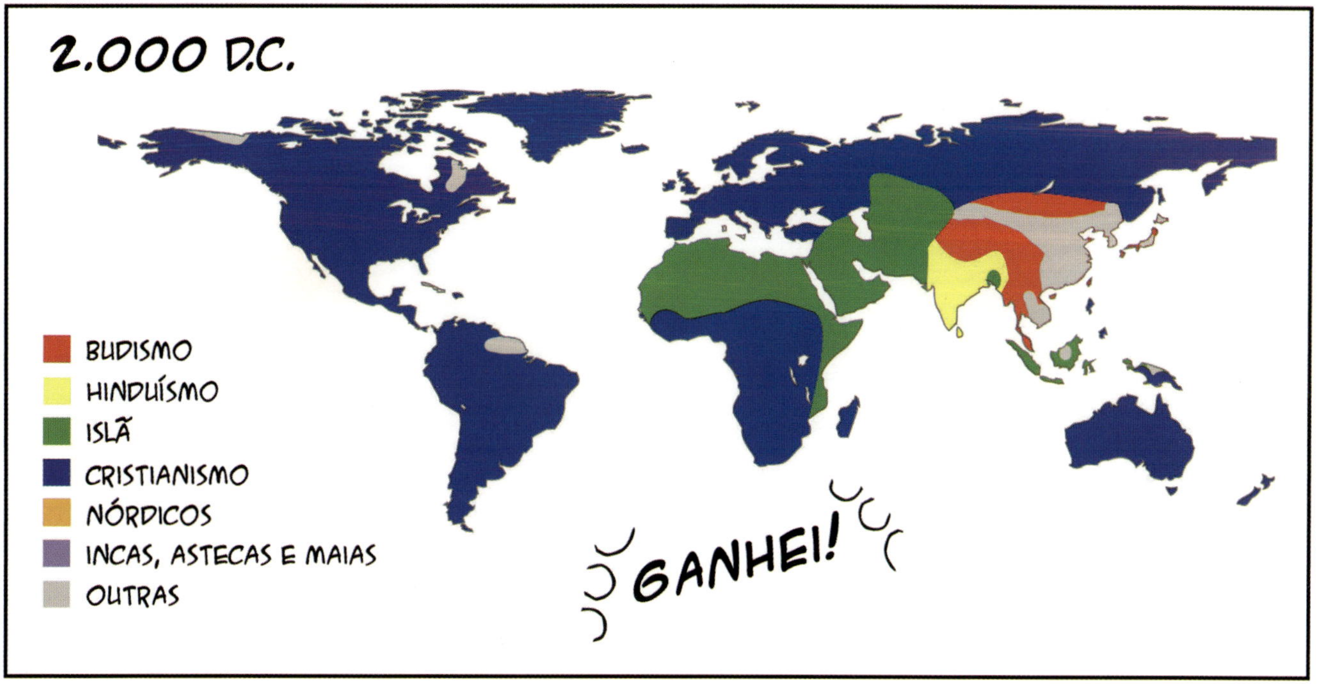
2.000 D.C.
BUDISMO
HINDUÍSMO
ISLÃ
CRISTIANISMO
NÓRDICOS
INCAS, ASTECAS E MAIAS
OUTRAS
GANHEI!

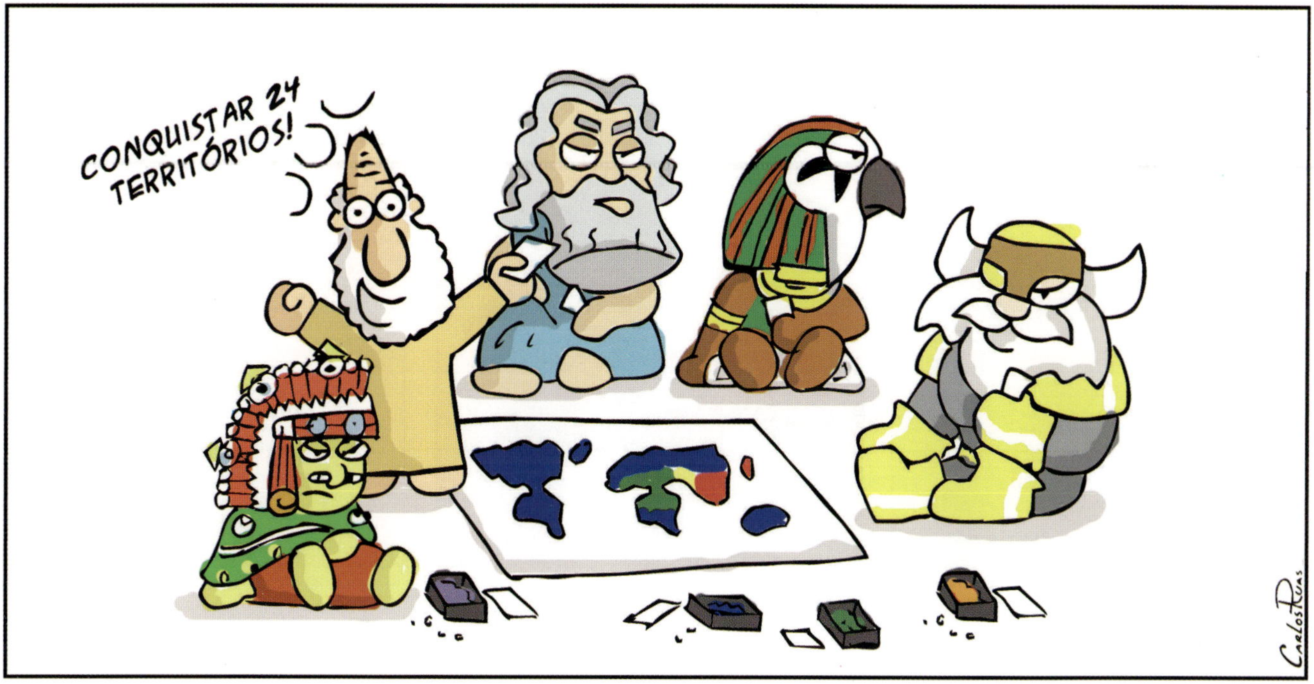
CONQUISTAR 24 TERRITÓRIOS!
CARLOS RUAS

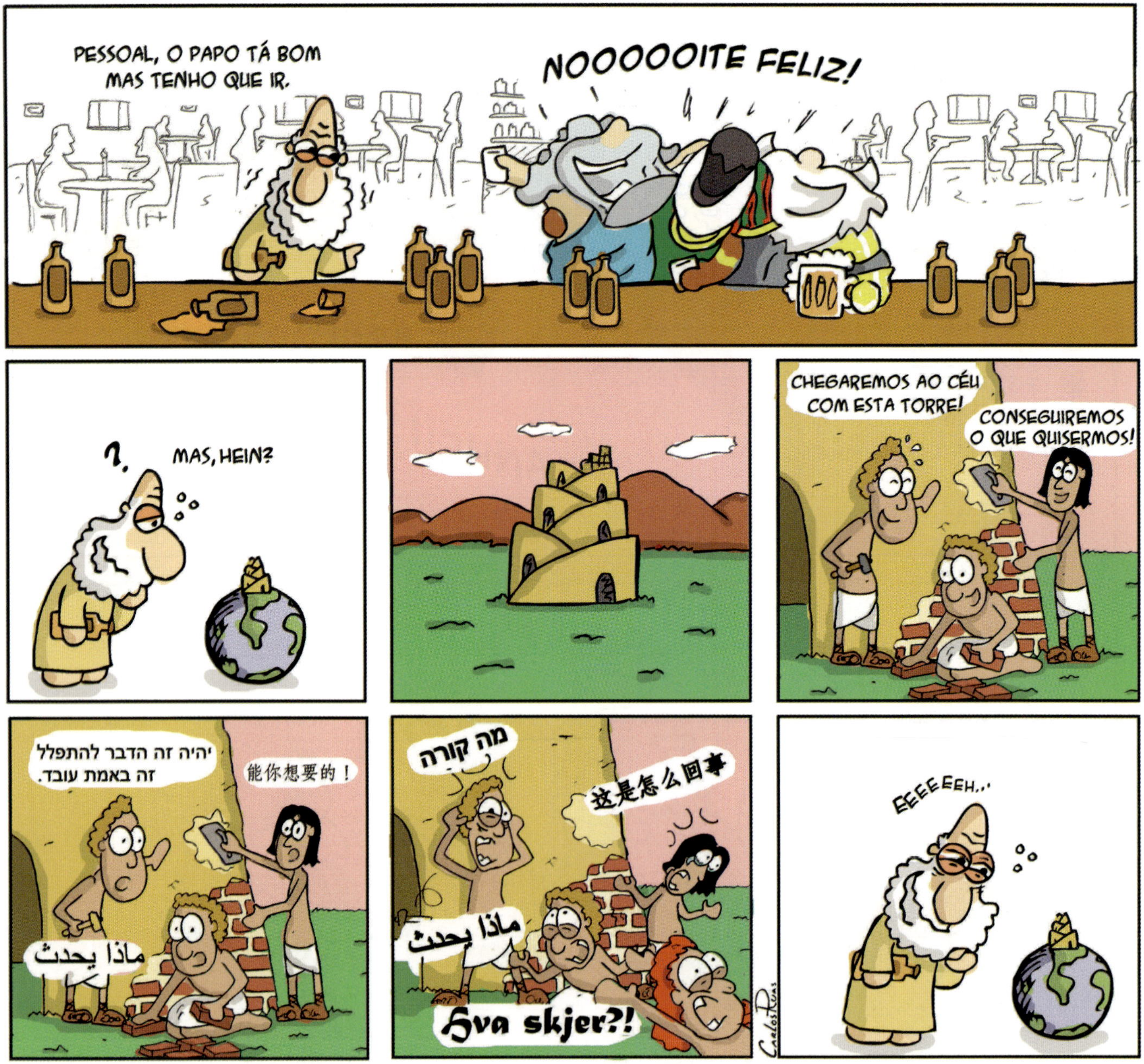

PESSOAL, O PAPO TÁ BOM MAS TENHO QUE IR.
NOOOOOITE FELIZ!
MAS, HEIN?
CHEGAREMOS AO CÉU COM ESTA TORRE!
CONSEGUIREMOS O QUE QUISERMOS!
יהיה זה הדבר להתפלל
זה באמת עובד.
能你想要的！
ماذا يحدث
מה קורה
这是怎么回事
ماذا يحدث
Hva skjer?!
EEEEEEH...

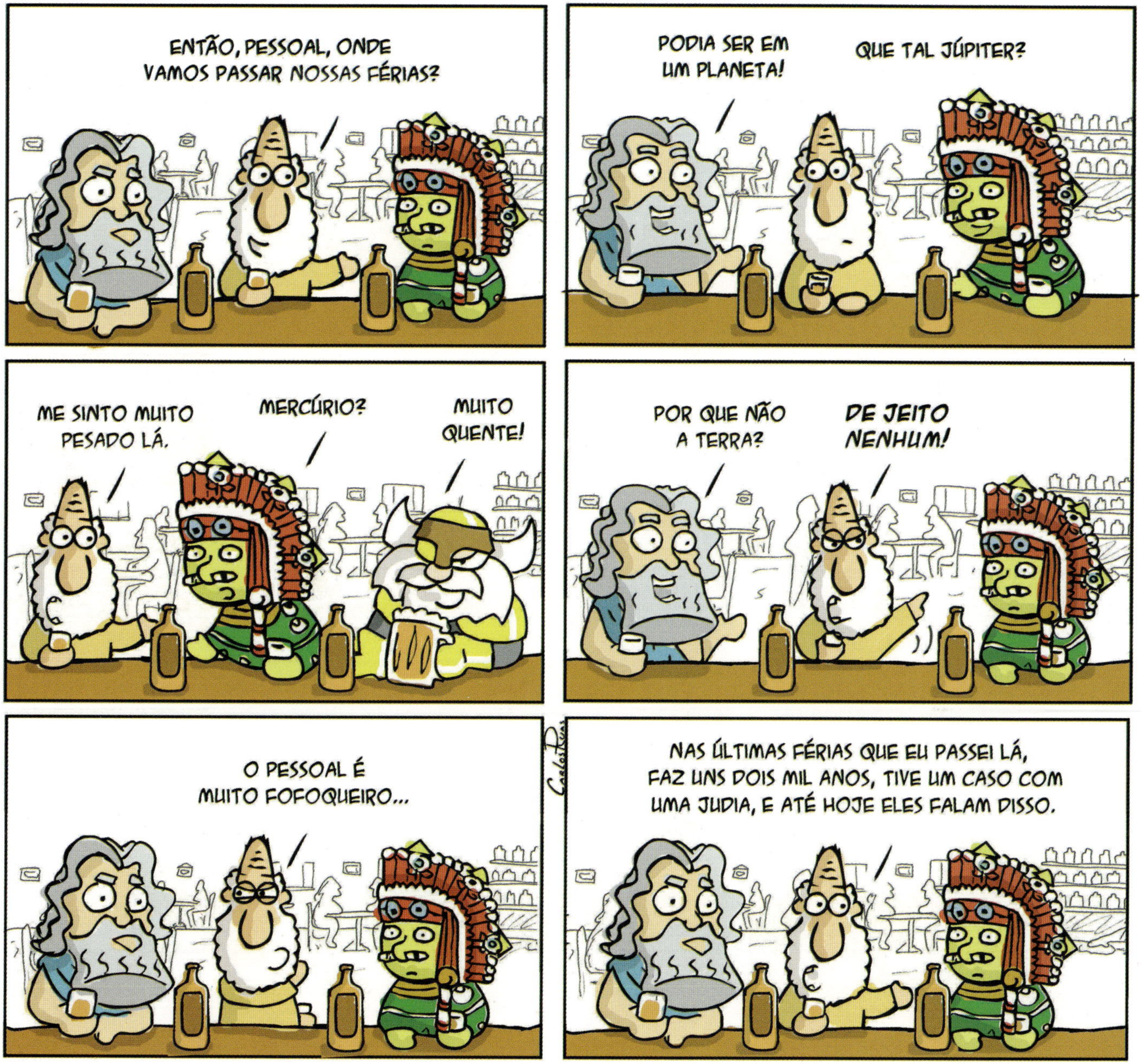
ENTÃO, PESSOAL, ONDE VAMOS PASSAR NOSSAS FÉRIAS?
PODIA SER EM UM PLANETA!
QUE TAL JÚPITER?
ME SINTO MUITO PESADO LÁ.
MERCÚRIO?
MUITO QUENTE!
POR QUE NÃO A TERRA?
DE JEITO NENHUM!
O PESSOAL É MUITO FOFOQUEIRO...
Carlos Ruas
NAS ÚLTIMAS FÉRIAS QUE EU PASSEI LÁ, FAZ UNS DOIS MIL ANOS, TIVE UM CASO COM UMA JUDIA, E ATÉ HOJE ELES FALAM DISSO.

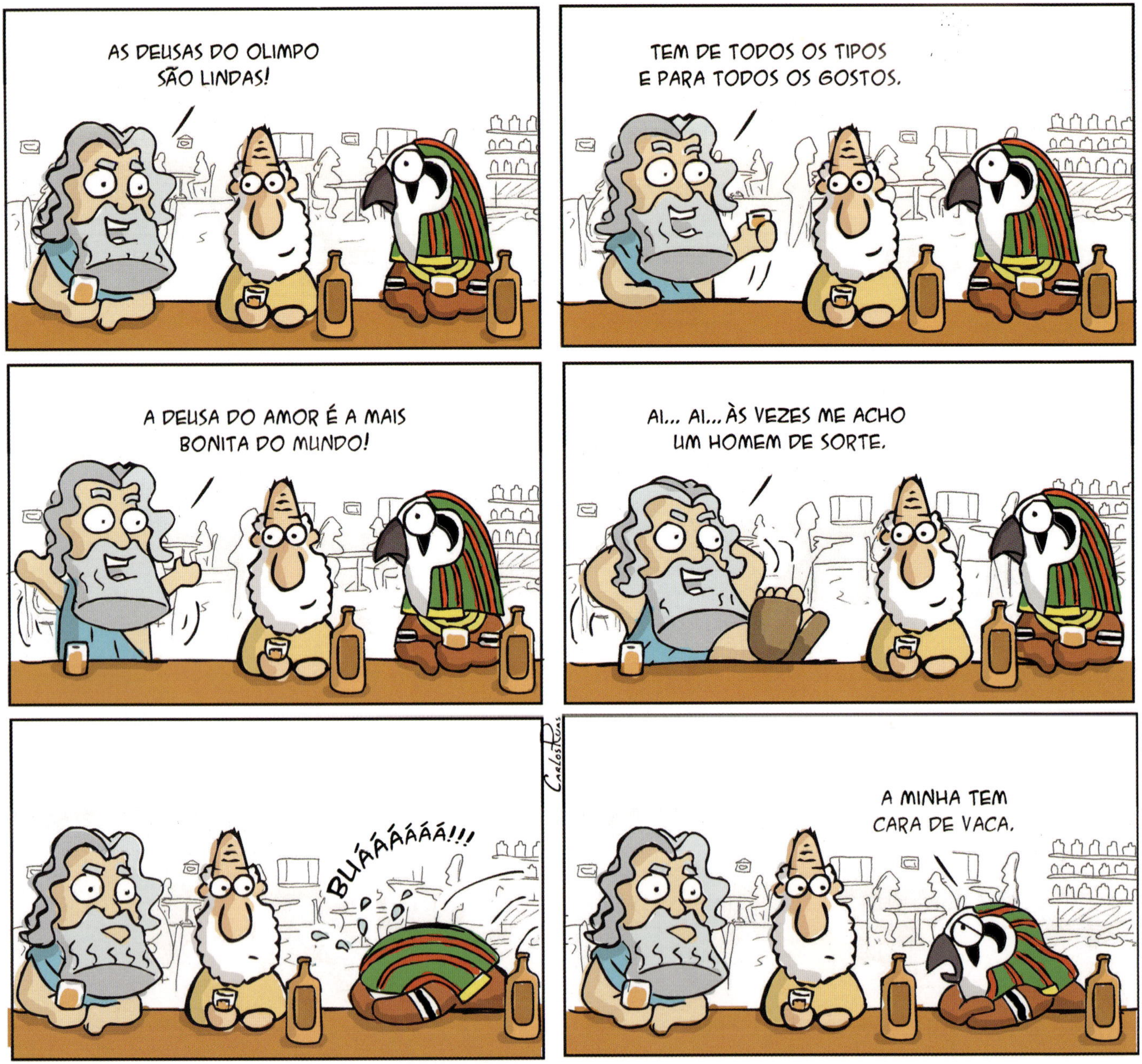
AS DEUSAS DO OLIMPO SÃO LINDAS!
TEM DE TODOS OS TIPOS E PARA TODOS OS GOSTOS.
A DEUSA DO AMOR É A MAIS BONITA DO MUNDO!
AI... AI... ÀS VEZES ME ACHO UM HOMEM DE SORTE.
BUÁÁÁÁÁÁ!!!
A MINHA TEM CARA DE VACA.

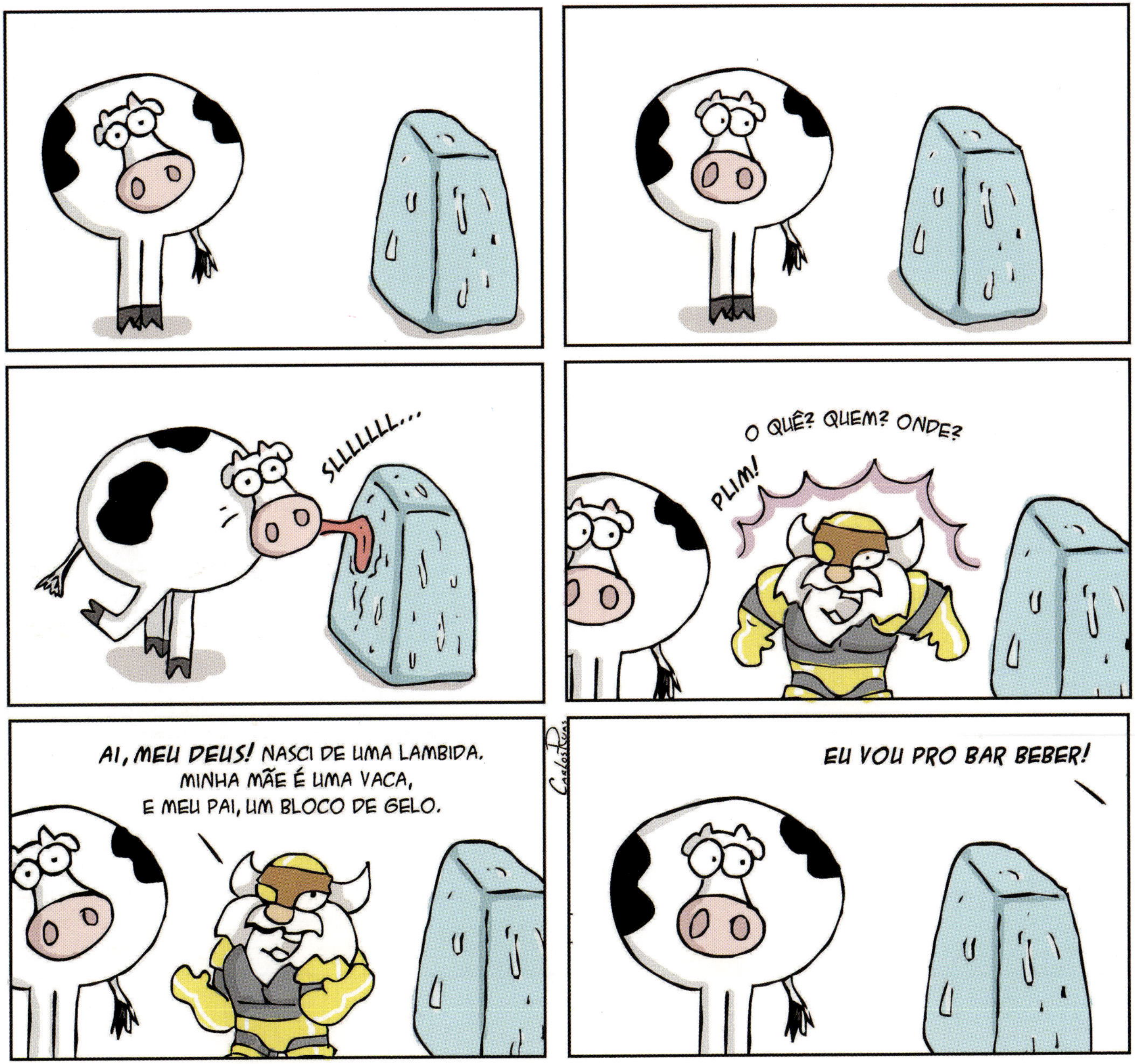
SLLLLLL...
PLIM!
O QUÊ? QUEM? ONDE?
AI, MEU DEUS! NASCI DE UMA LAMBIDA.
MINHA MÃE É UMA VACA,
E MEU PAI, UM BLOCO DE GELO.
EU VOU PRO BAR BEBER!

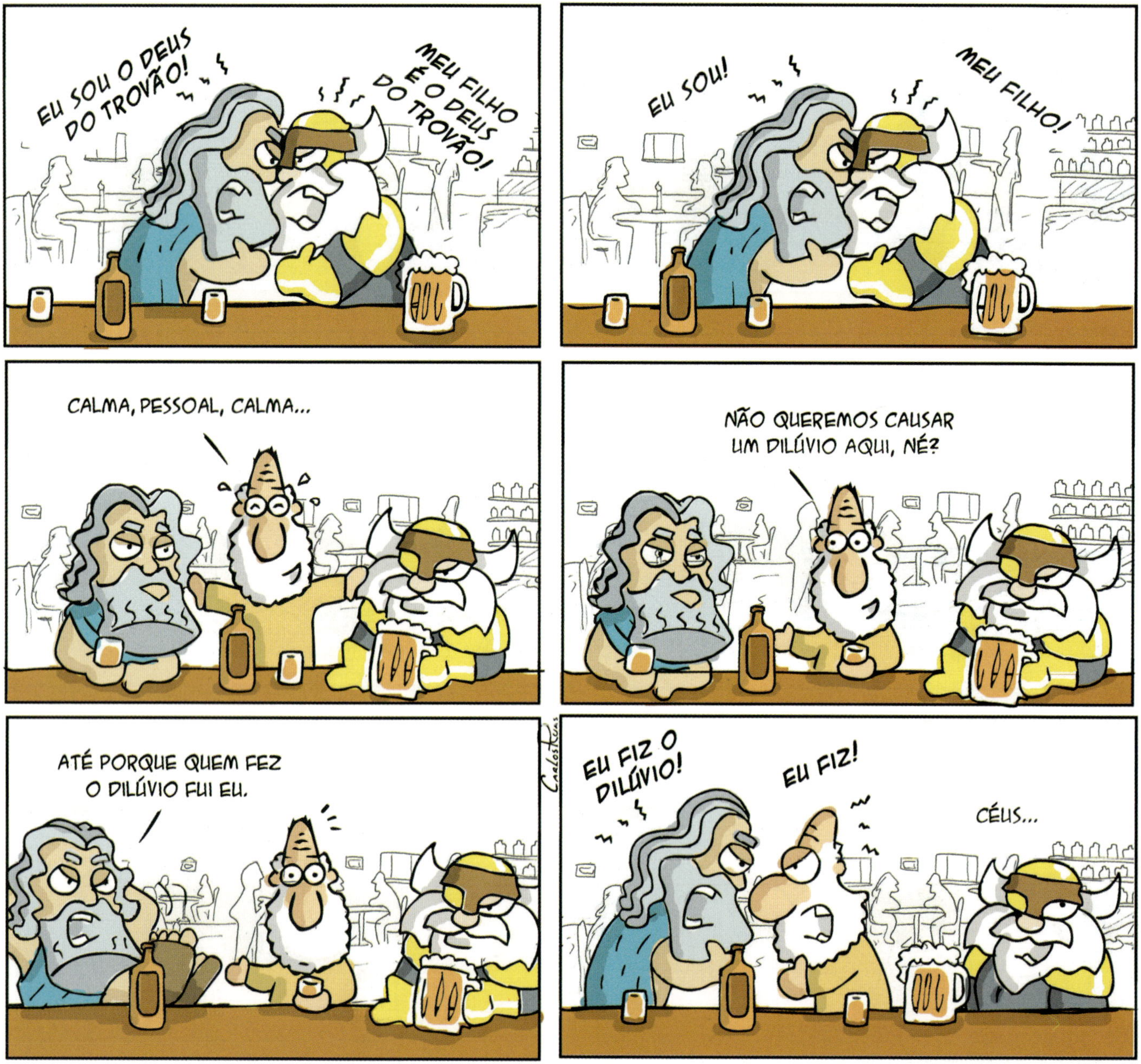
EU SOU O DEUS DO TROVÃO!
MEU FILHO É O DEUS DO TROVÃO!
EU SOU!
MEU FILHO!
CALMA, PESSOAL, CALMA...
NÃO QUEREMOS CAUSAR UM DILÚVIO AQUI, NÉ?
ATÉ PORQUE QUEM FEZ O DILÚVIO FUI EU.
EU FIZ O DILÚVIO!
EU FIZ!
CÉUS...

OLÁ, LERRY.
OLÁ, RALF.
ALGUMA NOVIDADE?
NÃO.
EI, QUE CORRENTE É ESSA?
ESTAMOS SUBINDO!
NADE CONTRA! NADE CONTRA!
AAAAAAH!
NADA! NADA!
AAAAAAH!
AAAAAAH!
RALF!
ME DÊ A MÃO, LERRY!
AAAAAAH!

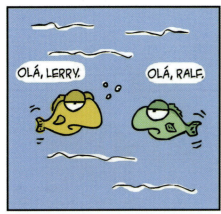

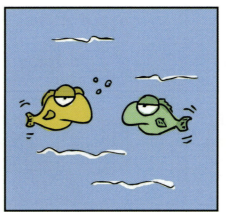

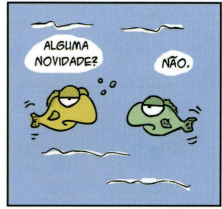

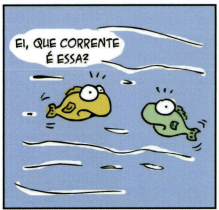

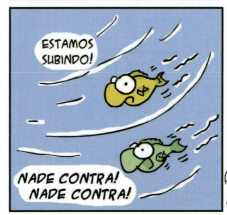

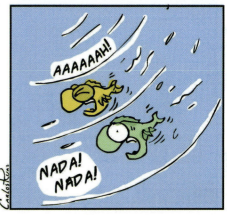

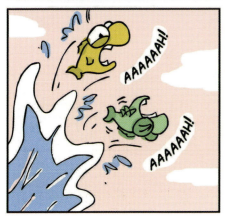

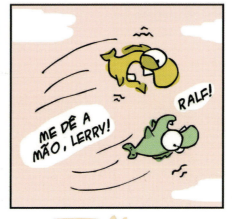

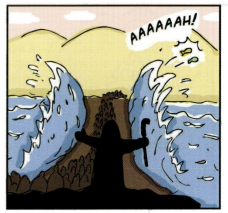

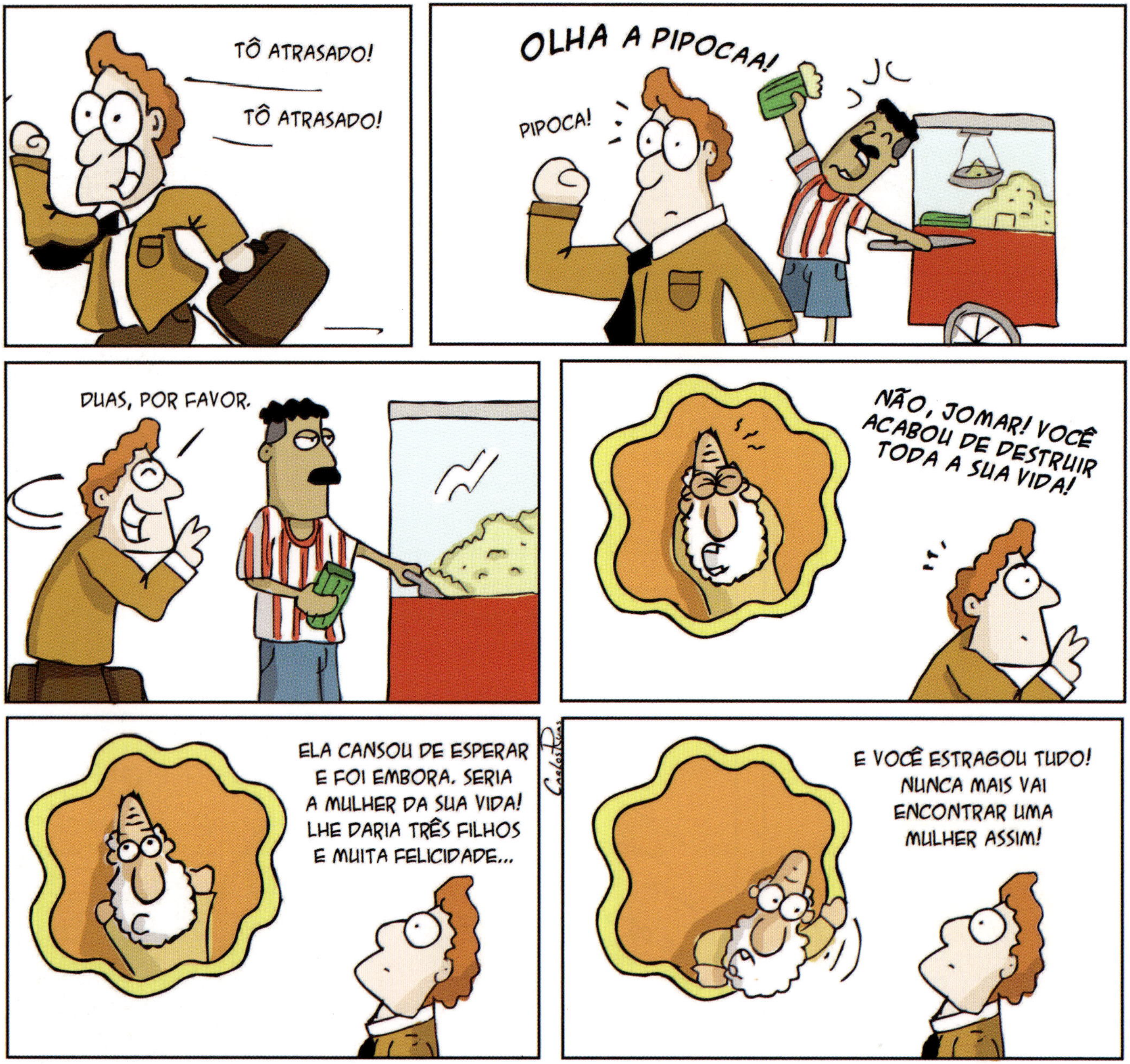
TÔ ATRASADO!
TÔ ATRASADO!
OLHA A PIPOCAA!
PIPOCA!
DUAS, POR FAVOR.
NÃO, JOMAR! VOCÊ ACABOU DE DESTRUIR TODA A SUA VIDA!
ELA CANSOU DE ESPERAR E FOI EMBORA. SERIA A MULHER DA SUA VIDA! LHE DARIA TRÊS FILHOS E MUITA FELICIDADE...
E VOCÊ ESTRAGOU TUDO! NUNCA MAIS VAI ENCONTRAR UMA MULHER ASSIM!

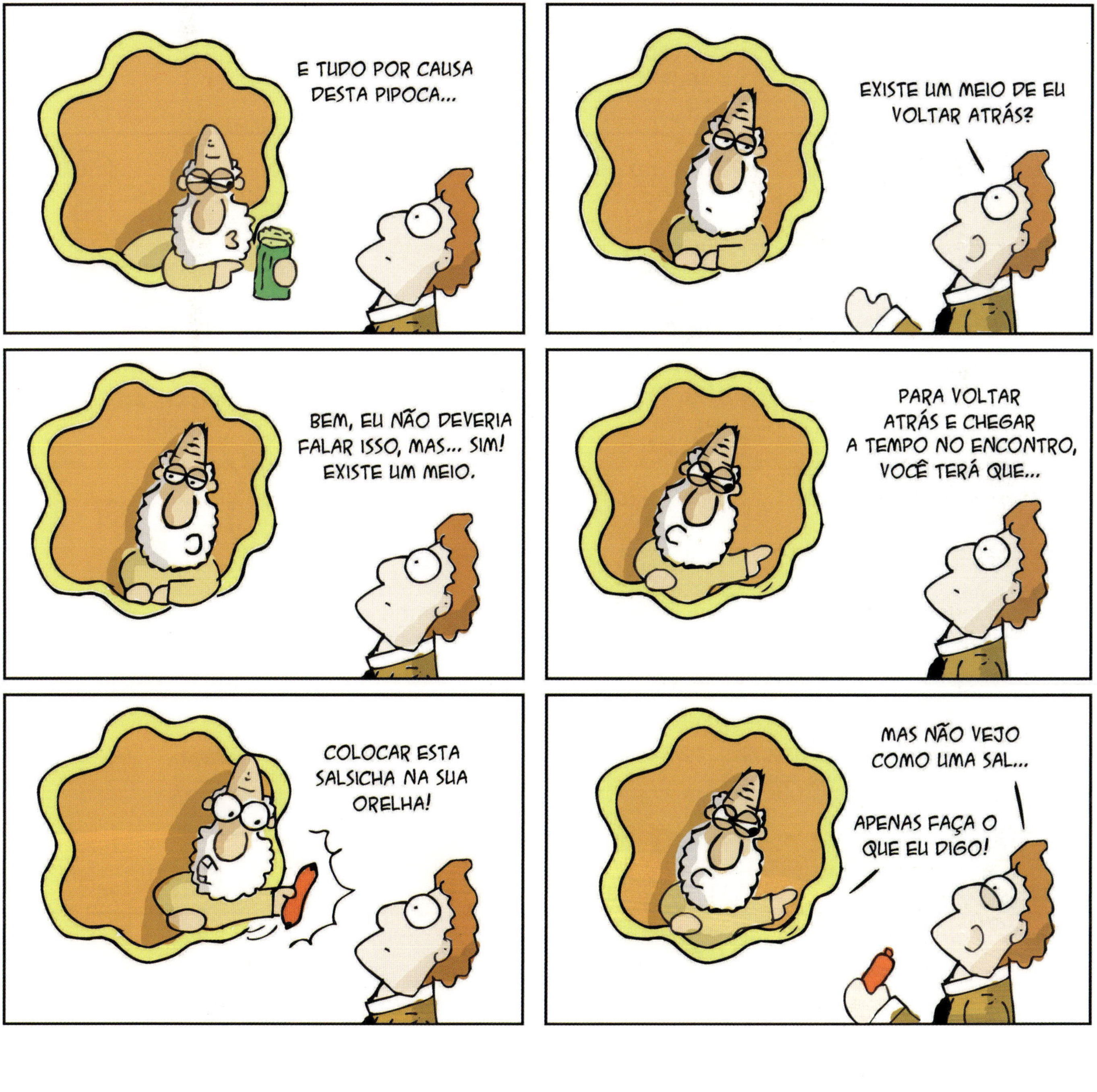
E TUDO POR CAUSA DESTA PIPOCA...
EXISTE UM MEIO DE EU VOLTAR ATRÁS?
BEM, EU NÃO DEVERIA FALAR ISSO, MAS... SIM! EXISTE UM MEIO.
PARA VOLTAR ATRÁS E CHEGAR A TEMPO NO ENCONTRO, VOCÊ TERÁ QUE...
COLOCAR ESTA SALSICHA NA SUA ORELHA!
MAS NÃO VEJO COMO UMA SAL...
APENAS FAÇA O QUE EU DIGO!

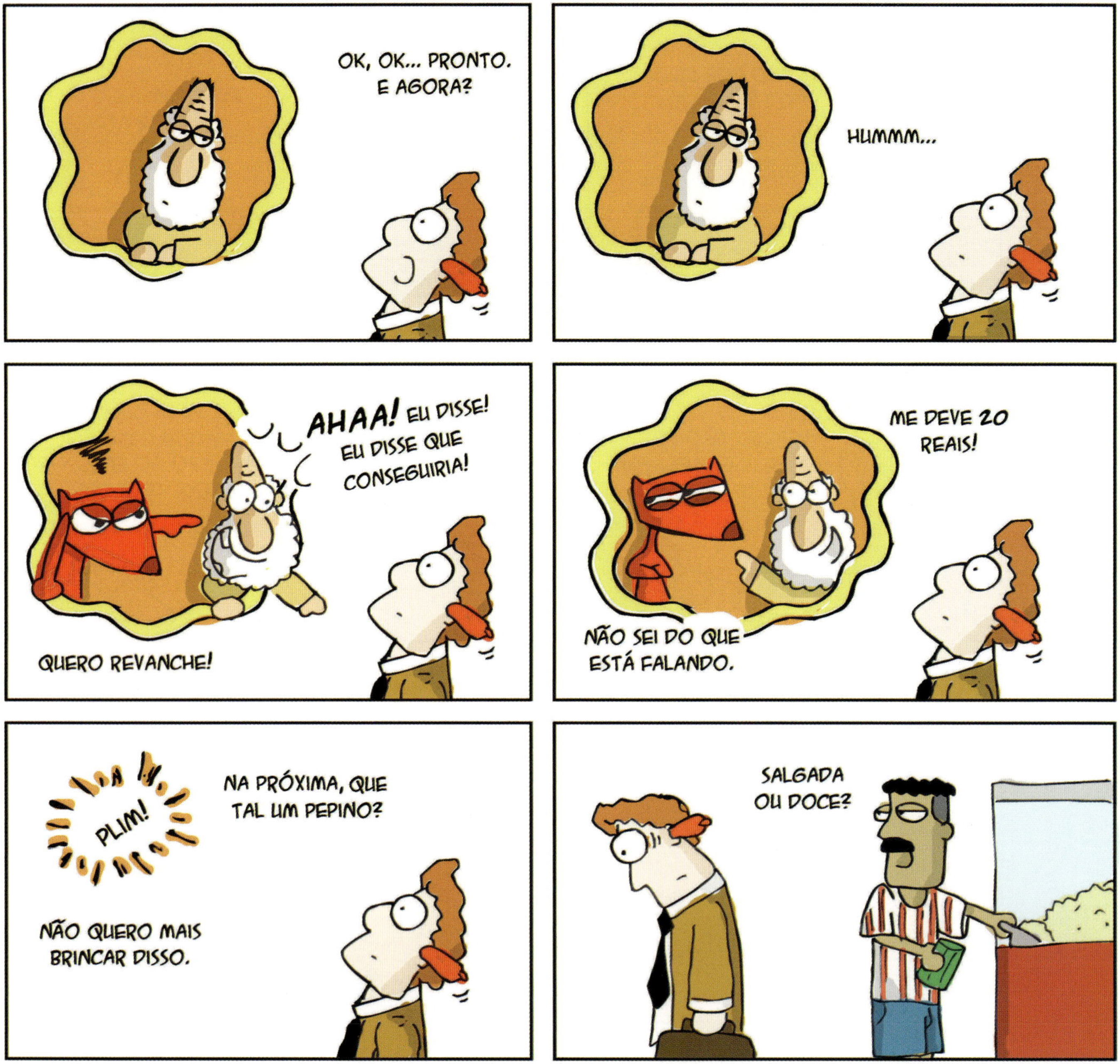
OK, OK... PRONTO. E AGORA?
HUMMM...
AHAA! EU DISSE! EU DISSE QUE CONSEGUIRIA!
QUERO REVANCHE!
ME DEVE 20 REAIS!
NÃO SEI DO QUE ESTÁ FALANDO.
PLIM!
NA PRÓXIMA, QUE TAL UM PEPINO?
NÃO QUERO MAIS BRINCAR DISSO.
SALGADA OU DOCE?

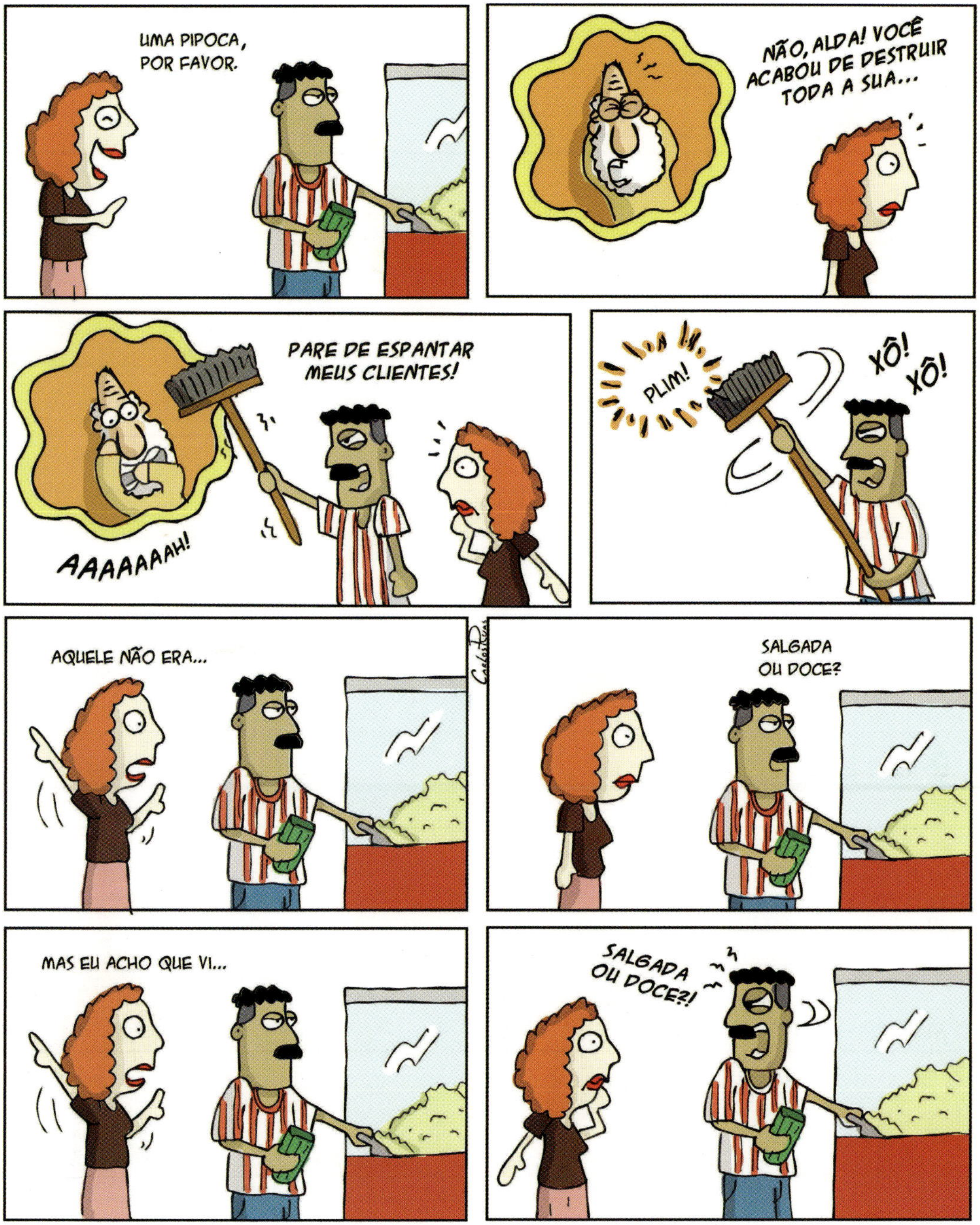
UMA PIPOCA, POR FAVOR.
NÃO, ALDA! VOCÊ ACABOU DE DESTRUIR TODA A SUA...
PARE DE ESPANTAR MEUS CLIENTES!
AAAAAAAH!
PLIM!
XÔ! XÔ!
AQUELE NÃO ERA...
SALGADA OU DOCE?
MAS EU ACHO QUE VI...
SALGADA OU DOCE?!

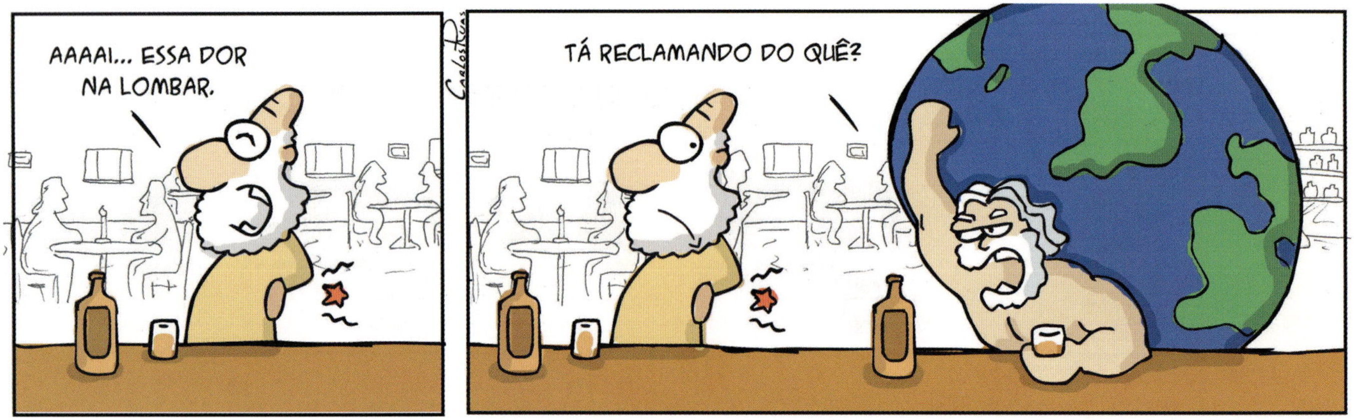
AAAAI... ESSA DOR NA LOMBAR.
TÁ RECLAMANDO DO QUÊ?

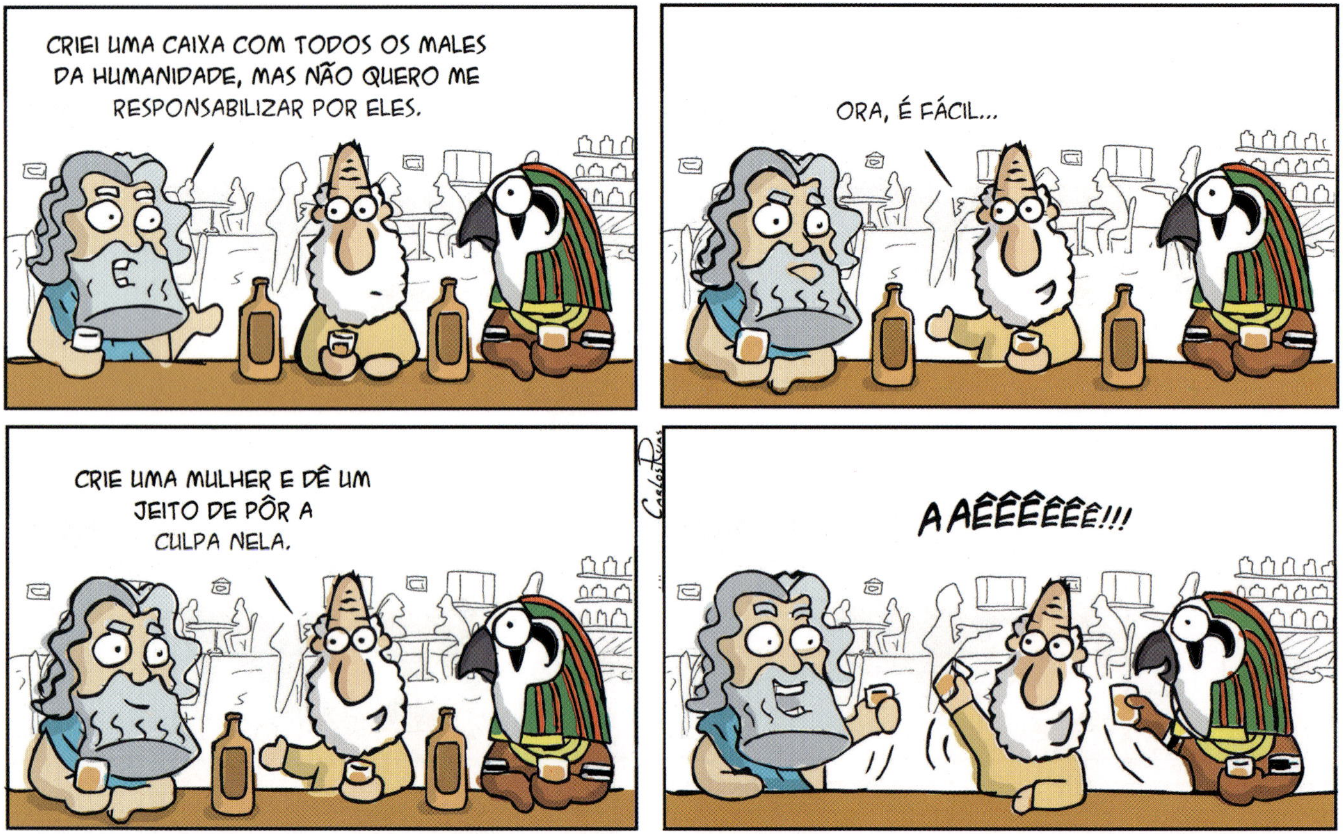
CRIEI UMA CAIXA COM TODOS OS MALES DA HUMANIDADE, MAS NÃO QUERO ME RESPONSABILIZAR POR ELES.
ORA, É FÁCIL...
CRIE UMA MULHER E DÊ UM JEITO DE PÔR A CULPA NELA.
AAÊÊÊÊÊÊ!!!

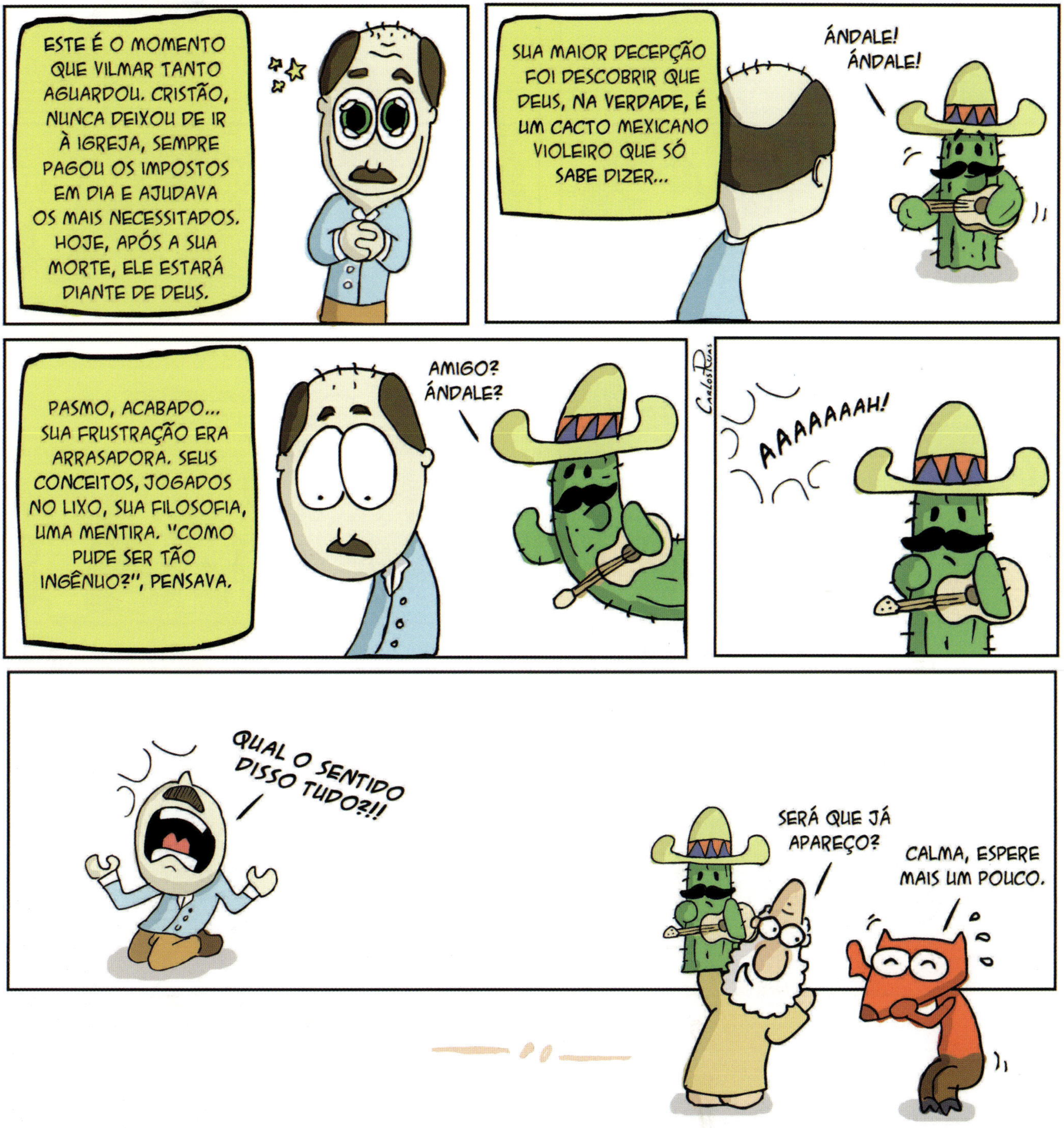
ESTE É O MOMENTO QUE VILMAR TANTO AGUARDOU. CRISTÃO, NUNCA DEIXOU DE IR À IGREJA, SEMPRE PAGOU OS IMPOSTOS EM DIA E AJUDAVA OS MAIS NECESSITADOS. HOJE, APÓS A SUA MORTE, ELE ESTARÁ DIANTE DE DEUS.
SUA MAIOR DECEPÇÃO FOI DESCOBRIR QUE DEUS, NA VERDADE, É UM CACTO MEXICANO VIOLEIRO QUE SÓ SABE DIZER...
ÁNDALE! ÁNDALE!
PASMO, ACABADO... SUA FRUSTRAÇÃO ERA ARRASADORA. SEUS CONCEITOS, JOGADOS NO LIXO, SUA FILOSOFIA, UMA MENTIRA. "COMO PUDE SER TÃO INGÊNUO?", PENSAVA.
AMIGO? ÁNDALE?
AAAAAAAH!
QUAL O SENTIDO DISSO TUDO?!!
SERÁ QUE JÁ APAREÇO?
CALMA, ESPERE MAIS UM POUCO.

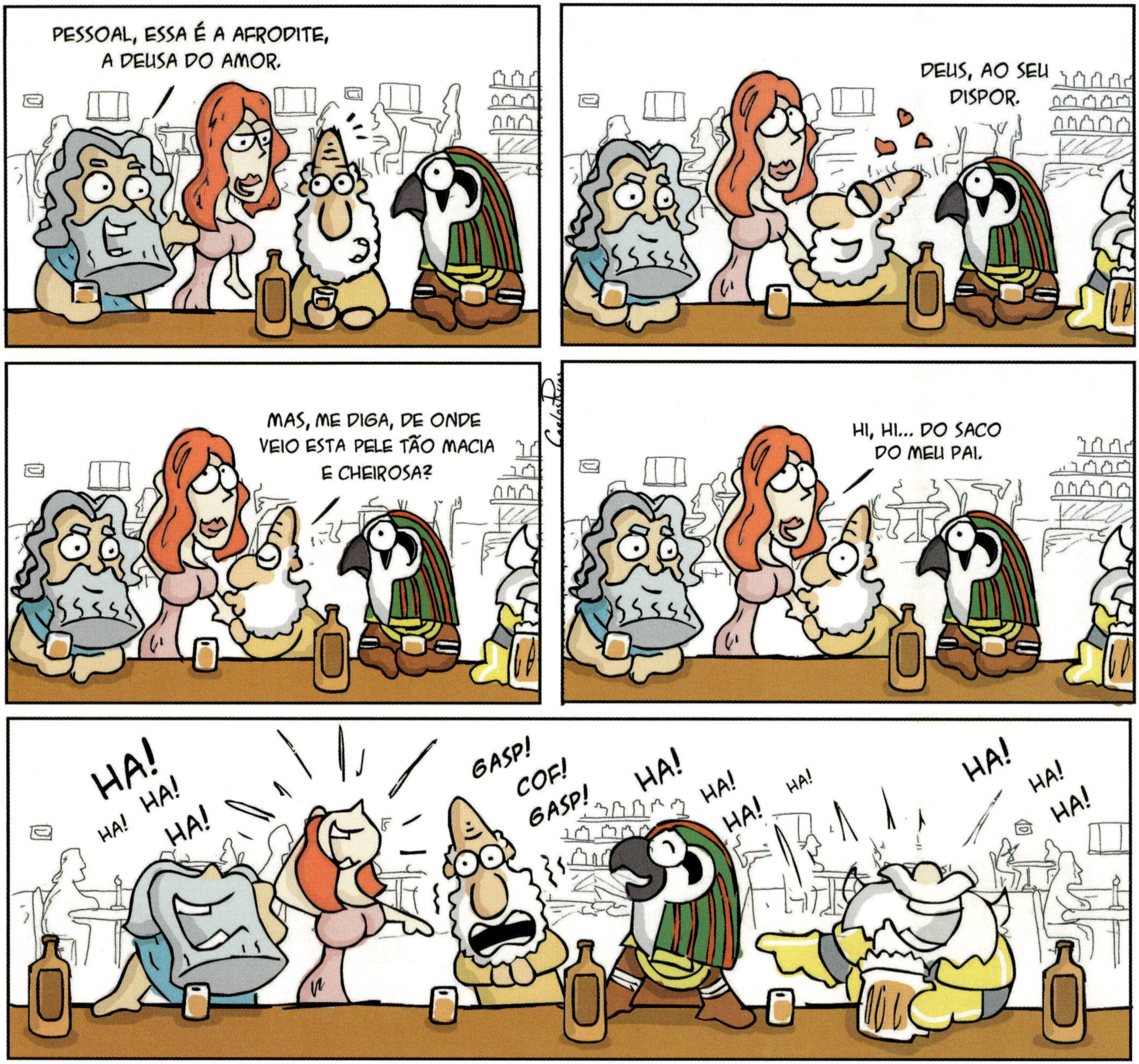
PESSOAL, ESSA É A AFRODITE, A DEUSA DO AMOR.
DEUS, AO SEU DISPOR.
MAS, ME DIGA, DE ONDE VEIO ESTA PELE TÃO MACIA E CHEIROSA?
HI, HI... DO SACO DO MEU PAI.
HA! HA! HA! HA!
GASP! COF! GASP!
HA! HA! HA! HA!
HA! HA! HA!

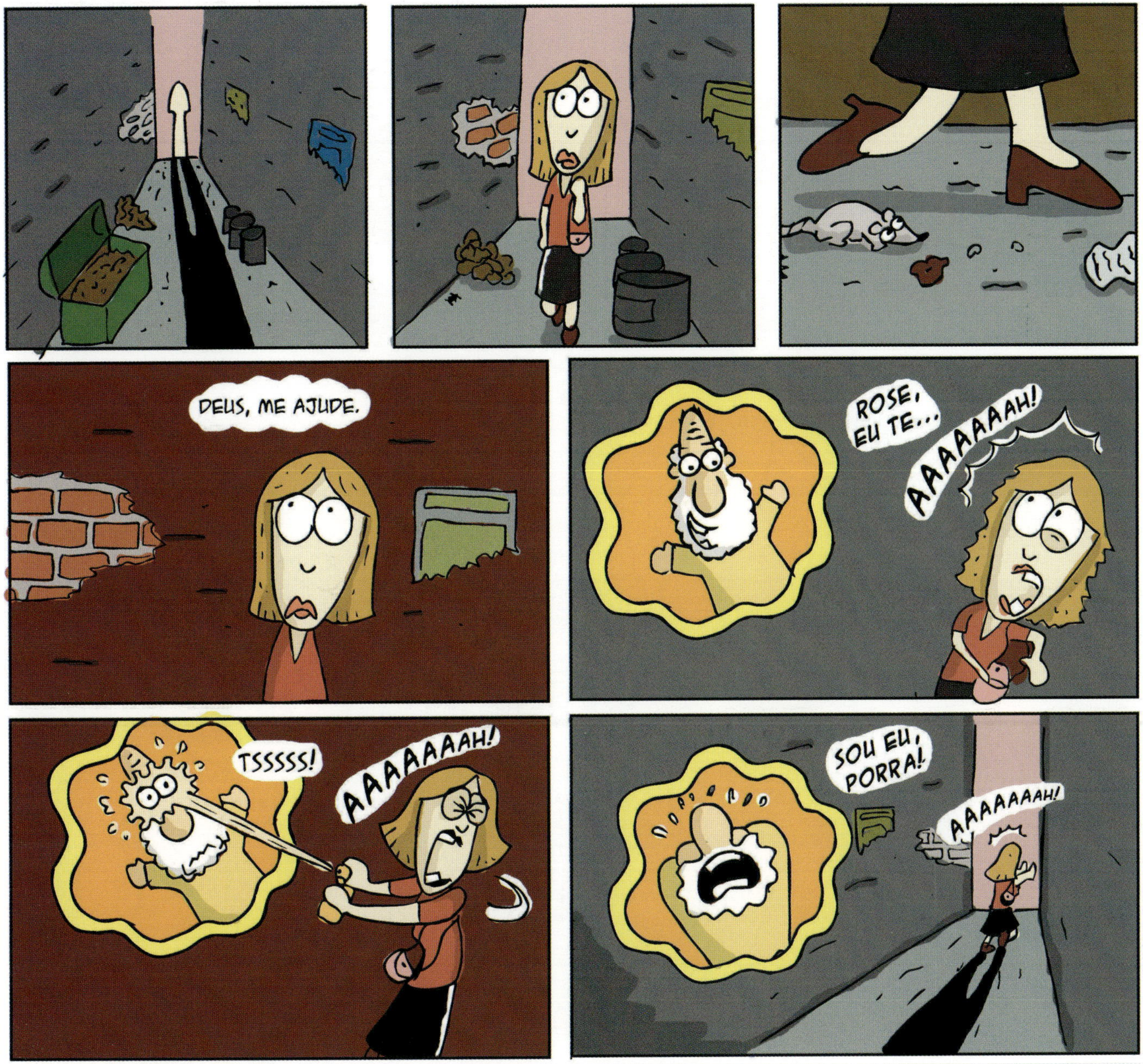
DEUS, ME AJUDE.
ROSE, EU TE...
AAAAAAAH!
TSSSSS!
AAAAAAAH!
SOU EU, PORRA!
AAAAAAAH!

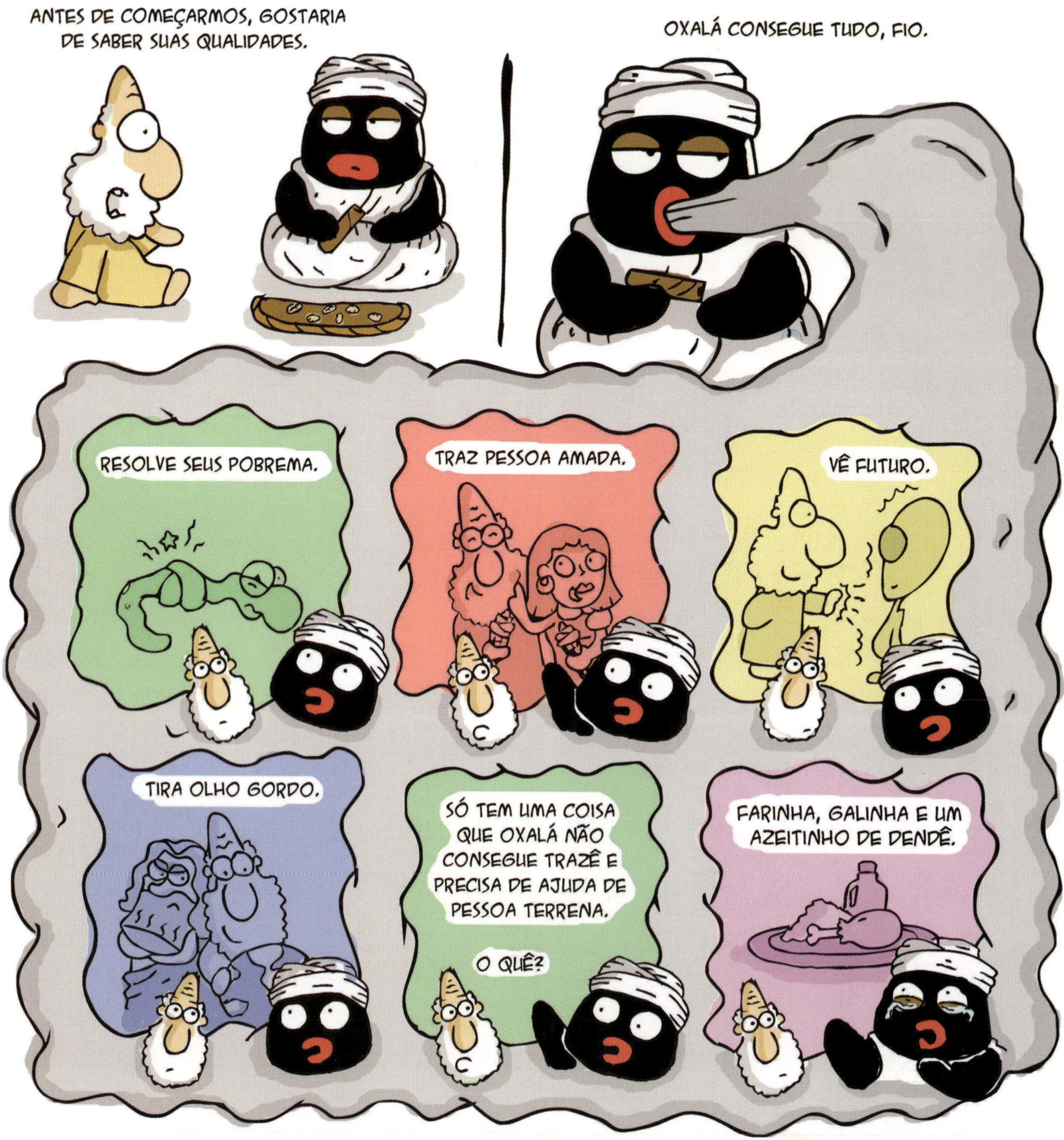
ANTES DE COMEÇARMOS, GOSTARIA DE SABER SUAS QUALIDADES.
OXALÁ CONSEGUE TUDO, FIO.
RESOLVE SEUS POBREMA.
TRAZ PESSOA AMADA.
VÊ FUTURO.
TIRA OLHO GORDO.
SÓ TEM UMA COISA QUE OXALÁ NÃO CONSEGUE TRAZÊ E PRECISA DE AJUDA DE PESSOA TERRENA.
O QUÊ?
FARINHA, GALINHA E UM AZEITINHO DE DENDÊ.

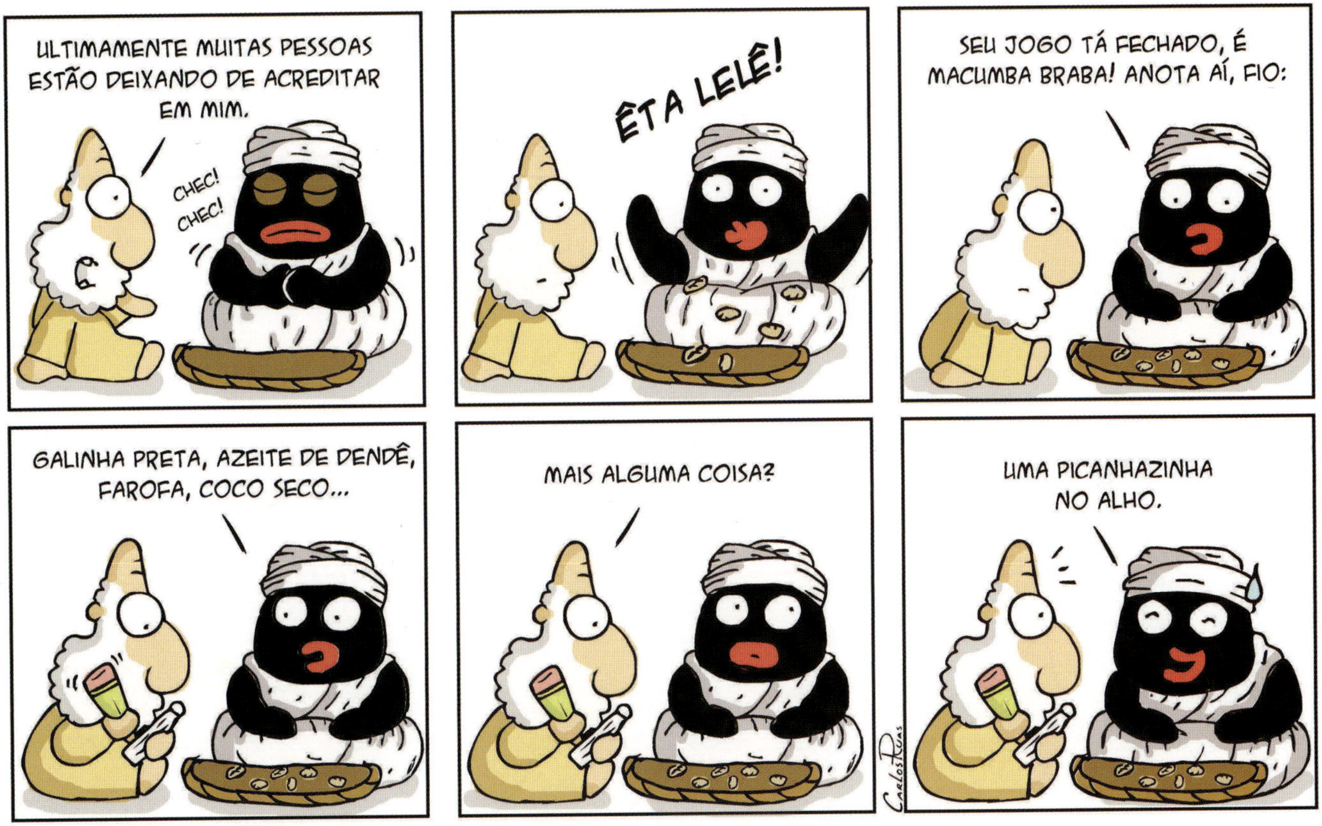
ULTIMAMENTE MUITAS PESSOAS ESTÃO DEIXANDO DE ACREDITAR EM MIM.
CHEC! CHEC!
ÊTA LELÊ!
SEU JOGO TÁ FECHADO, É MACUMBA BRABA! ANOTA AÍ, FIO:
GALINHA PRETA, AZEITE DE DENDÊ, FAROFA, COCO SECO...
MAIS ALGUMA COISA?
UMA PICANHAZINHA NO ALHO.

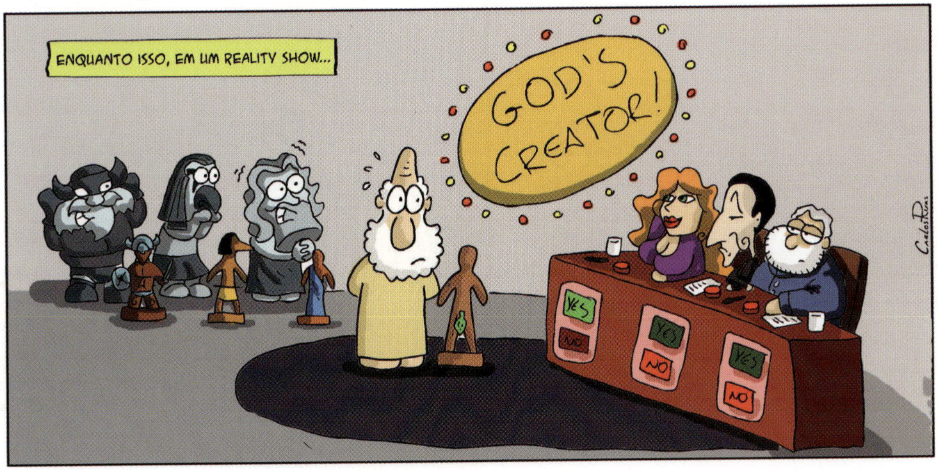
ENQUANTO ISSO, EM UM REALITY SHOW...
GOD'S CREATOR!
YES
NO
YES
NO
YES
NO

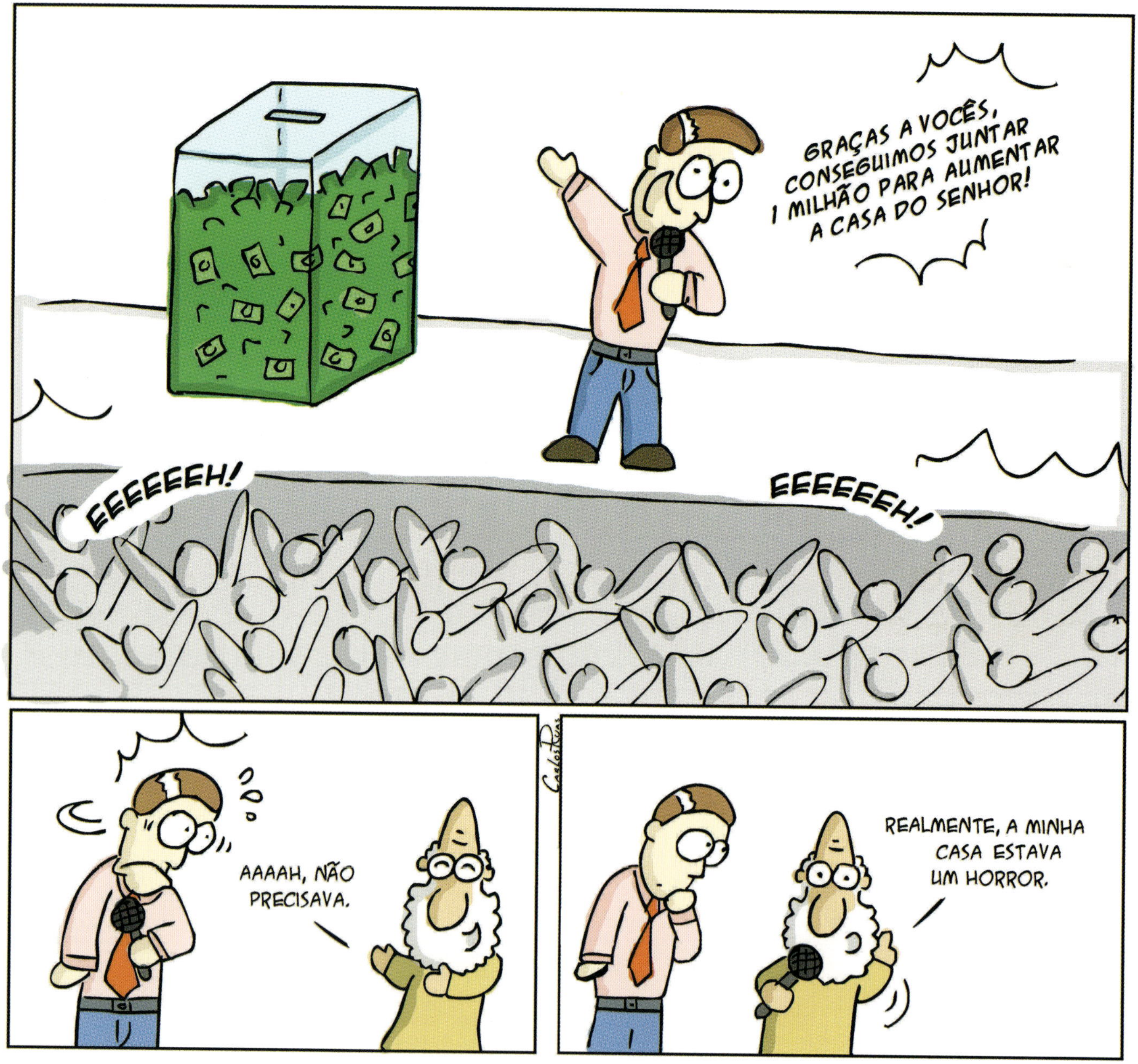
GRAÇAS A VOCÊS, CONSEGUIMOS JUNTAR 1 MILHÃO PARA AUMENTAR A CASA DO SENHOR!
EEEEEEEH!
EEEEEEEH!
AAAAH, NÃO PRECISAVA.
REALMENTE, A MINHA CASA ESTAVA UM HORROR.
Carlos Ruas

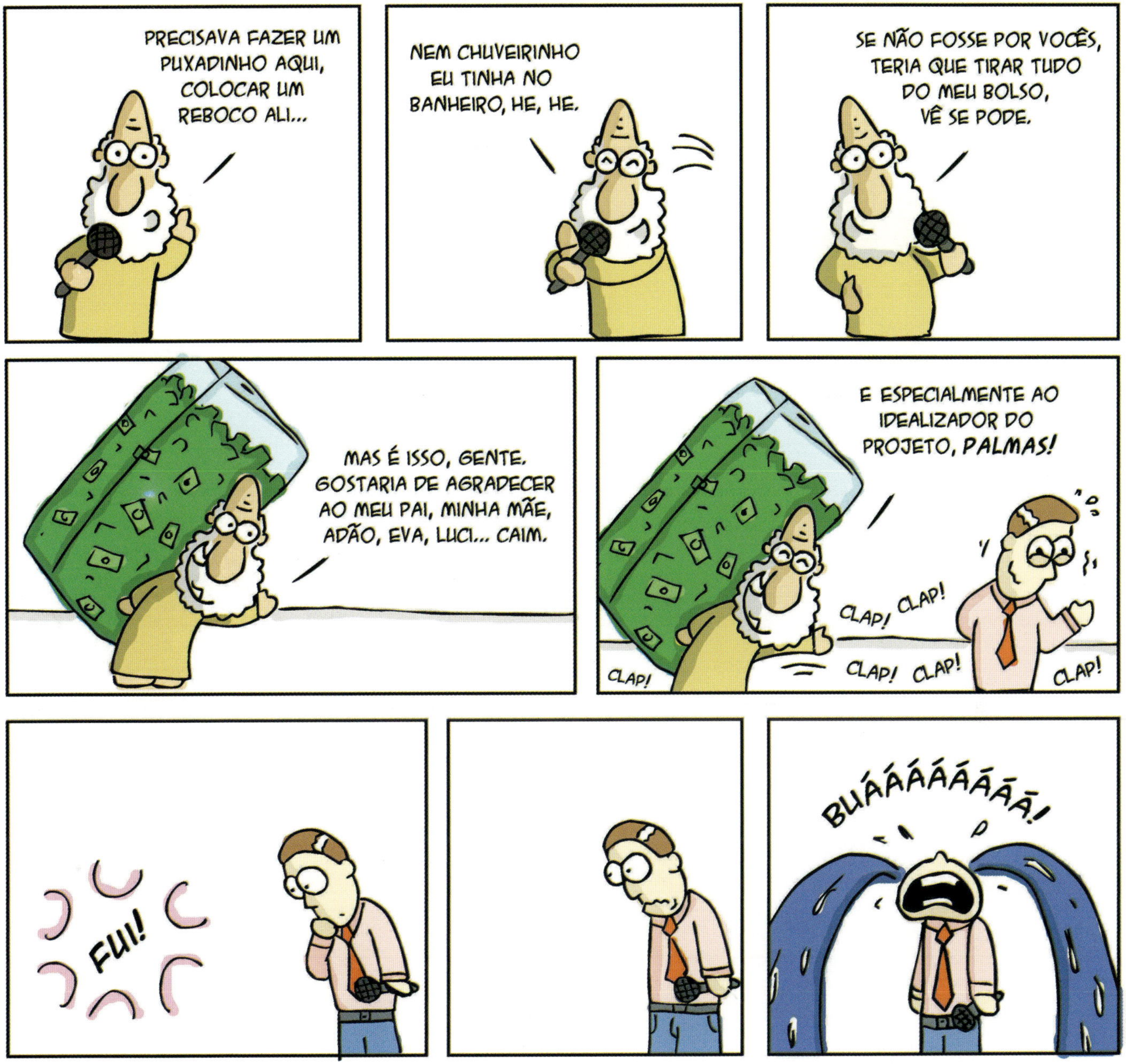
PRECISAVA FAZER UM PUXADINHO AQUI, COLOCAR UM REBOCO ALI...
NEM CHUVEIRINHO EU TINHA NO BANHEIRO, HE, HE.
SE NÃO FOSSE POR VOCÊS, TERIA QUE TIRAR TUDO DO MEU BOLSO, VÊ SE PODE.
MAS É ISSO, GENTE. GOSTARIA DE AGRADECER AO MEU PAI, MINHA MÃE, ADÃO, EVA, LUCI... CAIM.
E ESPECIALMENTE AO IDEALIZADOR DO PROJETO, **PALMAS!**
CLAP! CLAP!
CLAP! CLAP! CLAP! CLAP!
FUI!
BUÁÁÁÁÁÁÁÁ!

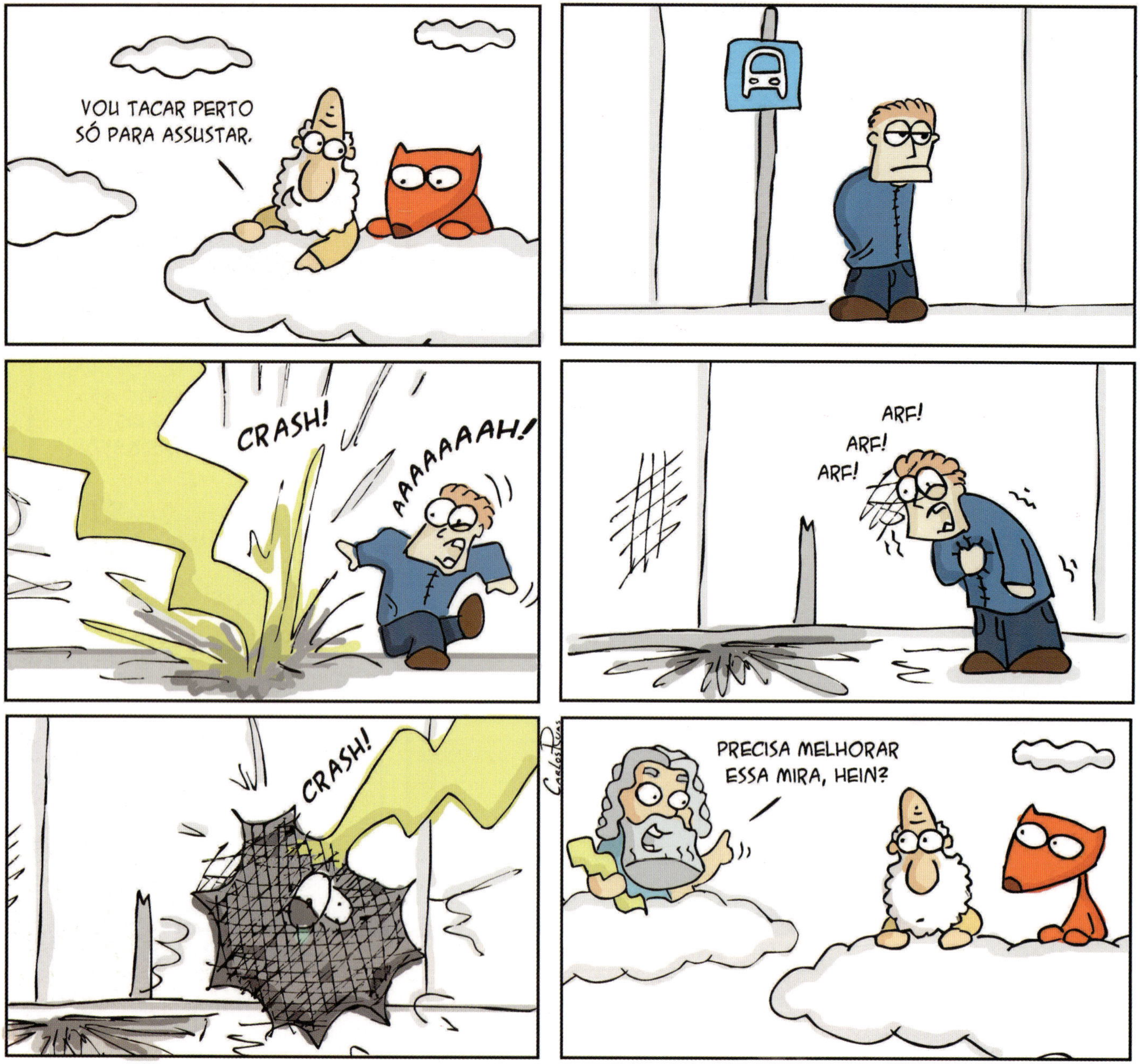
VOU TACAR PERTO SÓ PARA ASSUSTAR.
CRASH!
AAAAAAAAH!
ARF!
ARF!
ARF!
CRASH!
Carlos Ruas
PRECISA MELHORAR ESSA MIRA, HEIN?

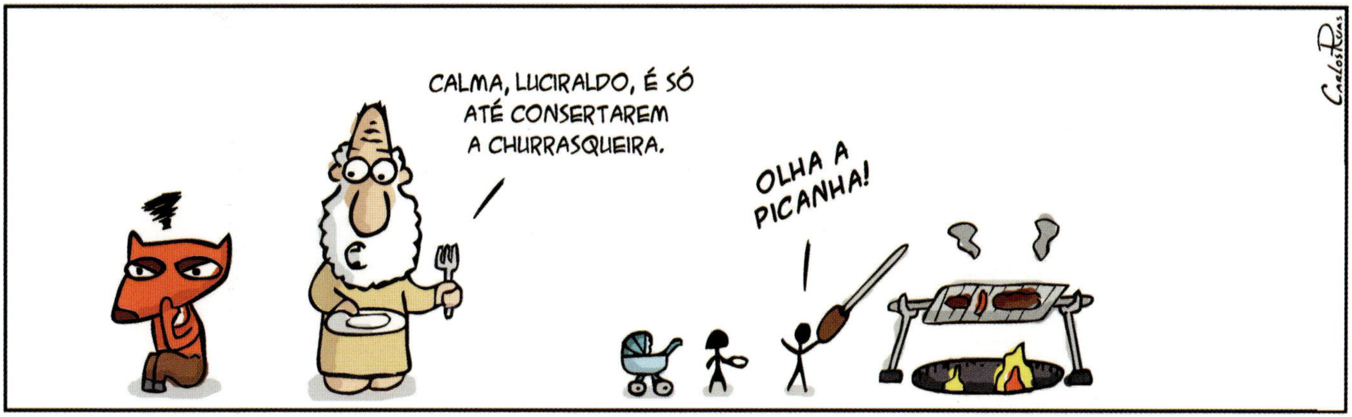
Carlos Ruas
CALMA, LUCIRALDO, É SÓ ATÉ CONSERTAREM A CHURRASQUEIRA.
OLHA A PICANHA!

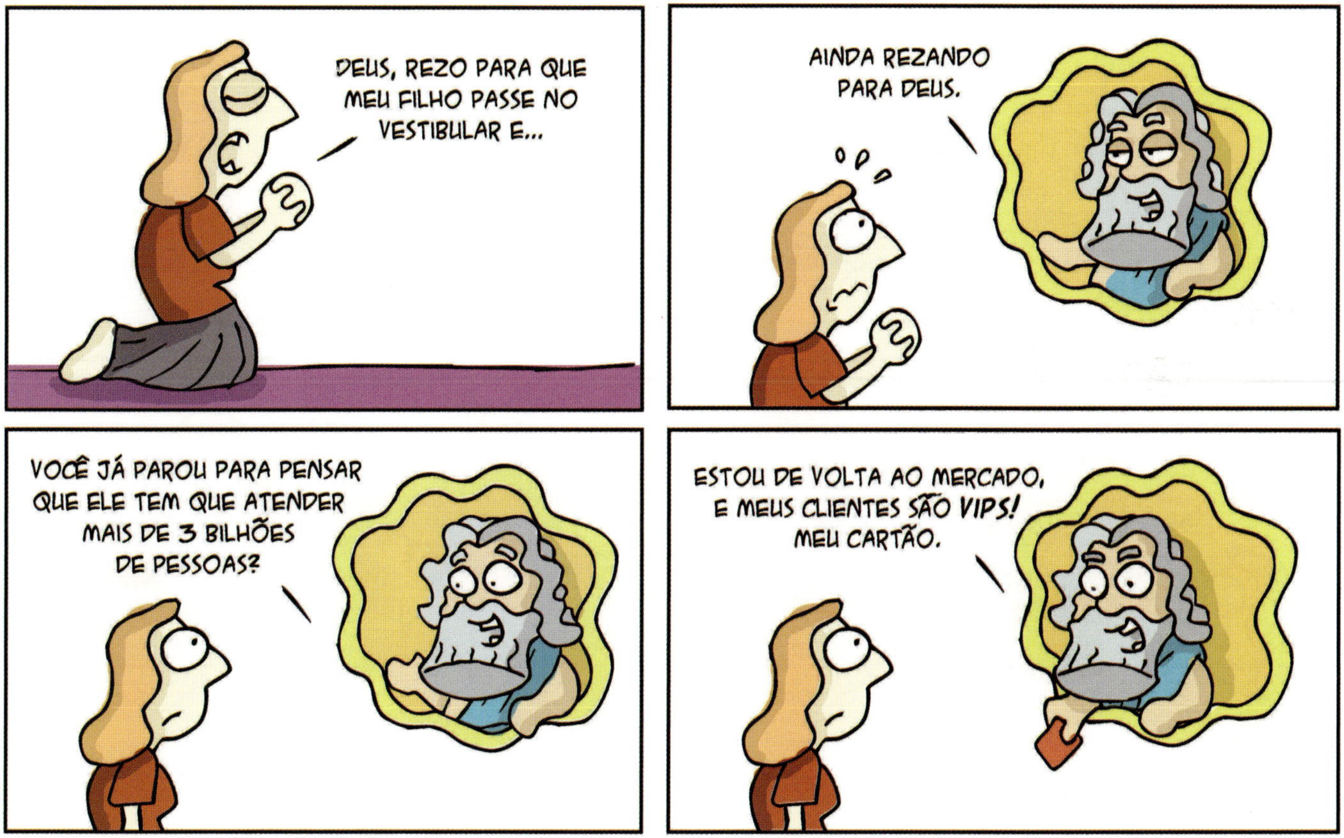
DEUS, REZO PARA QUE MEU FILHO PASSE NO VESTIBULAR E...
AINDA REZANDO PARA DEUS.
VOCÊ JÁ PAROU PARA PENSAR QUE ELE TEM QUE ATENDER MAIS DE 3 BILHÕES DE PESSOAS?
ESTOU DE VOLTA AO MERCADO, E MEUS CLIENTES SÃO VIPS! MEU CARTÃO.

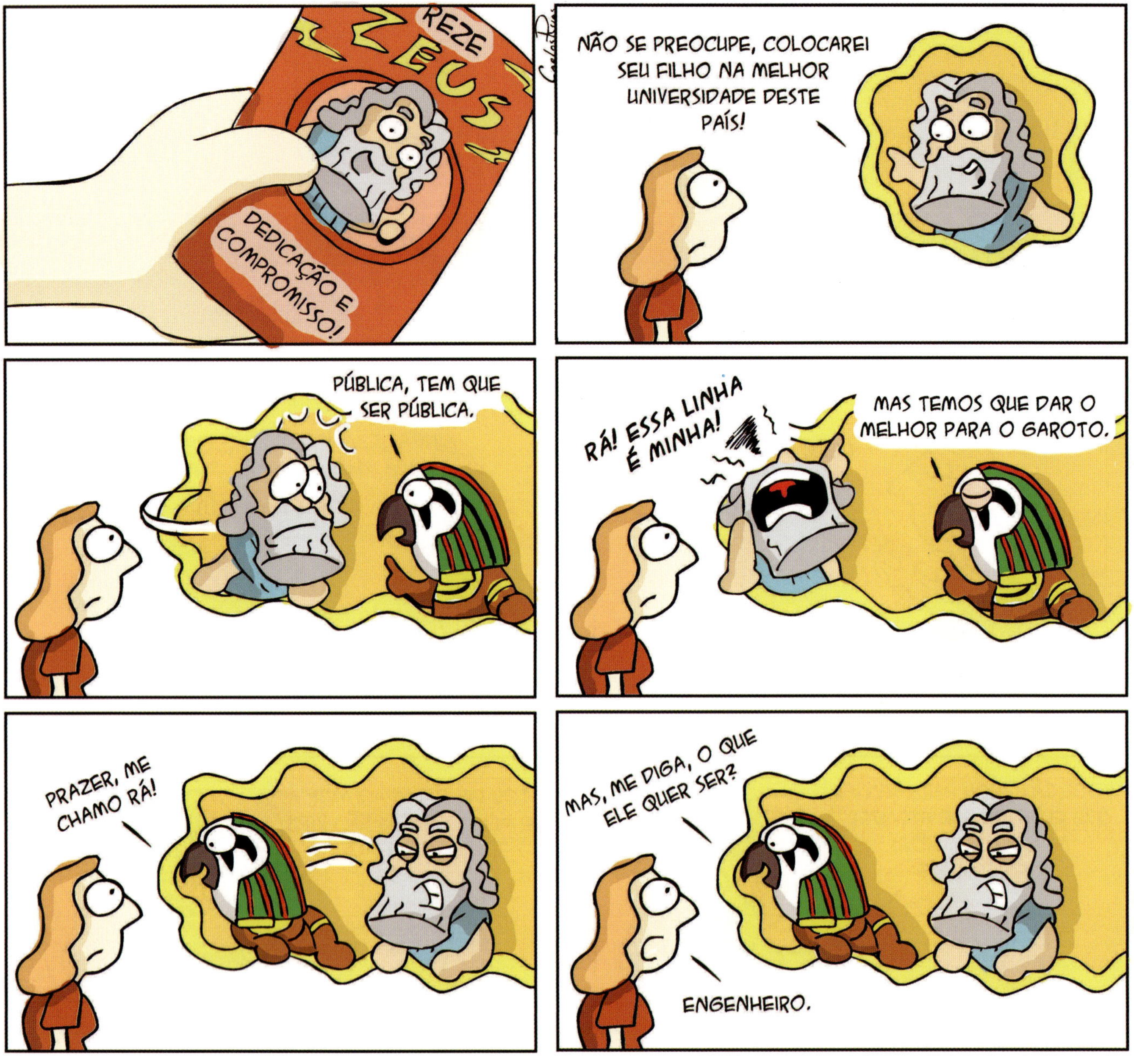
REZE
ZEUS
DEDICAÇÃO E COMPROMISSO!
NÃO SE PREOCUPE, COLOCAREI SEU FILHO NA MELHOR UNIVERSIDADE DESTE PAÍS!
PÚBLICA, TEM QUE SER PÚBLICA.
MAS TEMOS QUE DAR O MELHOR PARA O GAROTO.
RÁ! ESSA LINHA É MINHA!
PRAZER, ME CHAMO RÁ!
MAS, ME DIGA, O QUE ELE QUER SER?
ENGENHEIRO.

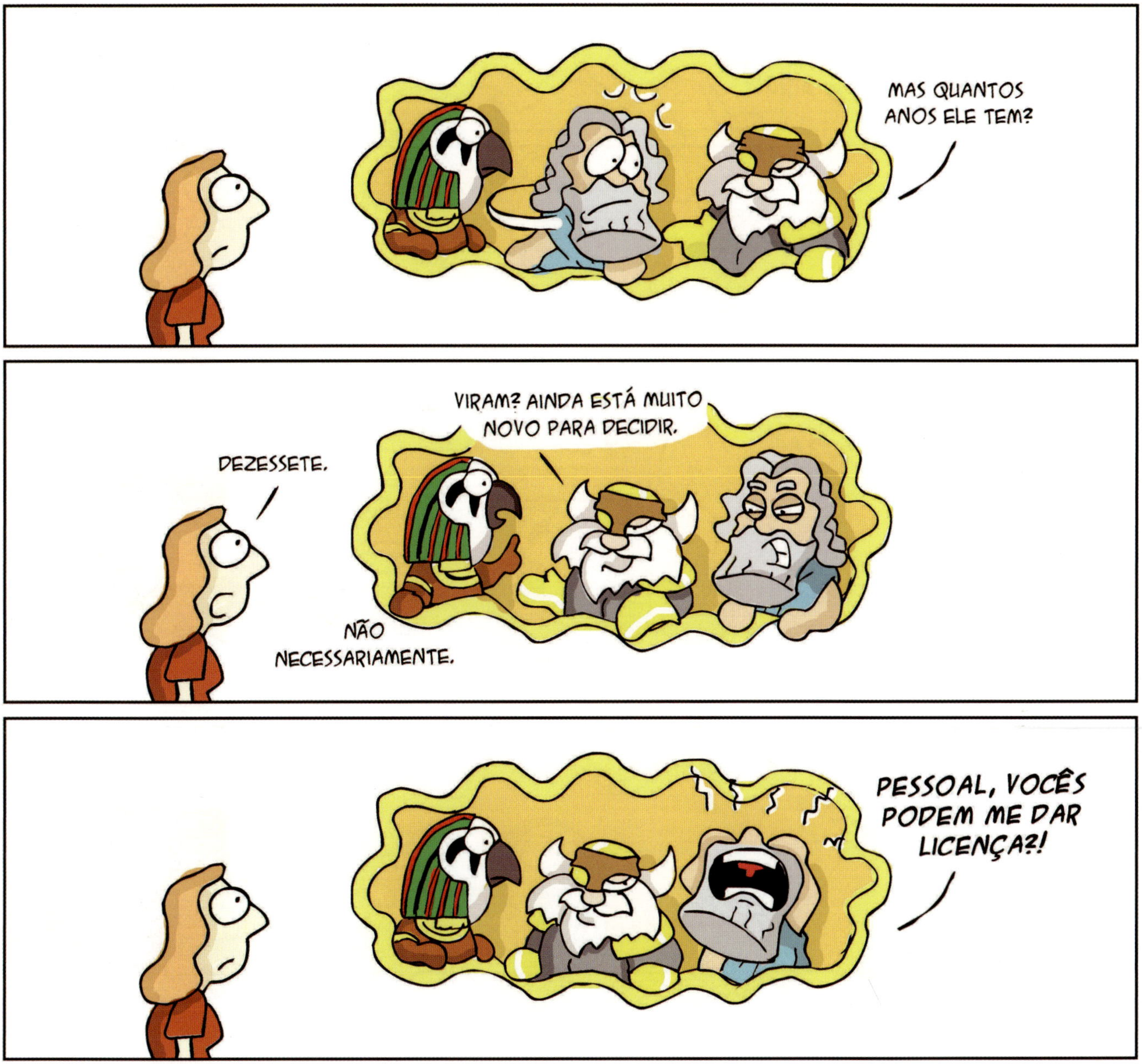
MAS QUANTOS ANOS ELE TEM?
DEZESSETE.
VIRAM? AINDA ESTÁ MUITO NOVO PARA DECIDIR.
NÃO NECESSARIAMENTE.
PESSOAL, VOCÊS PODEM ME DAR LICENÇA?!

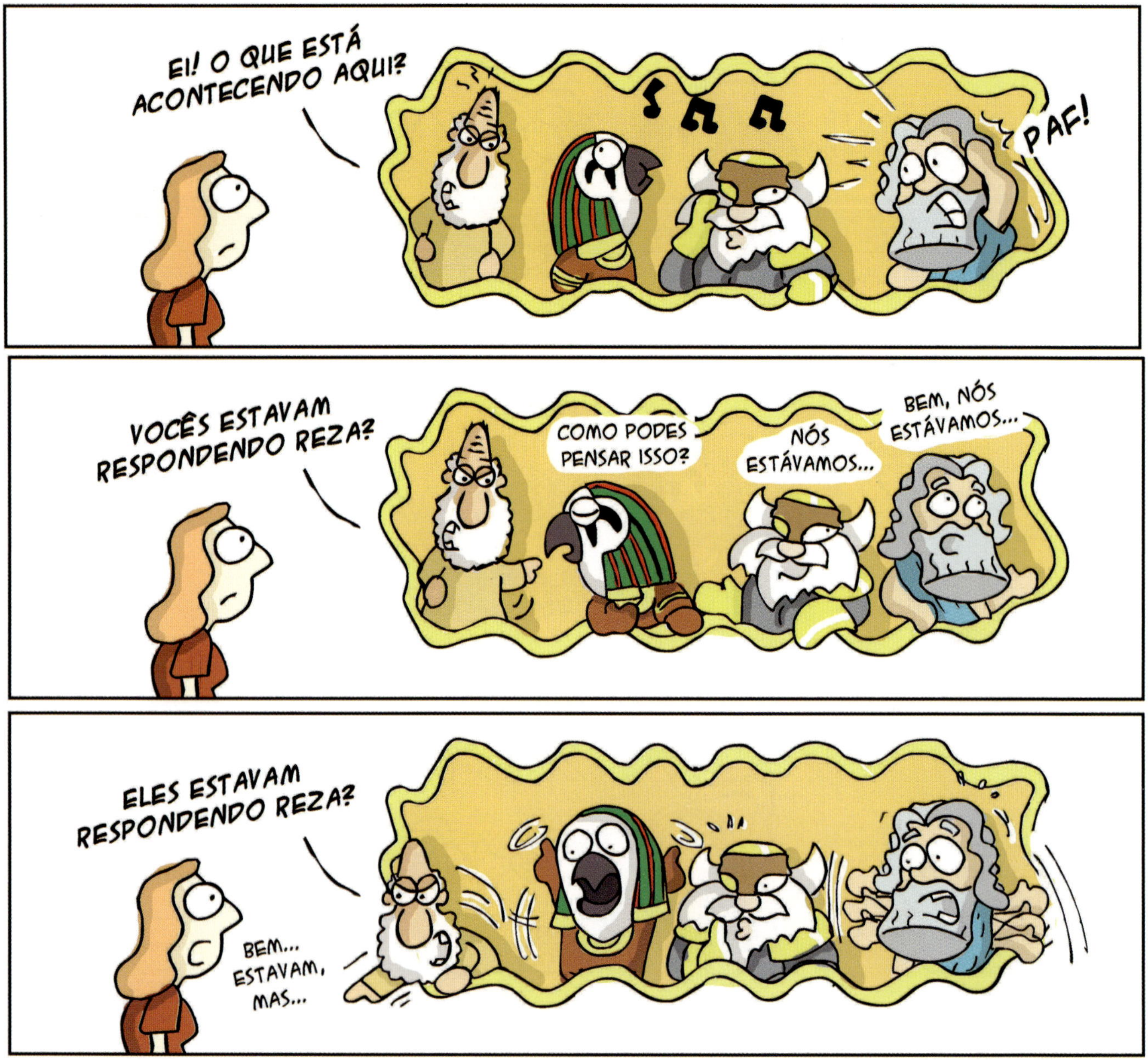
EI! O QUE ESTÁ ACONTECENDO AQUI?
PAF!
VOCÊS ESTAVAM RESPONDENDO REZA?
COMO PODES PENSAR ISSO?
NÓS ESTÁVAMOS...
BEM, NÓS ESTÁVAMOS...
ELES ESTAVAM RESPONDENDO REZA?
BEM... ESTAVAM, MAS...

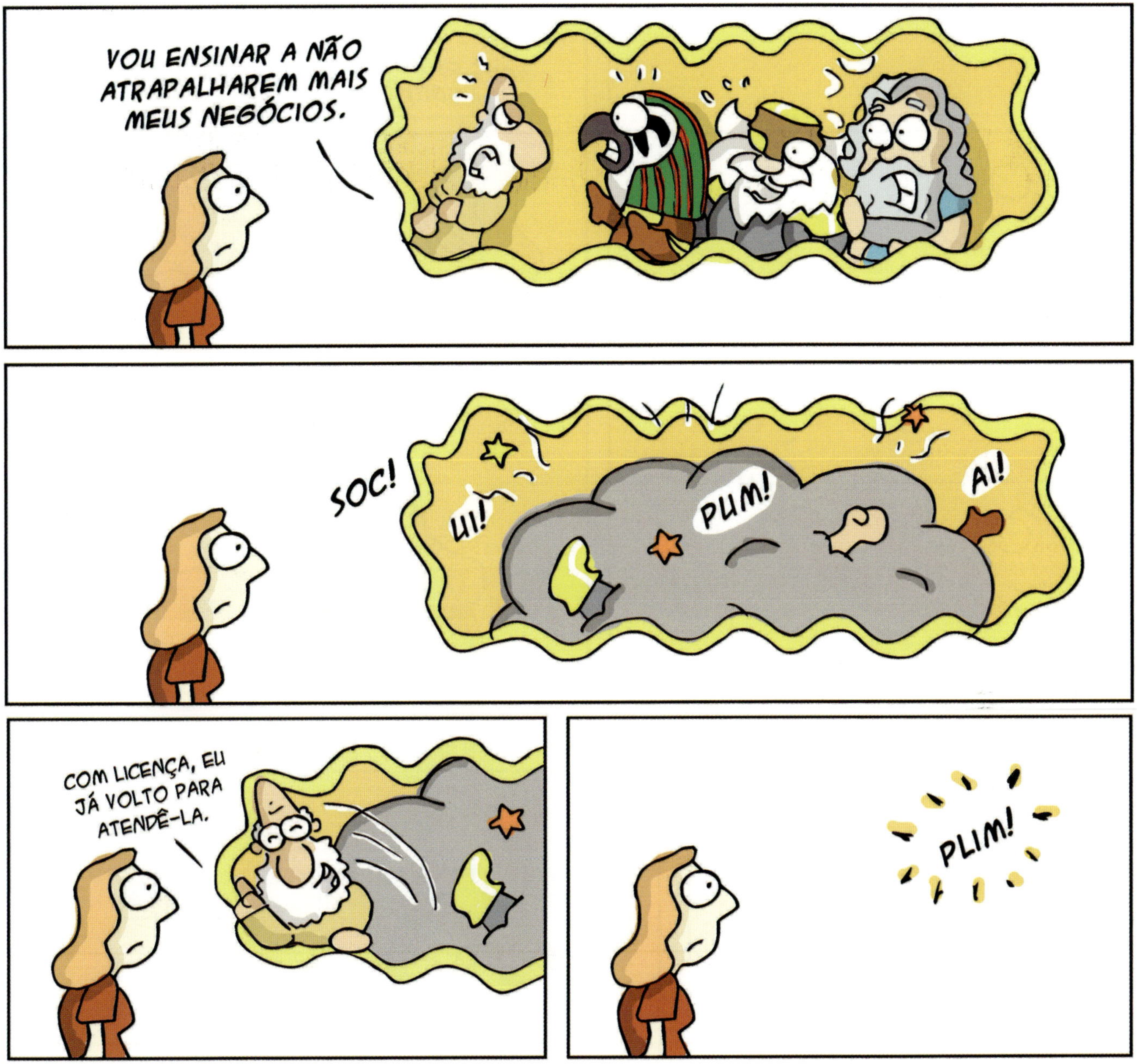
VOU ENSINAR A NÃO ATRAPALHAREM MAIS MEUS NEGÓCIOS.
SOC!
UI!
PUM!
AI!
COM LICENÇA, EU JÁ VOLTO PARA ATENDÊ-LA.
PLIM!

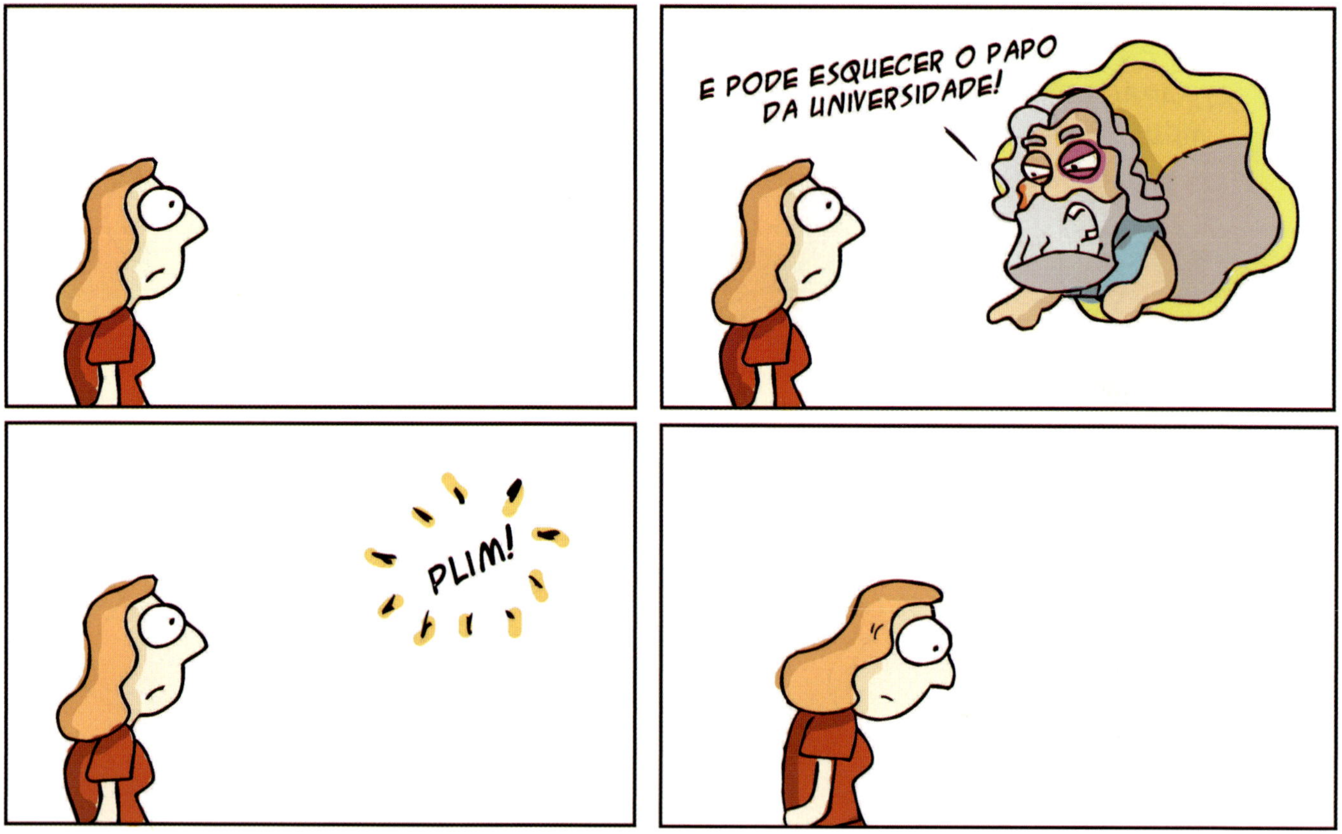
E PODE ESQUECER O PAPO DA UNIVERSIDADE!
PLIM!

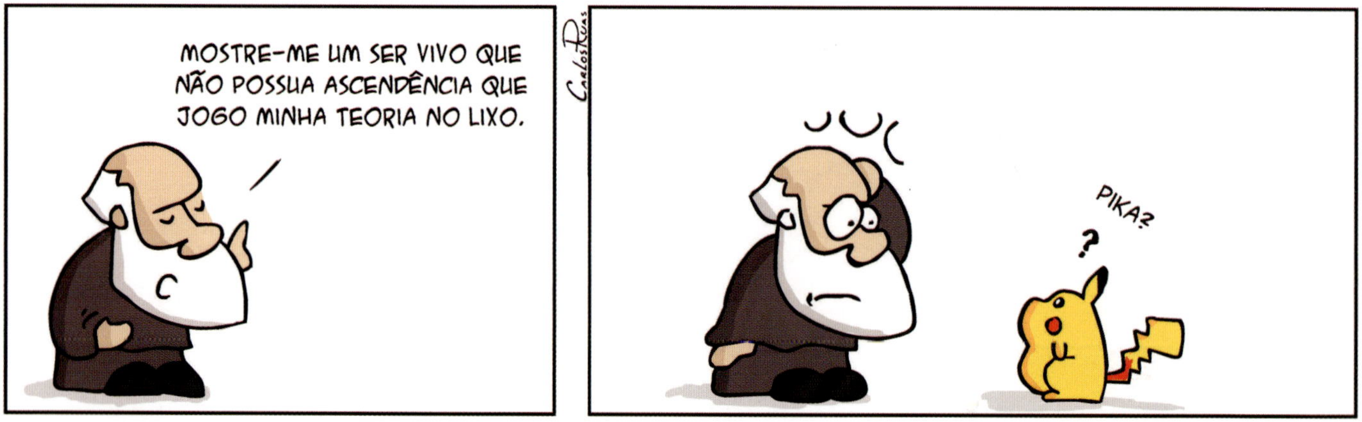
MOSTRE-ME UM SER VIVO QUE NÃO POSSUA ASCENDÊNCIA QUE JOGO MINHA TEORIA NO LIXO.
Carlos Ruas
?
PIKA?

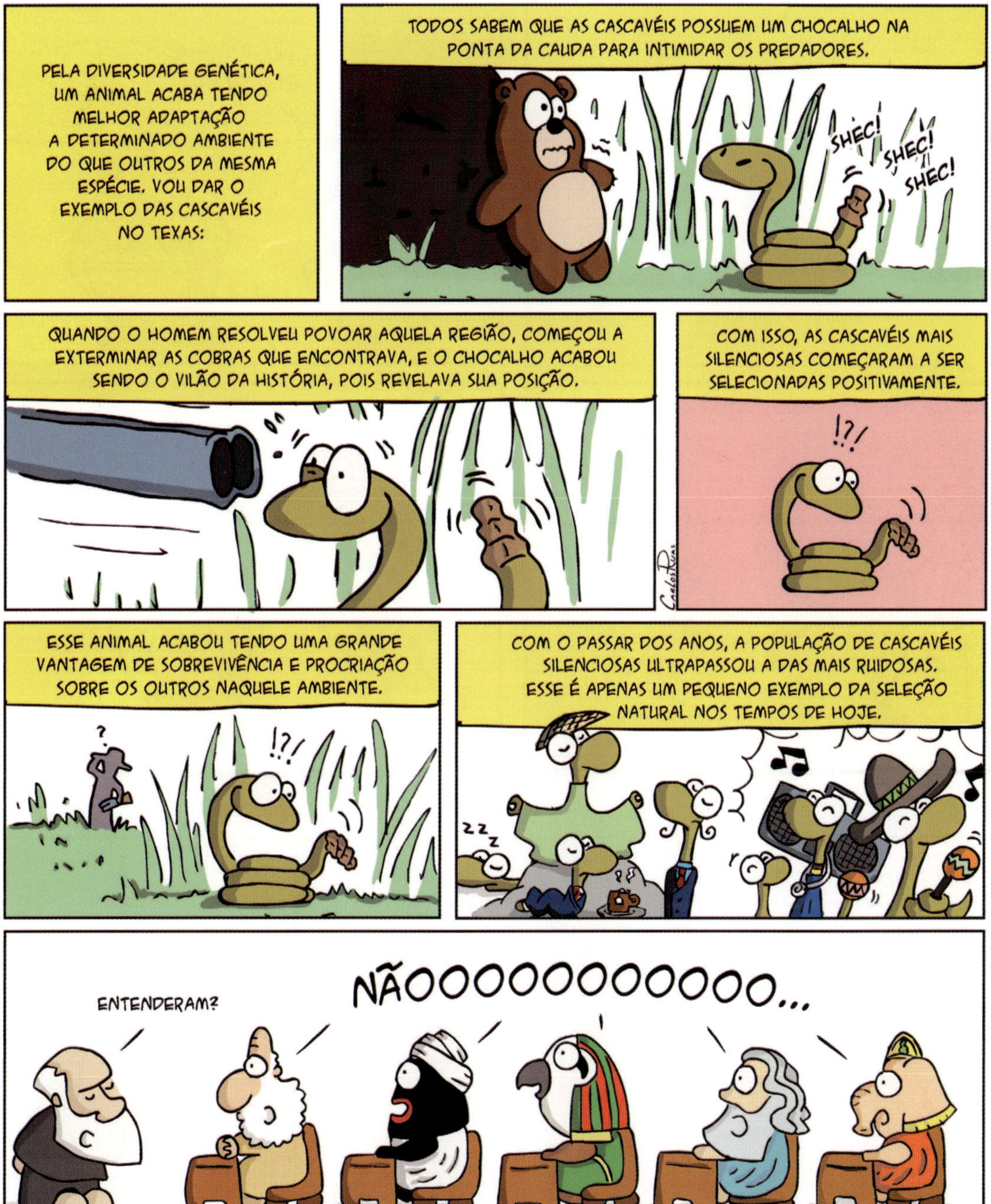
PELA DIVERSIDADE GENÉTICA, UM ANIMAL ACABA TENDO MELHOR ADAPTAÇÃO A DETERMINADO AMBIENTE DO QUE OUTROS DA MESMA ESPÉCIE. VOU DAR O EXEMPLO DAS CASCAVÉIS NO TEXAS:
TODOS SABEM QUE AS CASCAVÉIS POSSUEM UM CHOCALHO NA PONTA DA CAUDA PARA INTIMIDAR OS PREDADORES.
SHEC!
SHEC!
SHEC!
QUANDO O HOMEM RESOLVEU POVOAR AQUELA REGIÃO, COMEÇOU A EXTERMINAR AS COBRAS QUE ENCONTRAVA, E O CHOCALHO ACABOU SENDO O VILÃO DA HISTÓRIA, POIS REVELAVA SUA POSIÇÃO.
COM ISSO, AS CASCAVÉIS MAIS SILENCIOSAS COMEÇARAM A SER SELECIONADAS POSITIVAMENTE.
!?!
ESSE ANIMAL ACABOU TENDO UMA GRANDE VANTAGEM DE SOBREVIVÊNCIA E PROCRIAÇÃO SOBRE OS OUTROS NAQUELE AMBIENTE.
?
!?!
COM O PASSAR DOS ANOS, A POPULAÇÃO DE CASCAVÉIS SILENCIOSAS ULTRAPASSOU A DAS MAIS RUIDOSAS. ESSE É APENAS UM PEQUENO EXEMPLO DA SELEÇÃO NATURAL NOS TEMPOS DE HOJE.
ZZZ
ENTENDERAM?
NÃOOOOOOOOOOO...

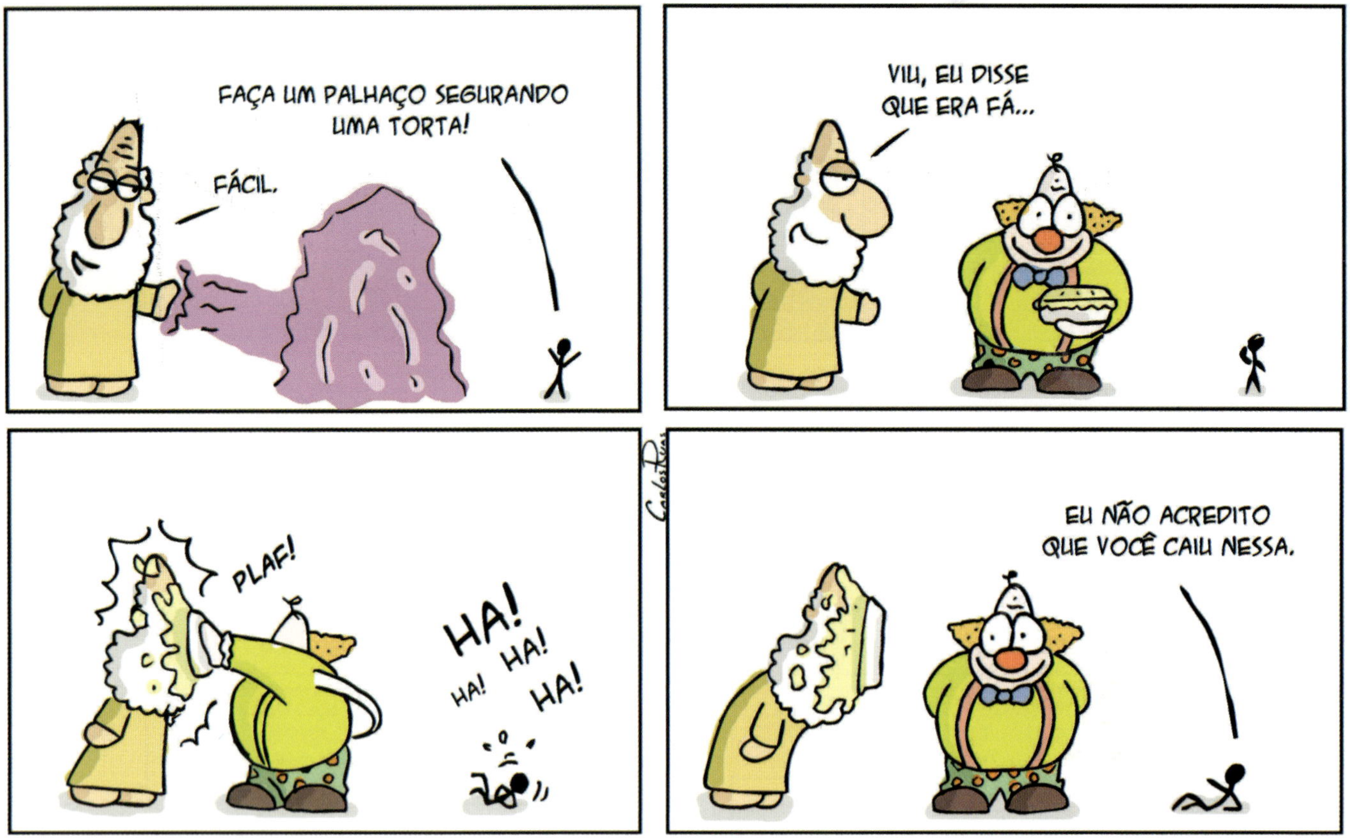
FAÇA UM PALHAÇO SEGURANDO UMA TORTA!
FÁCIL.
VIU, EU DISSE QUE ERA FÁ...
PLAF!
HA! HA! HA! HA!
EU NÃO ACREDITO QUE VOCÊ CAIU NESSA.

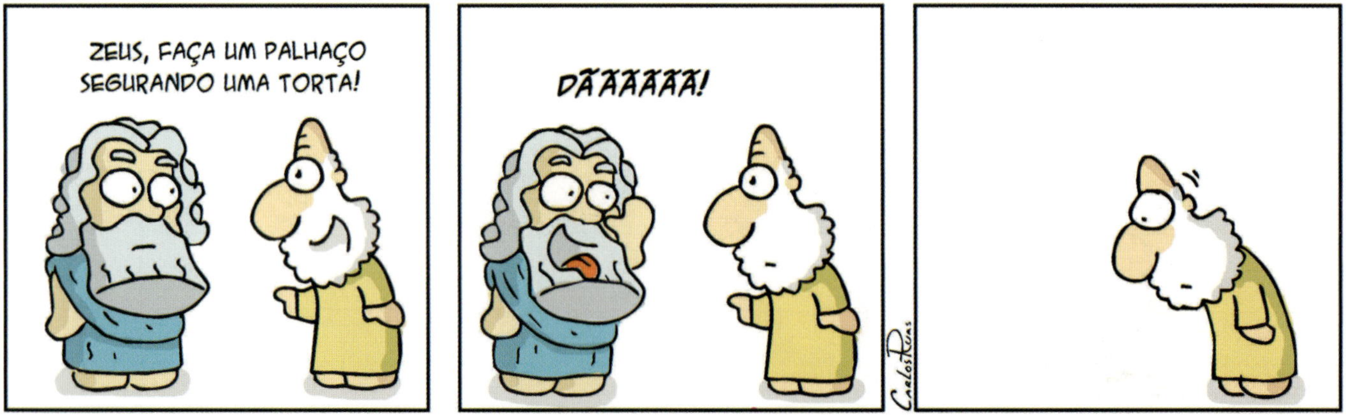
ZEUS, FAÇA UM PALHAÇO SEGURANDO UMA TORTA!
DÃÃÃÃÃÃ!

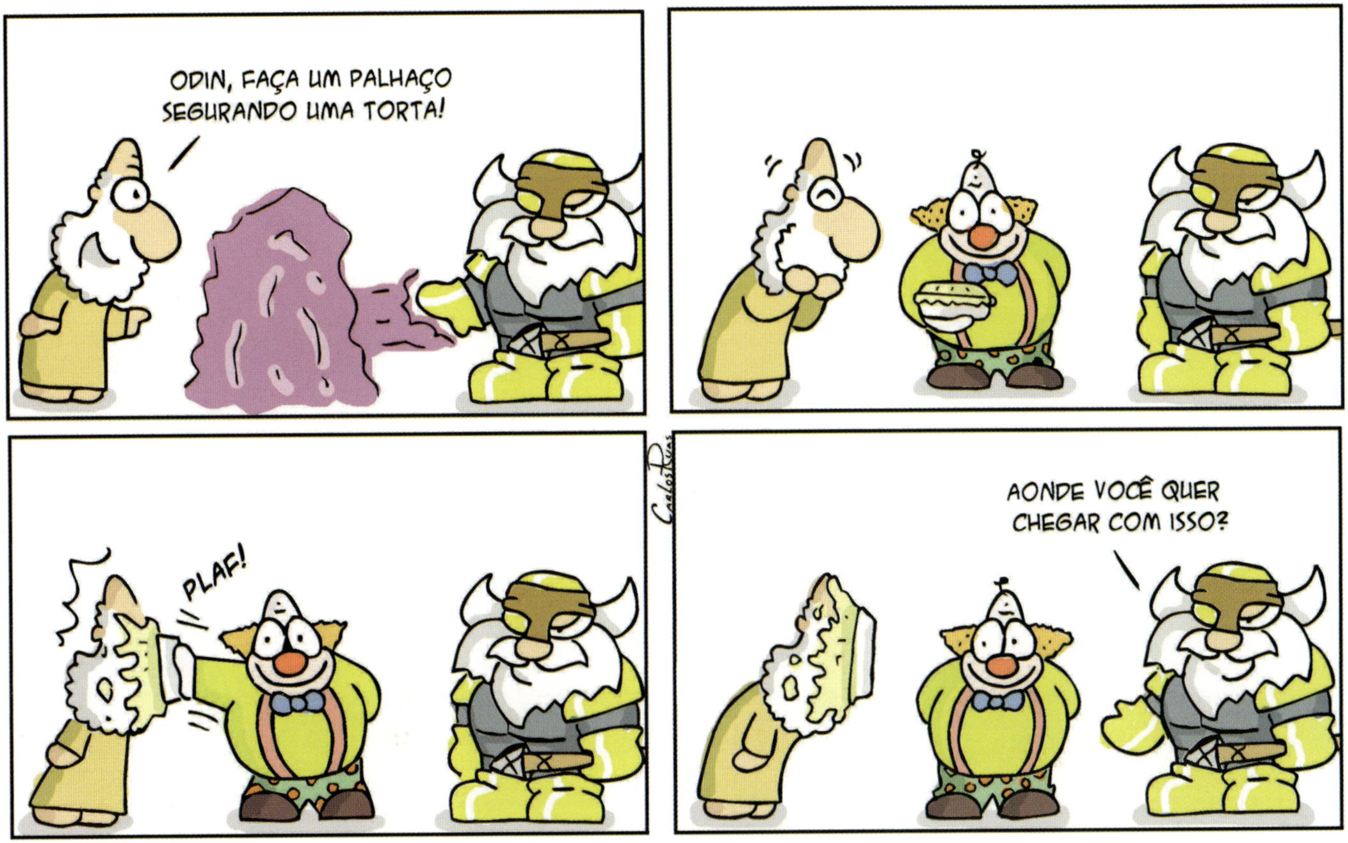
ODIN, FAÇA UM PALHAÇO SEGURANDO UMA TORTA!
PLAF!
AONDE VOCÊ QUER CHEGAR COM ISSO?

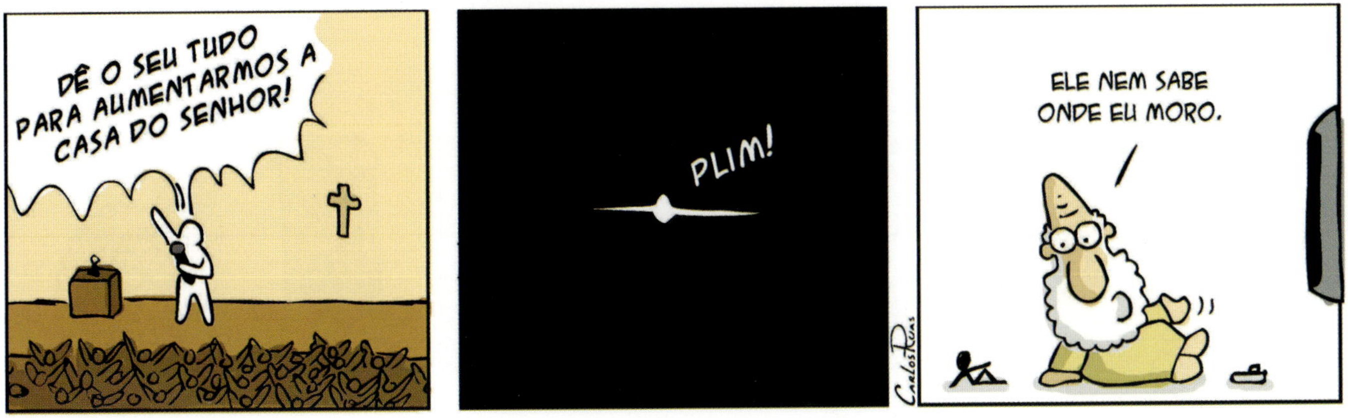
DÊ O SEU TUDO PARA AUMENTARMOS A CASA DO SENHOR!
PLIM!
ELE NEM SABE ONDE EU MORO.

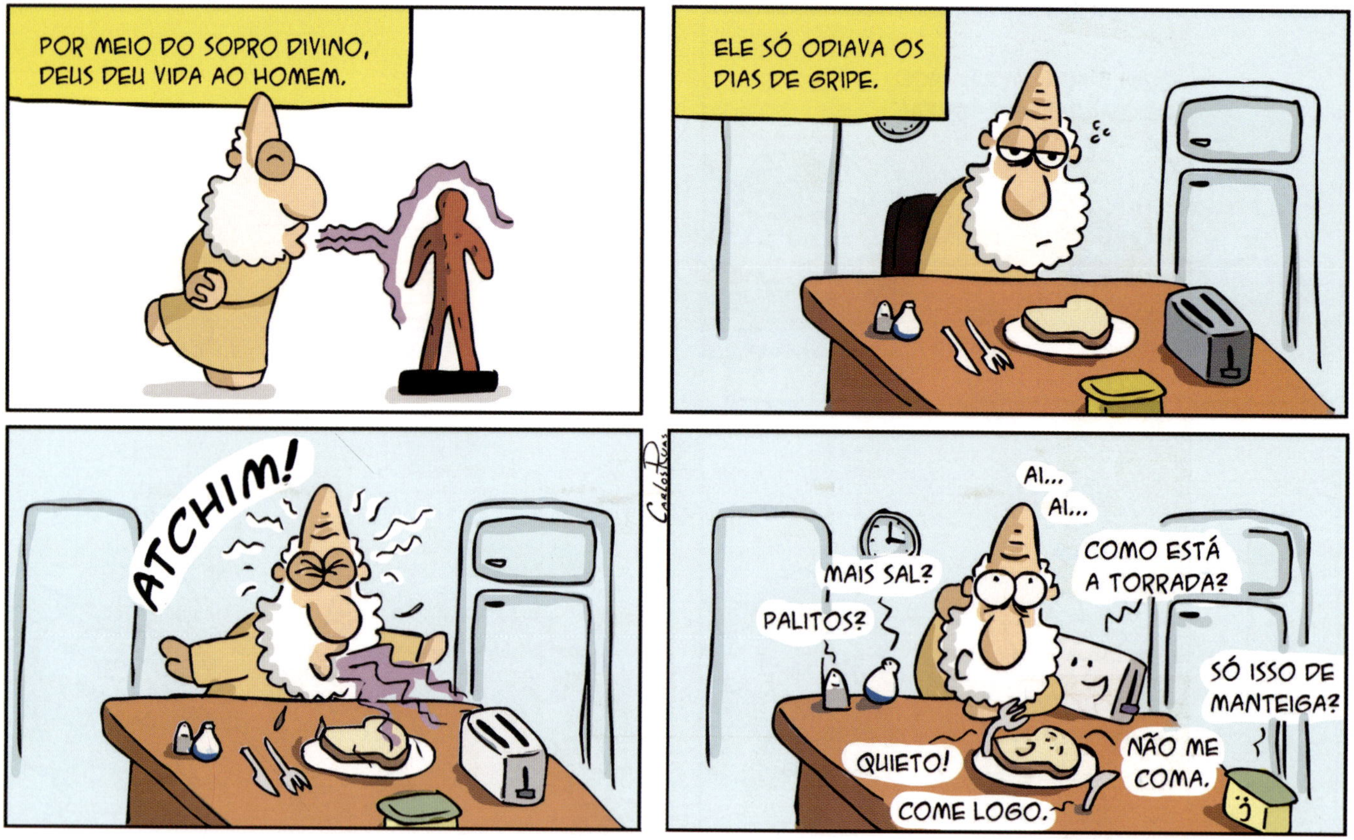
POR MEIO DO SOPRO DIVINO, DEUS DEU VIDA AO HOMEM.
ELE SÓ ODIAVA OS DIAS DE GRIPE.
ATCHIM!
Carlos Ruas
AI...
AI...
MAIS SAL?
PALITOS?
COMO ESTÁ A TORRADA?
SÓ ISSO DE MANTEIGA?
QUIETO!
NÃO ME COMA.
COME LOGO.

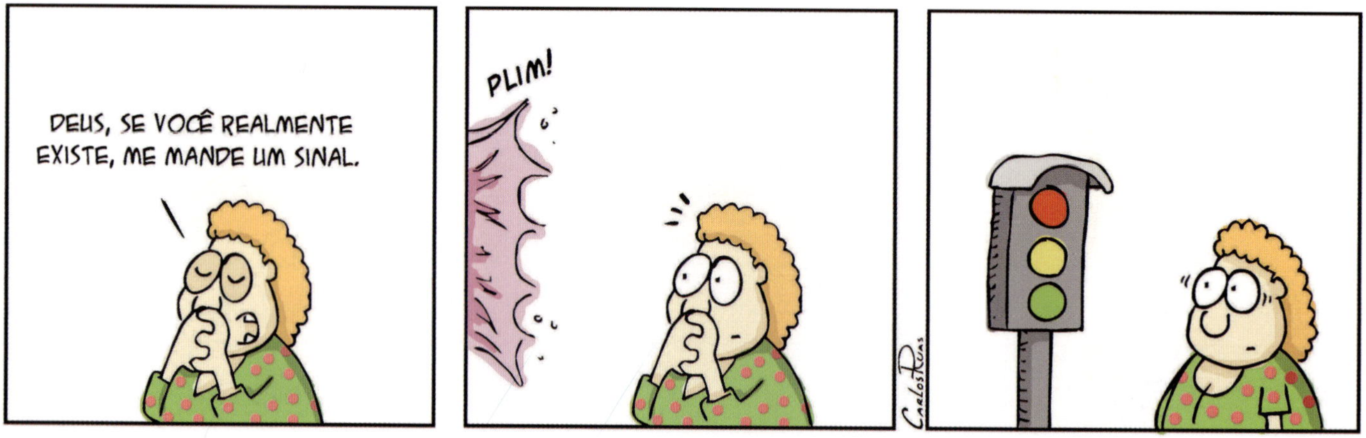
DEUS, SE VOCÊ REALMENTE EXISTE, ME MANDE UM SINAL.
PLIM!
Carlos Ruas

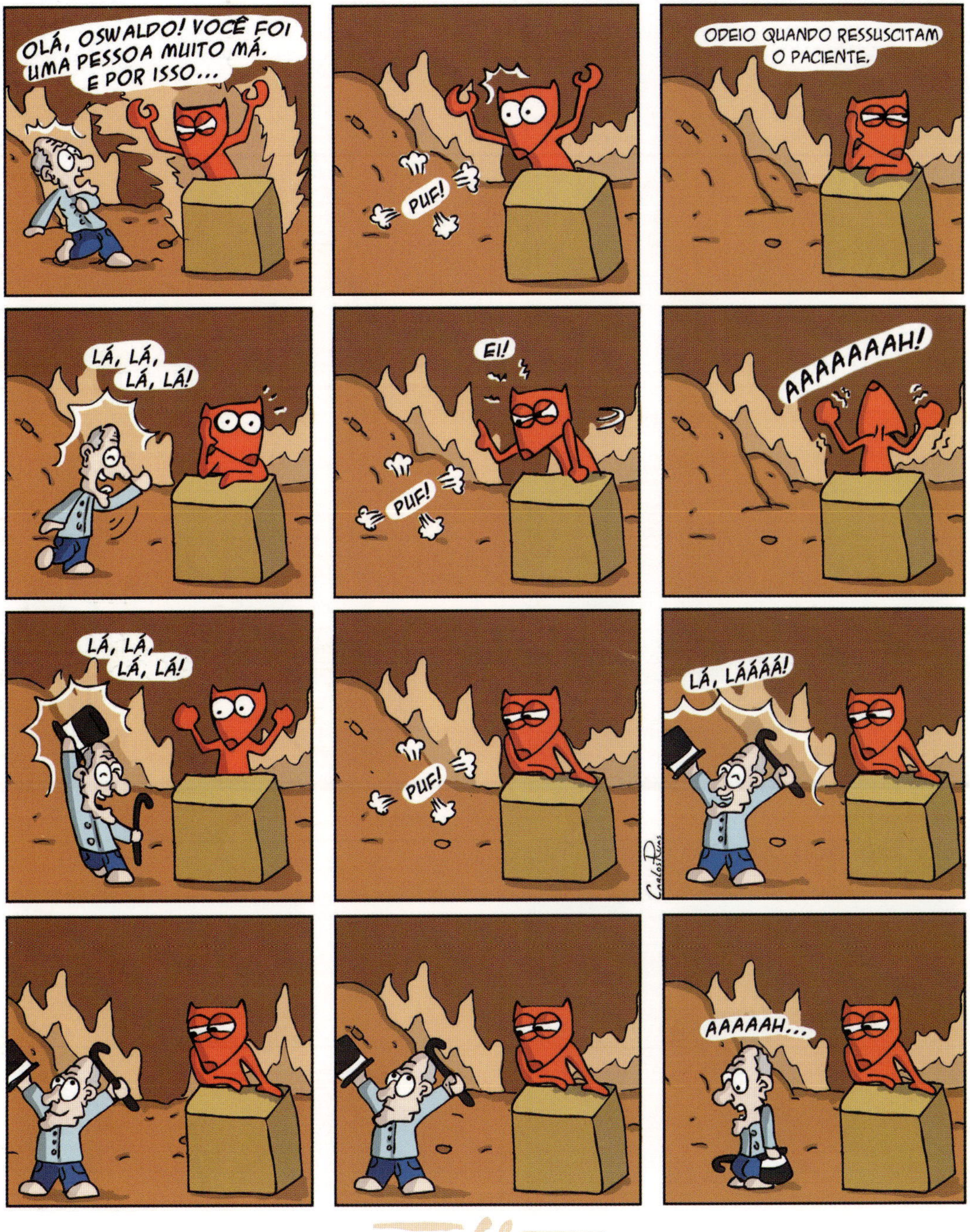
OLÁ, OSWALDO! VOCÊ FOI UMA PESSOA MUITO MÁ. E POR ISSO...
PUF!
ODEIO QUANDO RESSUSCITAM O PACIENTE.
LÁ, LÁ, LÁ, LÁ!
EI!
PUF!
AAAAAAAH!
LÁ, LÁ, LÁ, LÁ!
PUF!
Carlos Ruas
LÁ, LÁÁÁÁ!
AAAAAH...

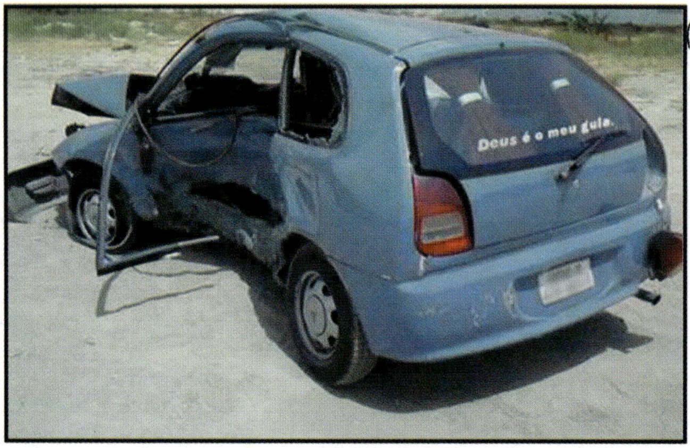
Deus é o meu guia.

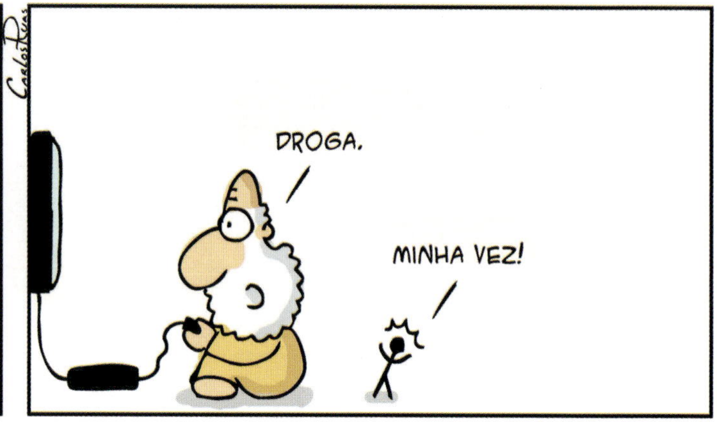
Carlos Ruas
DROGA.
MINHA VEZ!

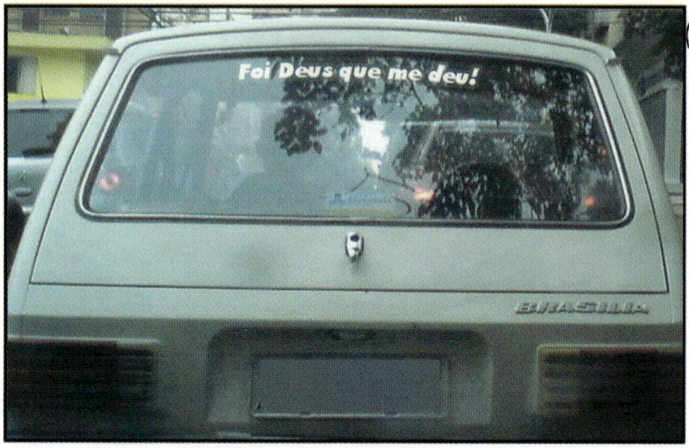
Foi Deus que me deu!
BRASILIA

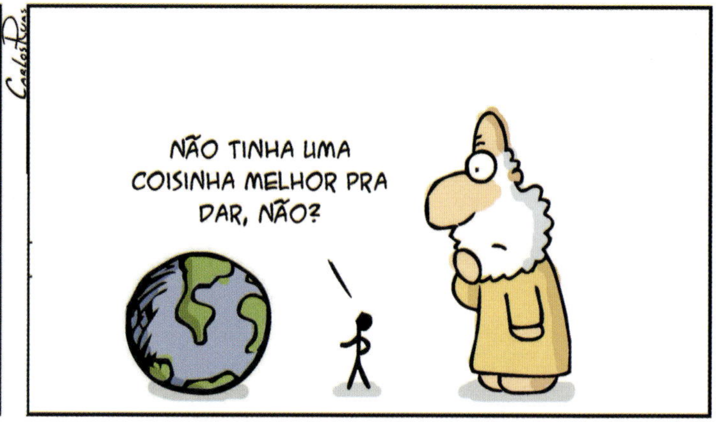
Carlos Ruas
NÃO TINHA UMA COISINHA MELHOR PRA DAR, NÃO?

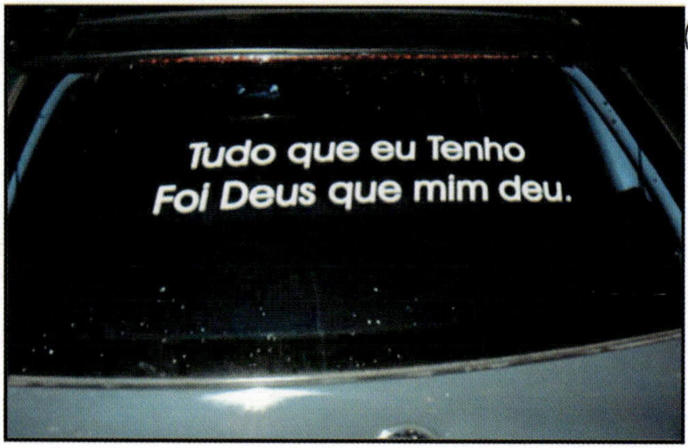
Tudo que eu Tenho
Foi Deus que mim deu.

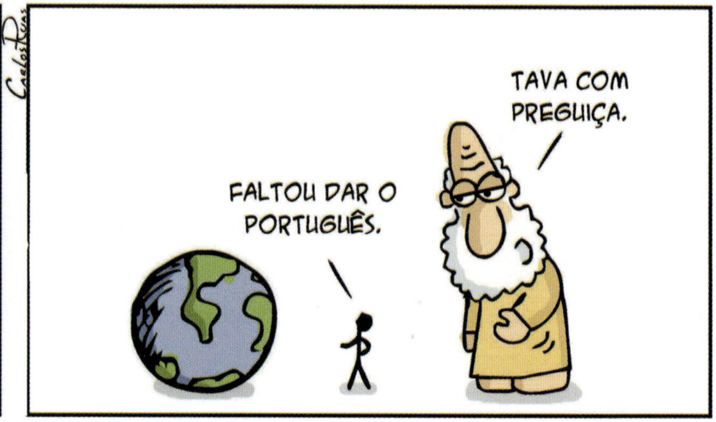
Carlos Ruas
FALTOU DAR O PORTUGUÊS.
TAVA COM PREGUIÇA.

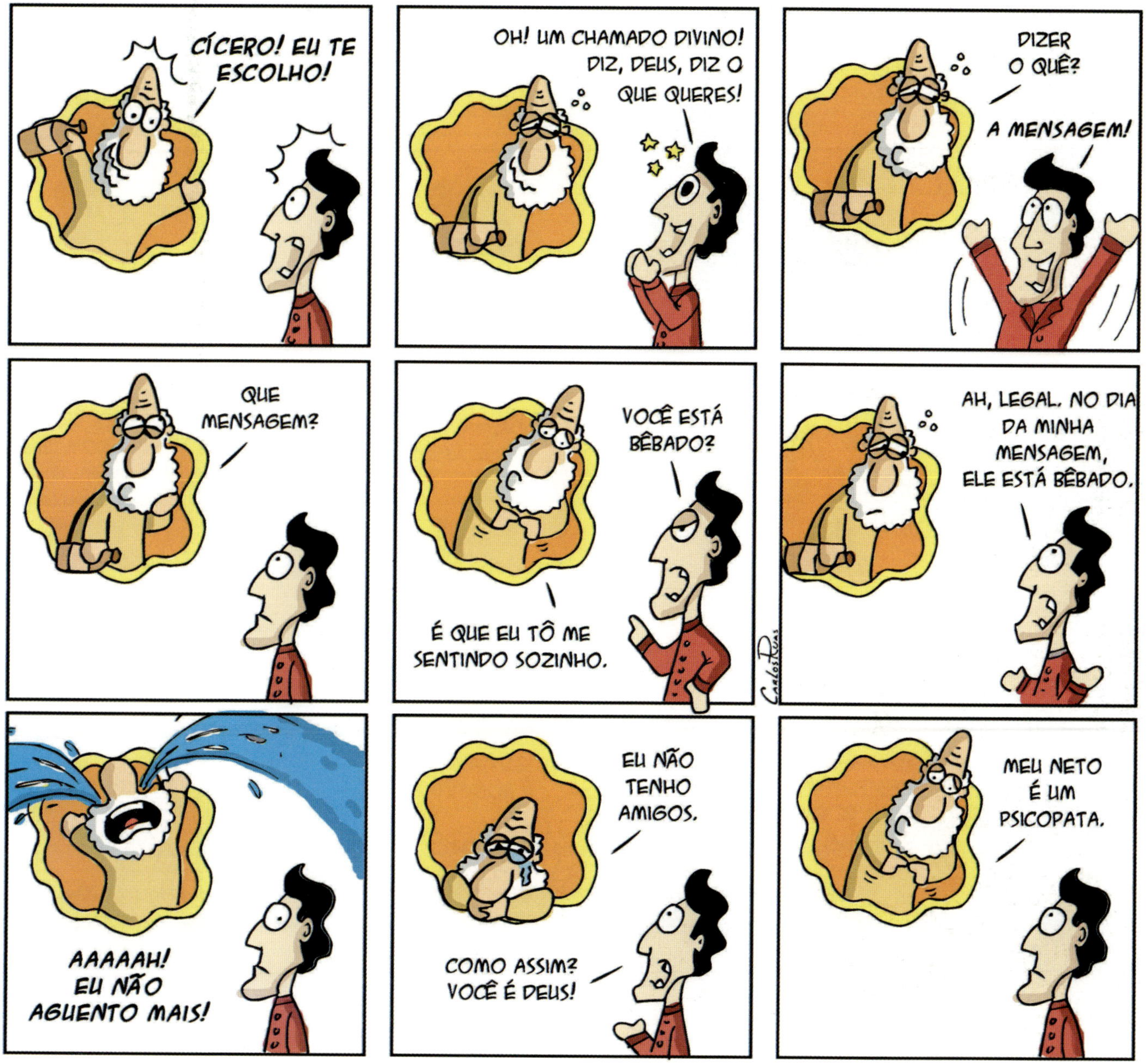
CÍCERO! EU TE ESCOLHO!
OH! UM CHAMADO DIVINO! DIZ, DEUS, DIZ O QUE QUERES!
DIZER O QUÊ?
A MENSAGEM!
QUE MENSAGEM?
VOCÊ ESTÁ BÊBADO?
É QUE EU TÔ ME SENTINDO SOZINHO.
AH, LEGAL. NO DIA DA MINHA MENSAGEM, ELE ESTÁ BÊBADO.
AAAAAH! EU NÃO AGUENTO MAIS!
EU NÃO TENHO AMIGOS.
COMO ASSIM? VOCÊ É DEUS!
MEU NETO É UM PSICOPATA.

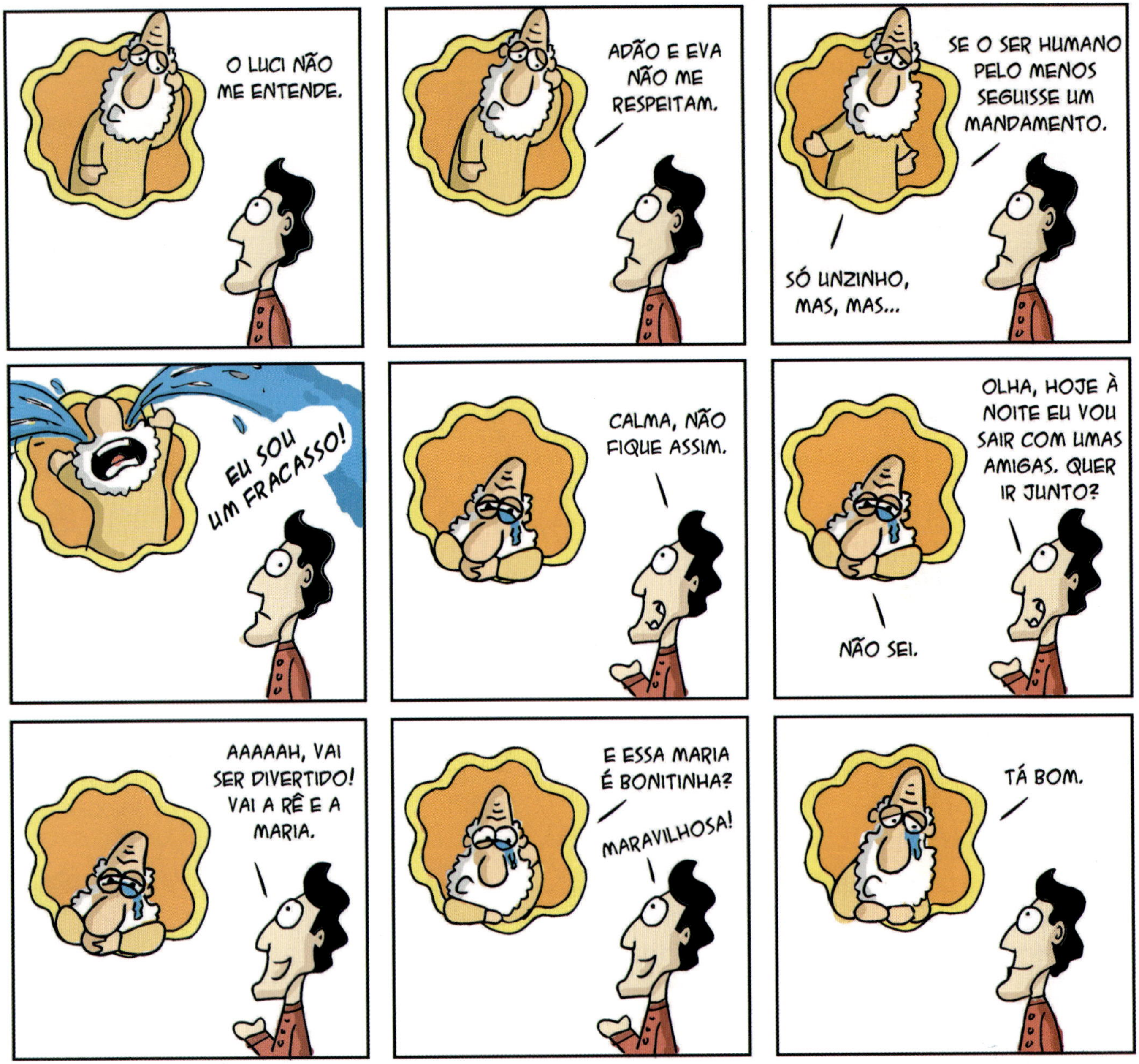

O LUCI NÃO ME ENTENDE.
ADÃO E EVA NÃO ME RESPEITAM.
SE O SER HUMANO PELO MENOS SEGUISSE UM MANDAMENTO.
SÓ UNZINHO, MAS, MAS...
EU SOU UM FRACASSO!
CALMA, NÃO FIQUE ASSIM.
OLHA, HOJE À NOITE EU VOU SAIR COM UMAS AMIGAS. QUER IR JUNTO?
NÃO SEI.
AAAAAH, VAI SER DIVERTIDO! VAI A RÊ E A MARIA.
E ESSA MARIA É BONITINHA?
MARAVILHOSA!
TÁ BOM.

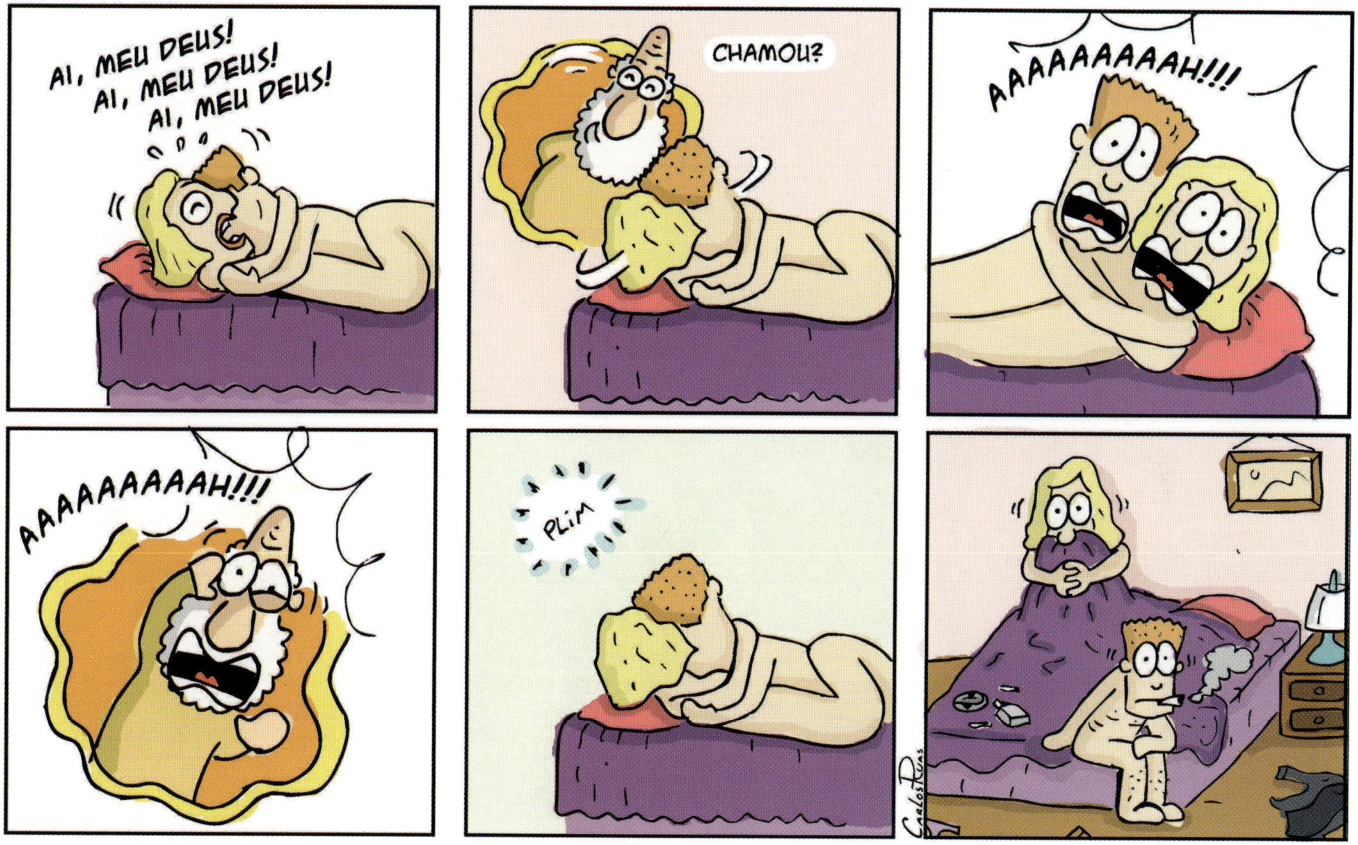
AI, MEU DEUS!
AI, MEU DEUS!
AI, MEU DEUS!
CHAMOU?
AAAAAAAAAH!!!
AAAAAAAAAH!!!
PLIM

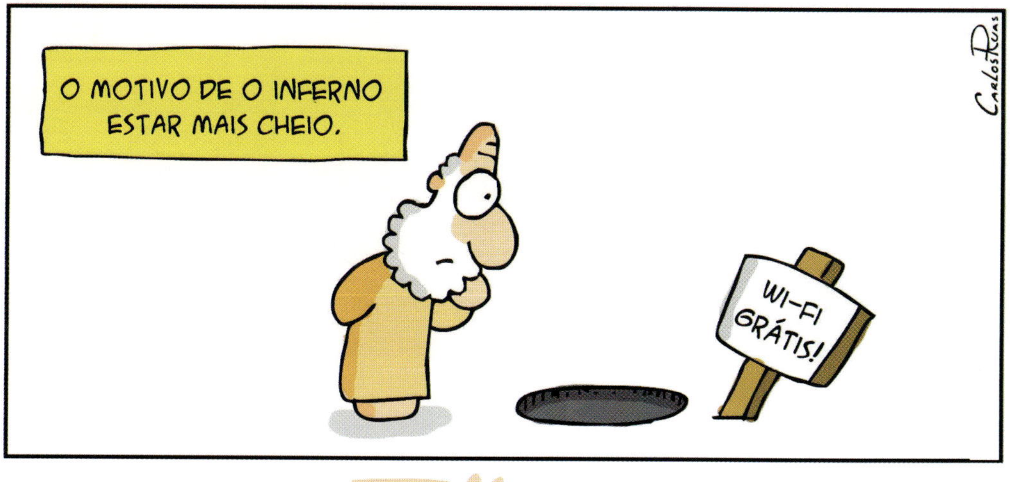
O MOTIVO DE O INFERNO ESTAR MAIS CHEIO.
WI-FI GRÁTIS!

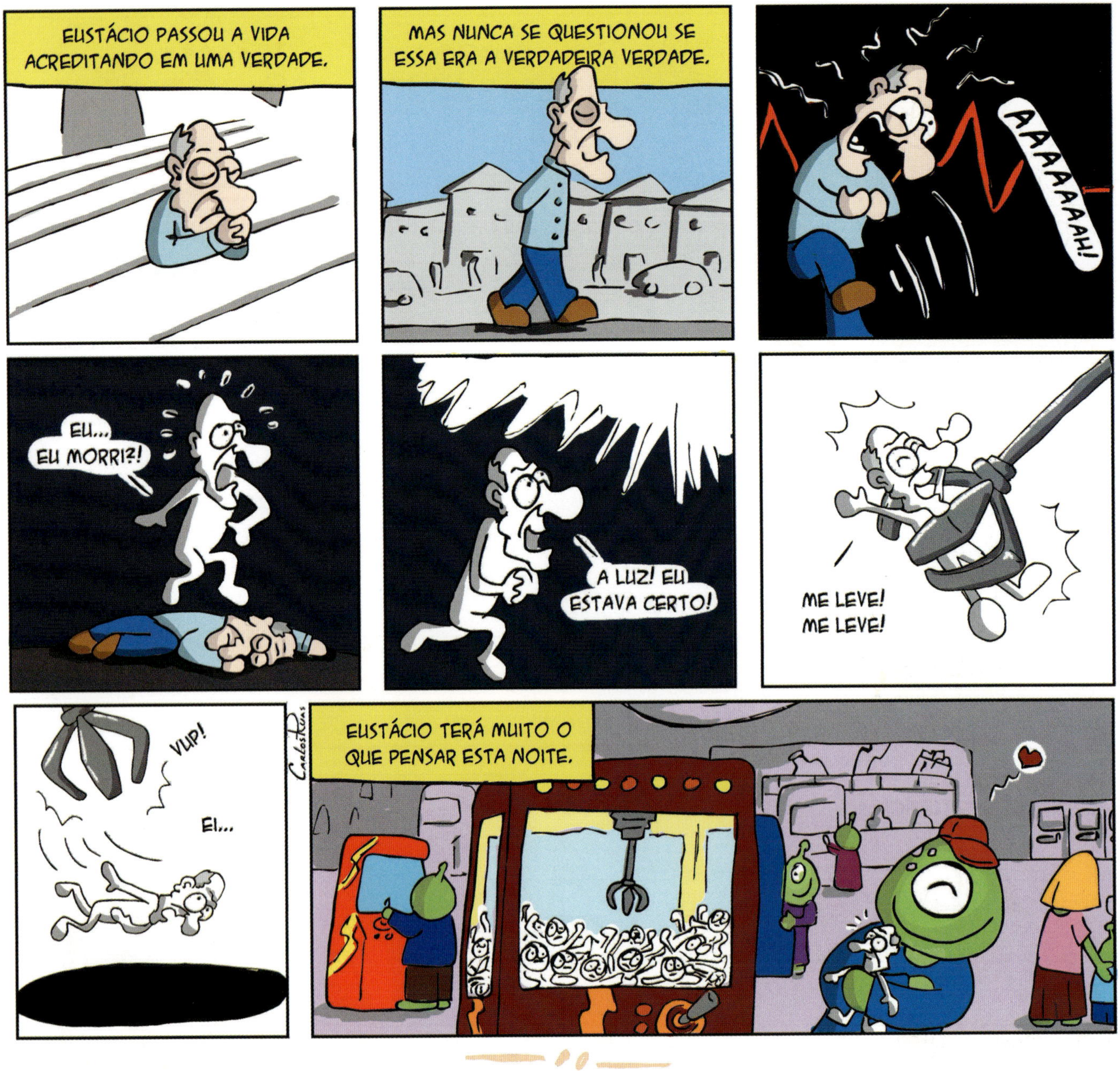
EUSTÁCIO PASSOU A VIDA ACREDITANDO EM UMA VERDADE.
MAS NUNCA SE QUESTIONOU SE ESSA ERA A VERDADEIRA VERDADE.
AAAAAAAAH!
EU... EU MORRI?!
A LUZ! EU ESTAVA CERTO!
ME LEVE! ME LEVE!
VUP!
EI...
EUSTÁCIO TERÁ MUITO O QUE PENSAR ESTA NOITE.

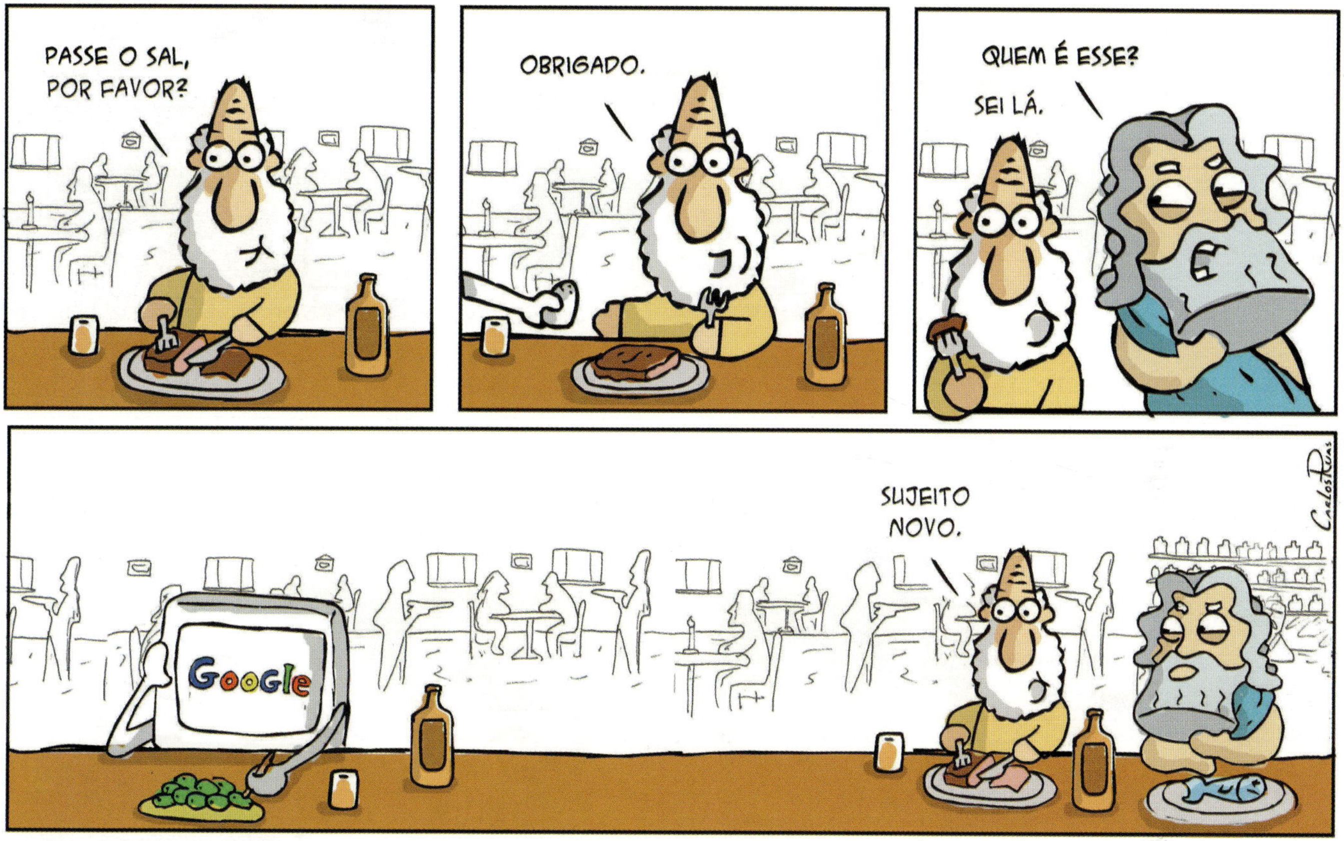
PASSE O SAL, POR FAVOR?
OBRIGADO.
QUEM É ESSE?
SEI LÁ.
Google
SUJEITO NOVO.
Carlos Ruas

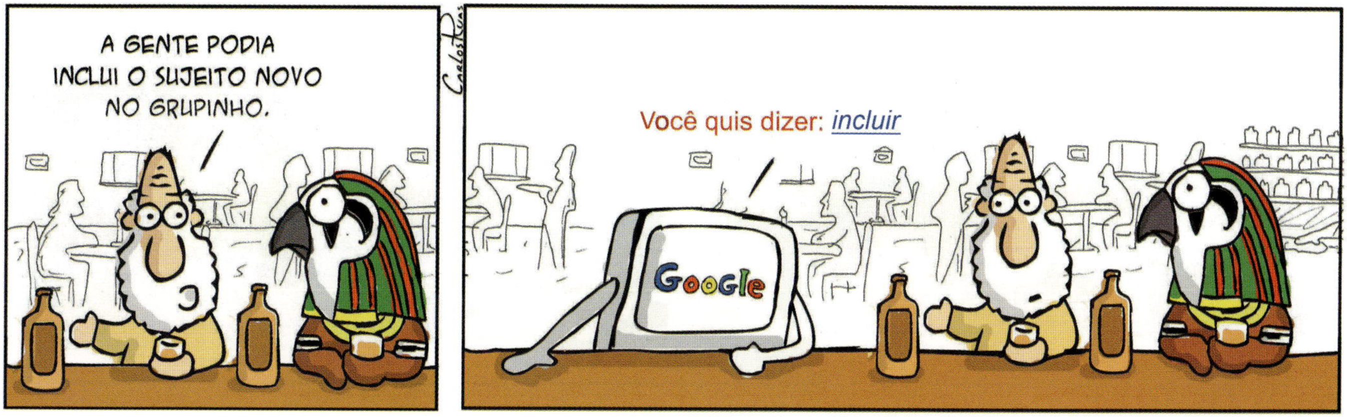
A GENTE PODIA INCLUI O SUJEITO NOVO NO GRUPINHO.
Carlos Ruas
Você quis dizer: incluir
Google

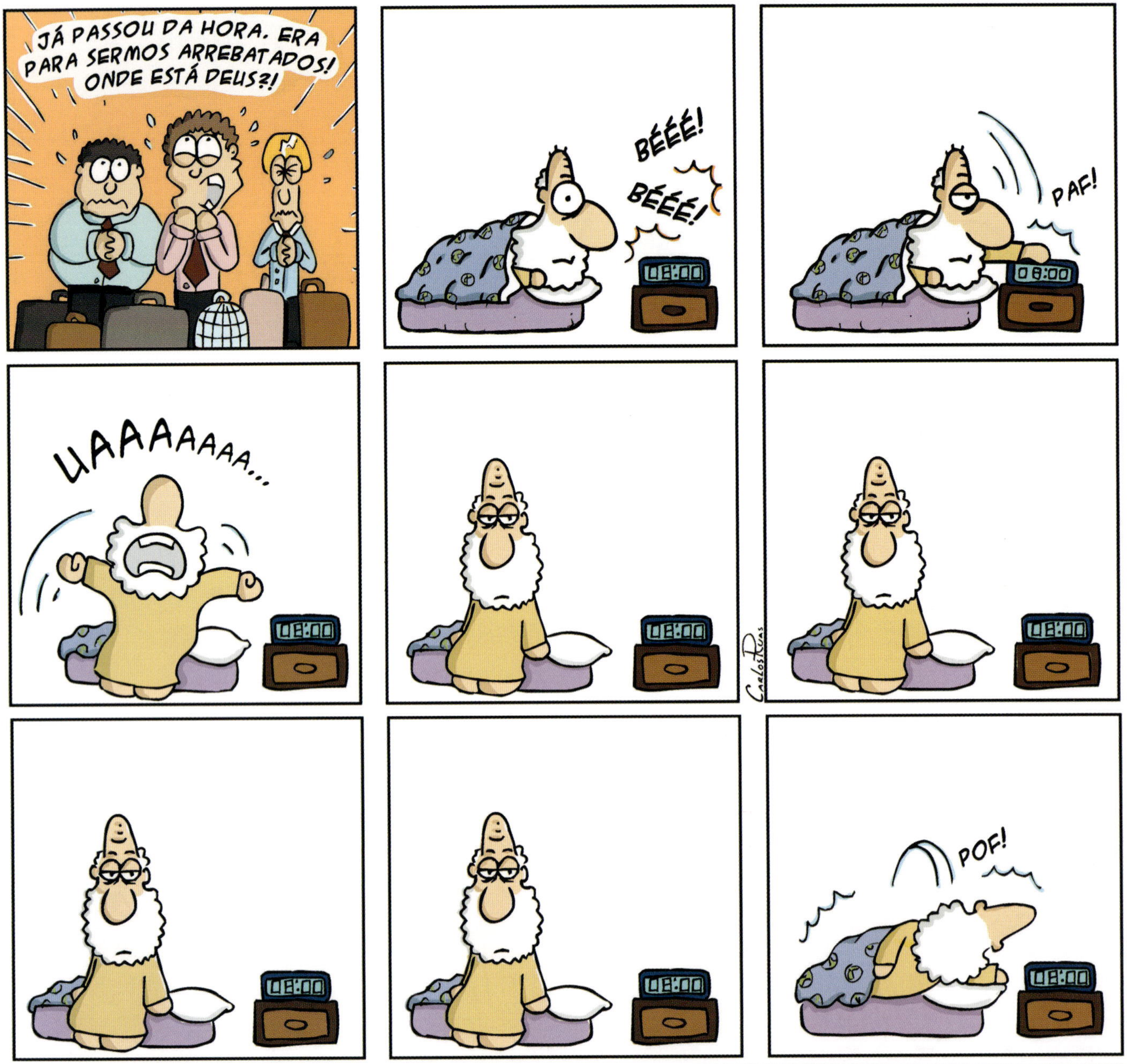
JÁ PASSOU DA HORA. ERA PARA SERMOS ARREBATADOS! ONDE ESTÁ DEUS?!
BÉÉÉ!
BÉÉÉ!
PAF!
UAAAAAAA...
POF!

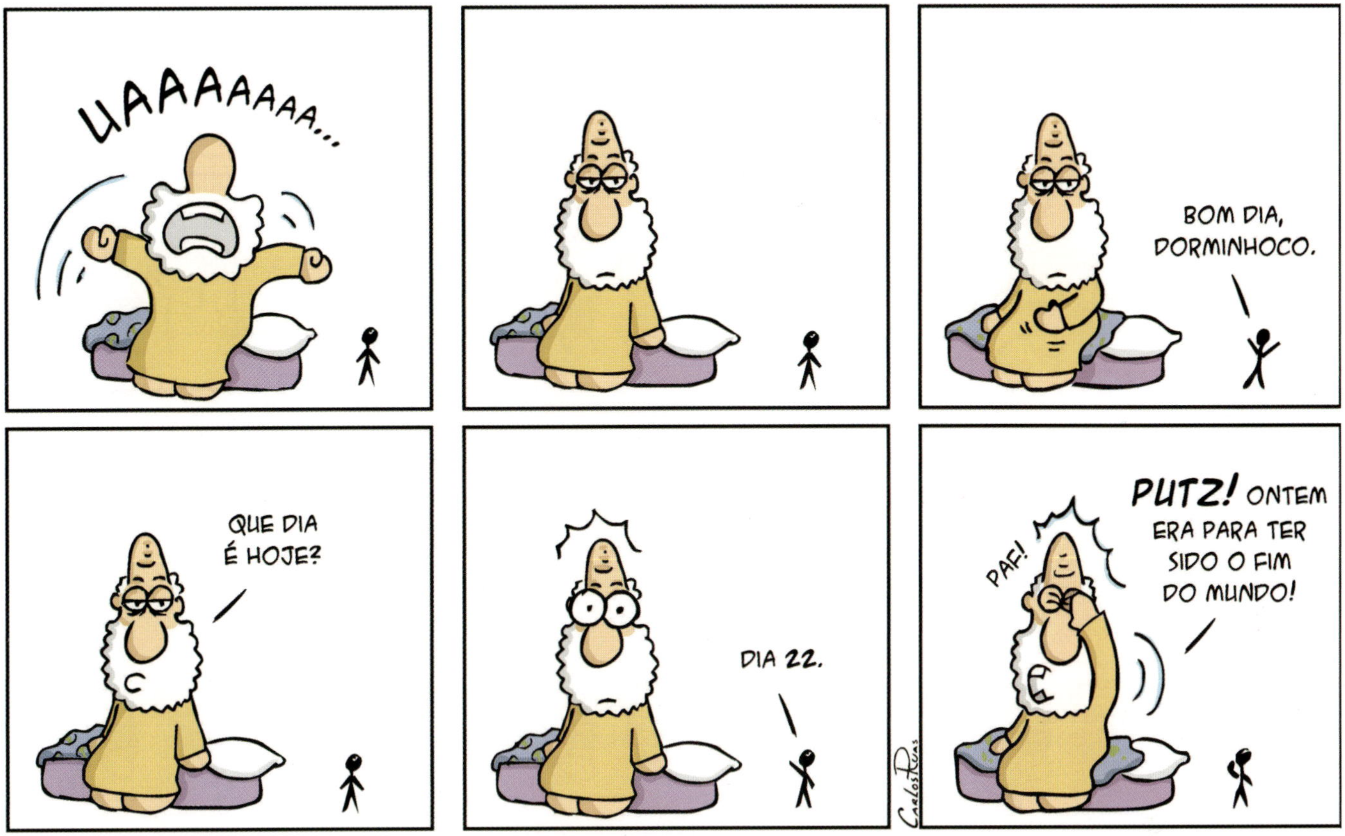
UAAAAAAA...
BOM DIA, DORMINHOCO.
QUE DIA É HOJE?
DIA 22.
PAF!
PUTZ! ONTEM ERA PARA TER SIDO O FIM DO MUNDO!
Carlos Ruas

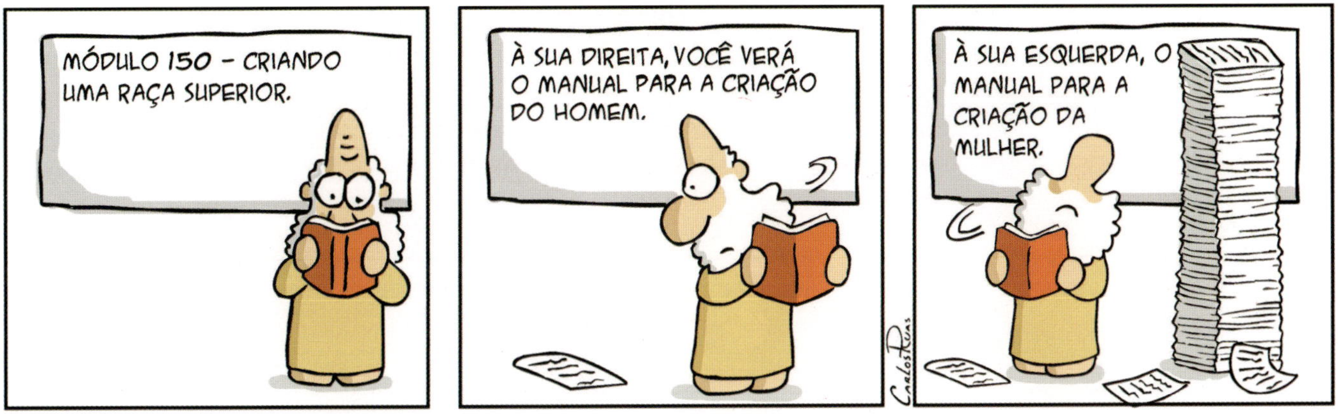
MÓDULO 150 - CRIANDO UMA RAÇA SUPERIOR.
À SUA DIREITA, VOCÊ VERÁ O MANUAL PARA A CRIAÇÃO DO HOMEM.
À SUA ESQUERDA, O MANUAL PARA A CRIAÇÃO DA MULHER.
Carlos Ruas

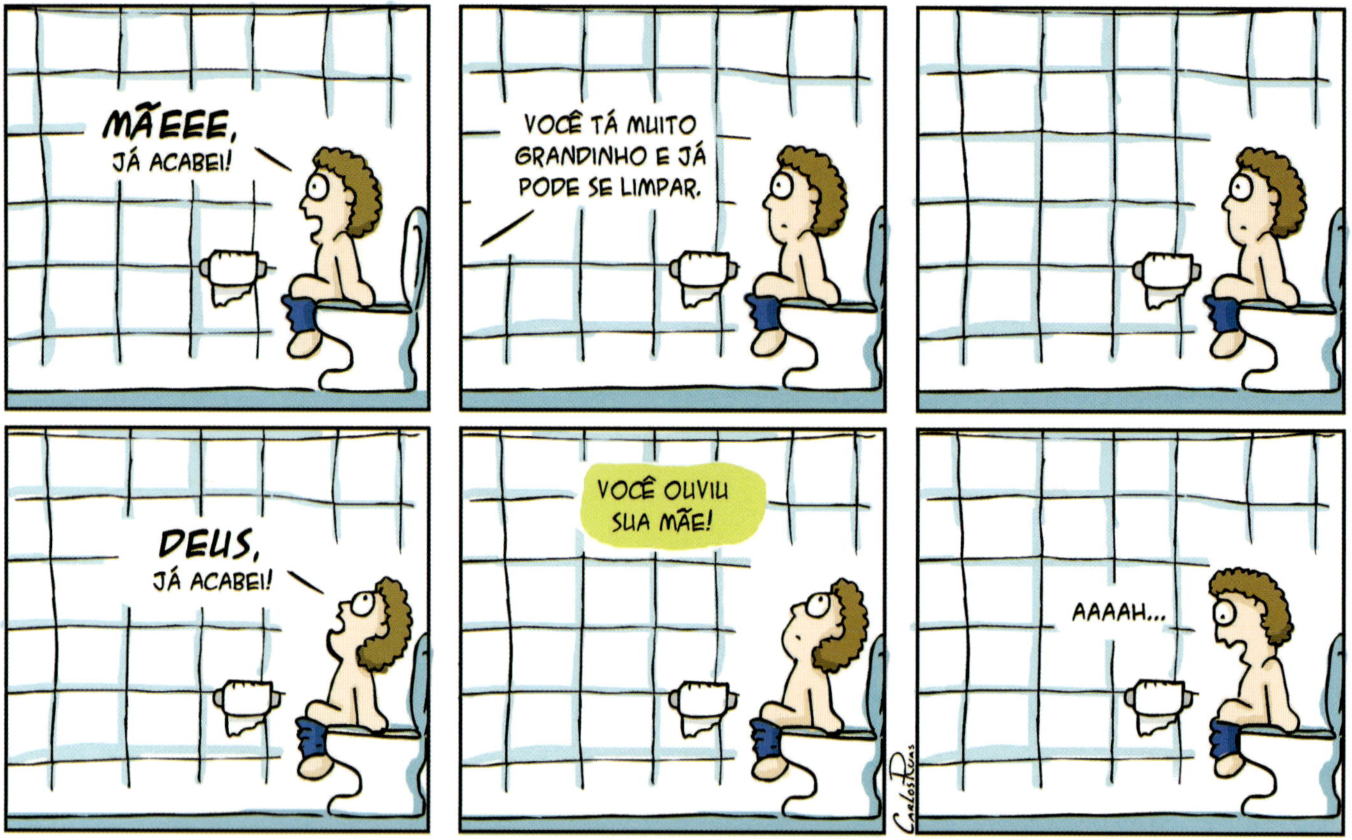
MÃEEE,
JÁ ACABEI!
VOCÊ TÁ MUITO GRANDINHO E JÁ PODE SE LIMPAR.
DEUS,
JÁ ACABEI!
VOCÊ OUVIU SUA MÃE!
AAAAH...
Carlos Ruas

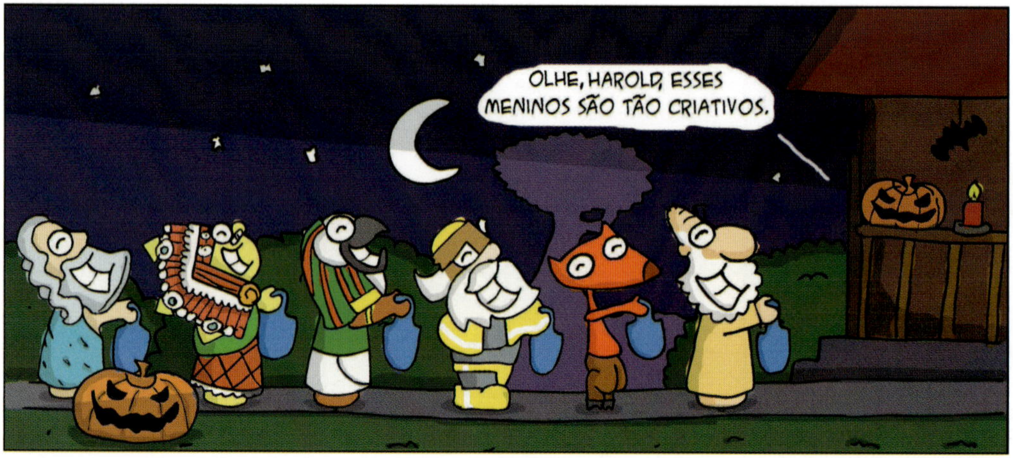
OLHE, HAROLD, ESSES MENINOS SÃO TÃO CRIATIVOS.

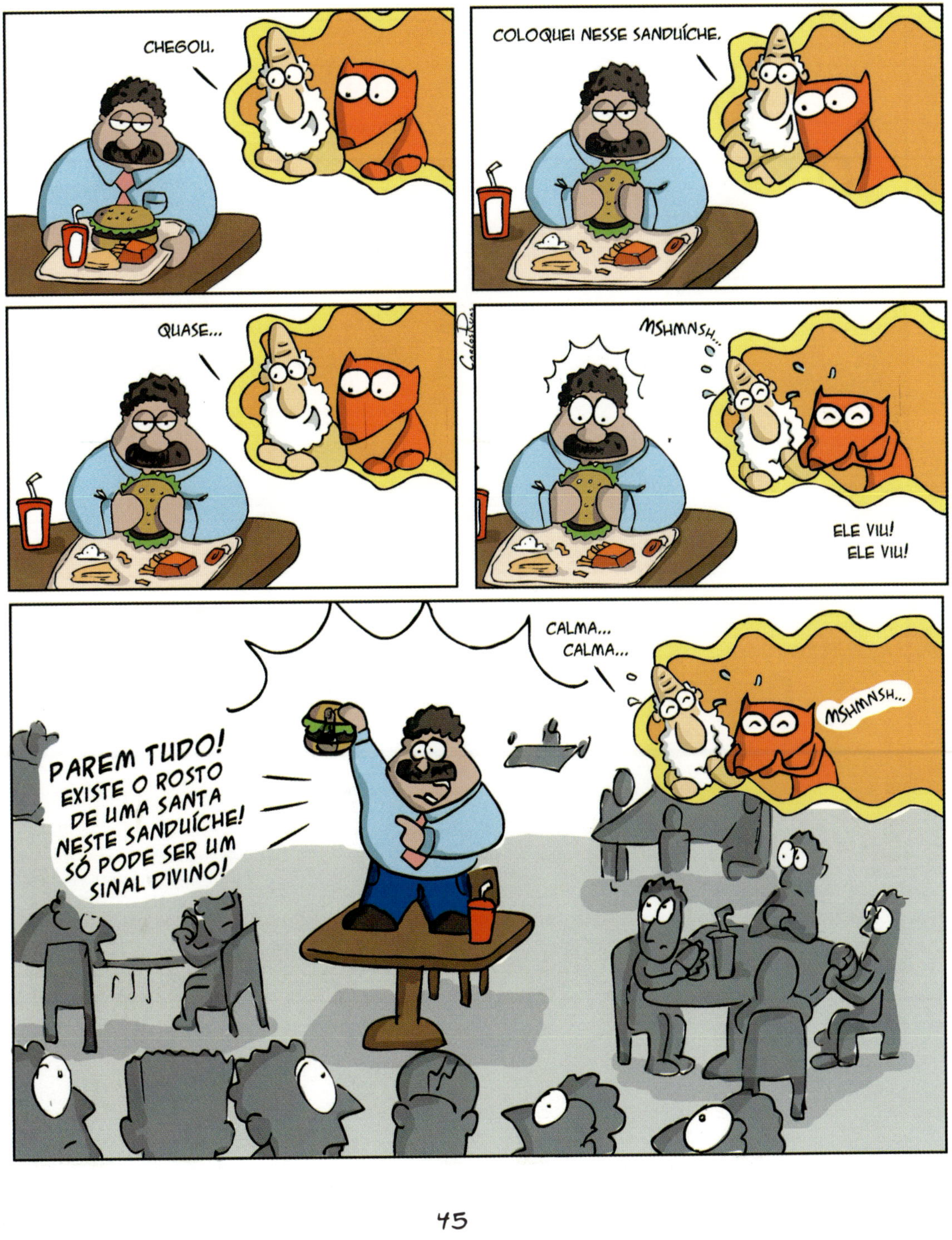

CHEGOU.
COLOQUEI NESSE SANDUÍCHE.
QUASE...
MSHMNSH...
ELE VIU! ELE VIU!
CALMA... CALMA...
MSHMNSH...
PAREM TUDO! EXISTE O ROSTO DE UMA SANTA NESTE SANDUÍCHE! SÓ PODE SER UM SINAL DIVINO!

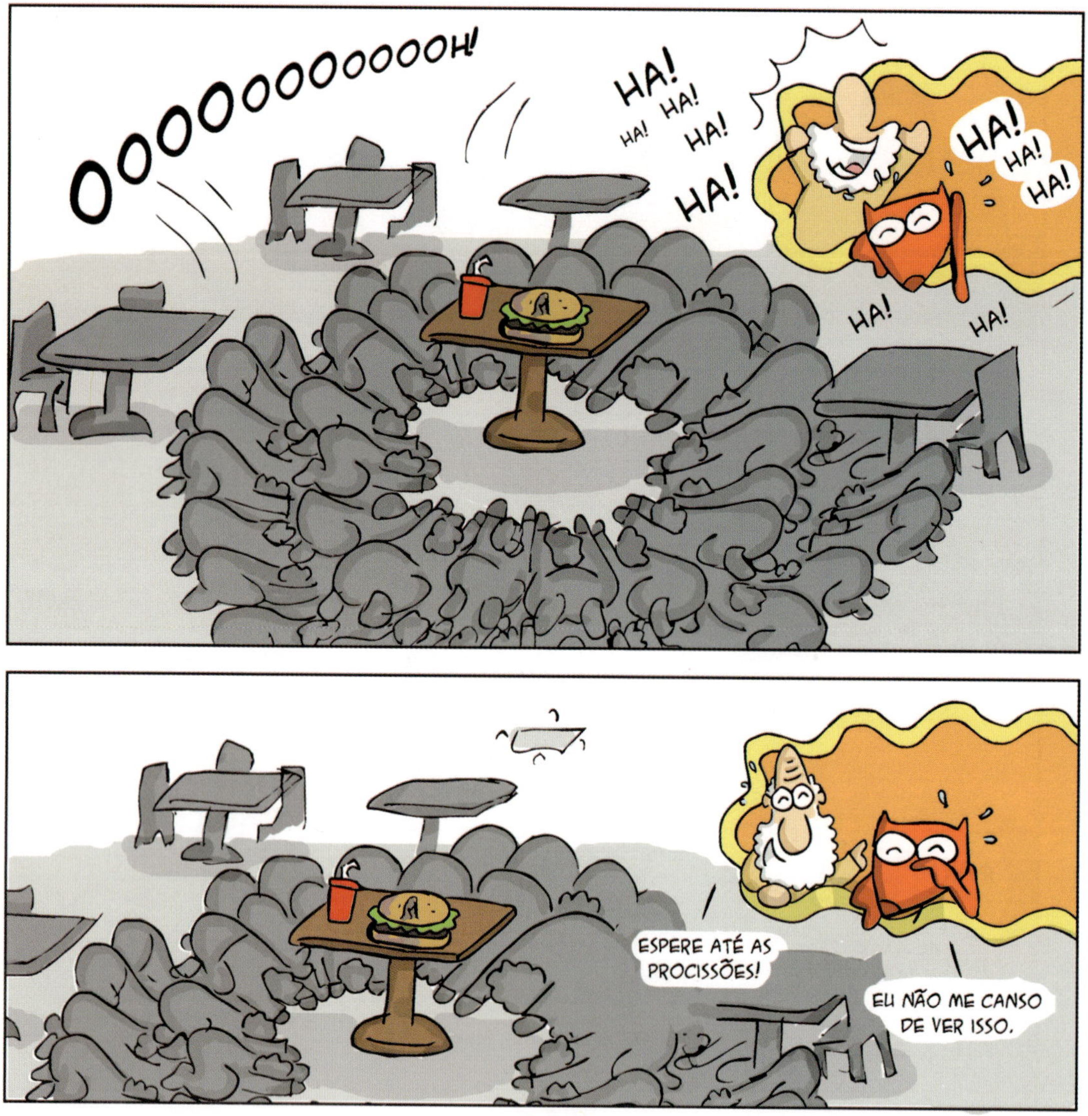
OOOOOOOOOOOH!
HA! HA! HA! HA! HA!
HA! HA! HA!
HA! HA!
ESPERE ATÉ AS PROCISSÕES!
EU NÃO ME CANSO DE VER ISSO.

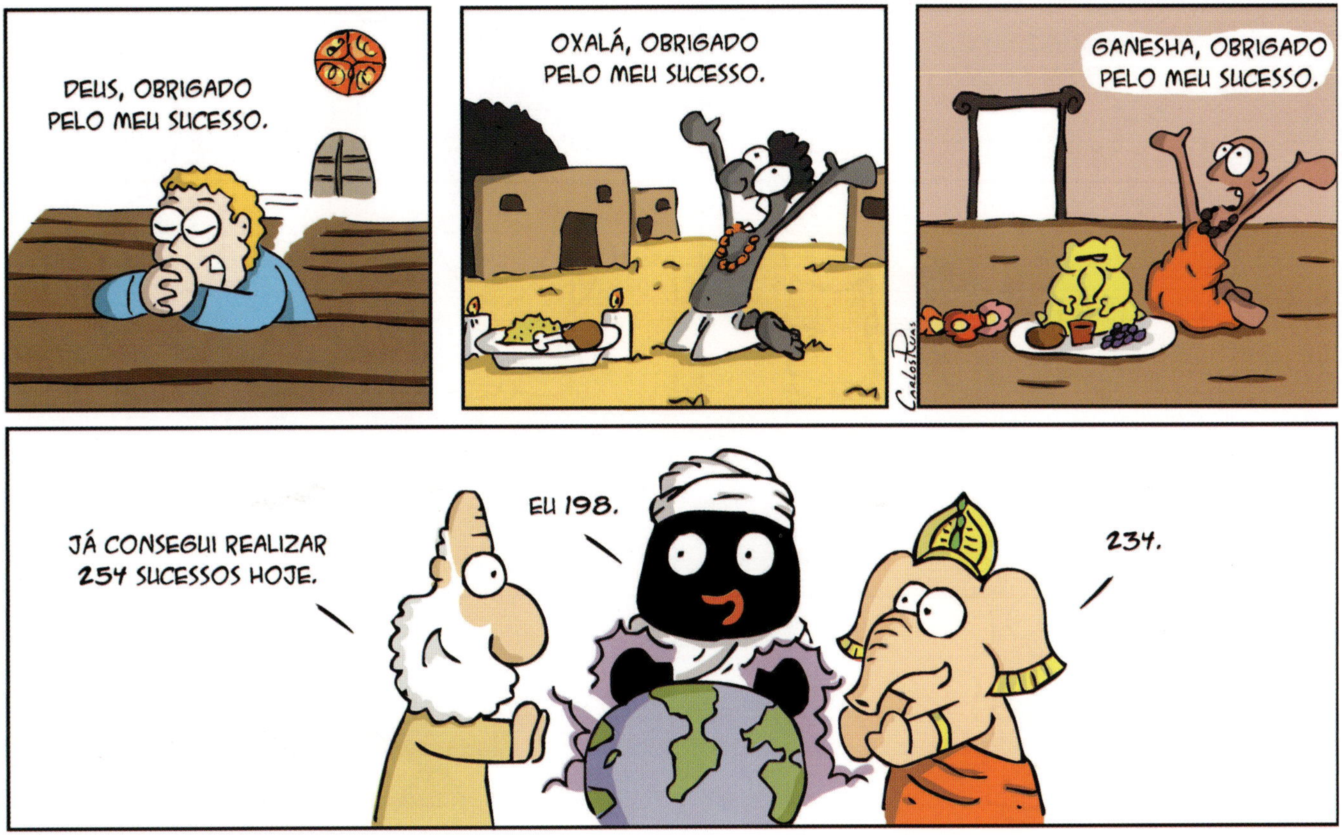
DEUS, OBRIGADO
PELO MEU SUCESSO.
OXALÁ, OBRIGADO
PELO MEU SUCESSO.
GANESHA, OBRIGADO
PELO MEU SUCESSO.
Carlos Ruas
JÁ CONSEGUI REALIZAR
254 SUCESSOS HOJE.
EU 198.
234.

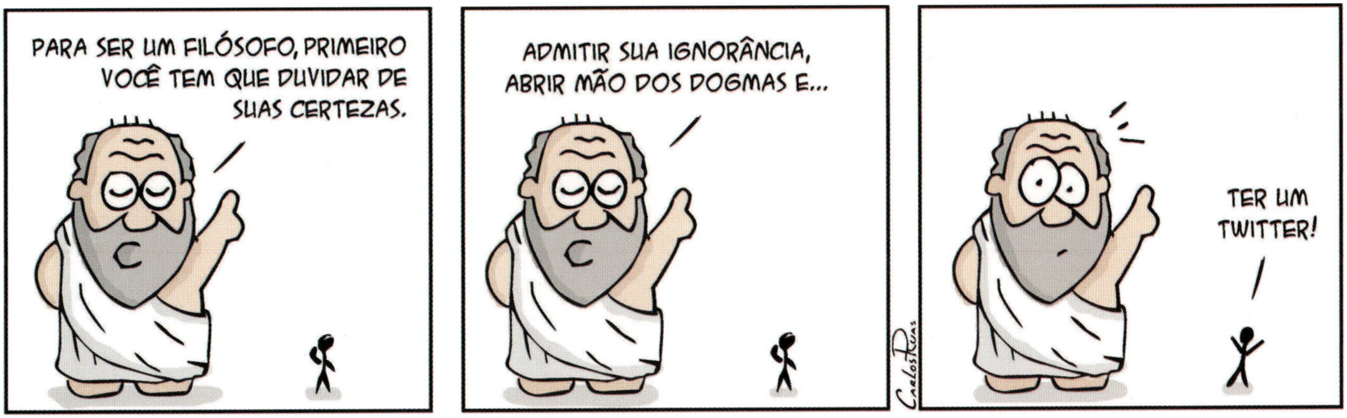
PARA SER UM FILÓSOFO, PRIMEIRO
VOCÊ TEM QUE DUVIDAR DE
SUAS CERTEZAS.
ADMITIR SUA IGNORÂNCIA,
ABRIR MÃO DOS DOGMAS E...
Carlos Ruas
TER UM
TWITTER!

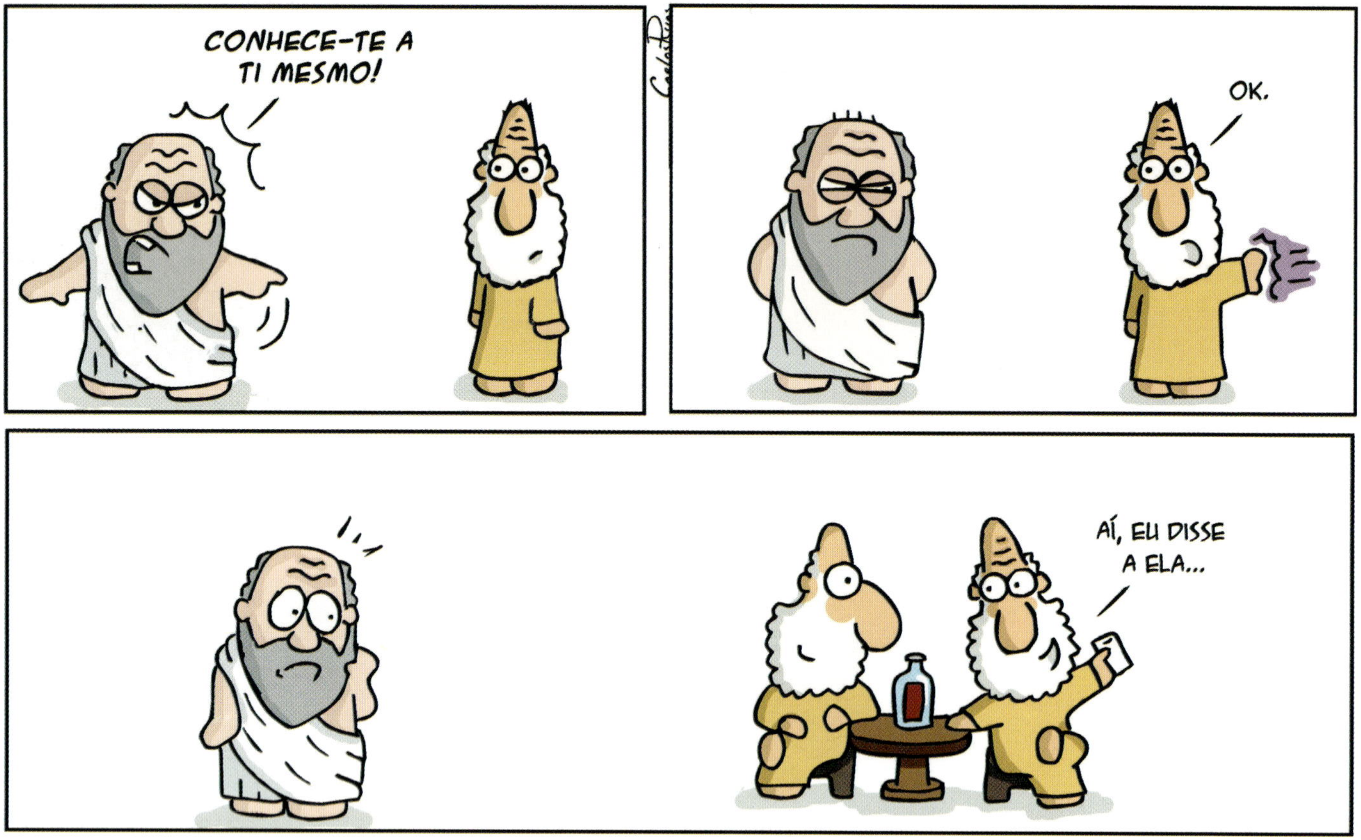
CONHECE-TE A TI MESMO!
OK.
AÍ, EU DISSE A ELA...

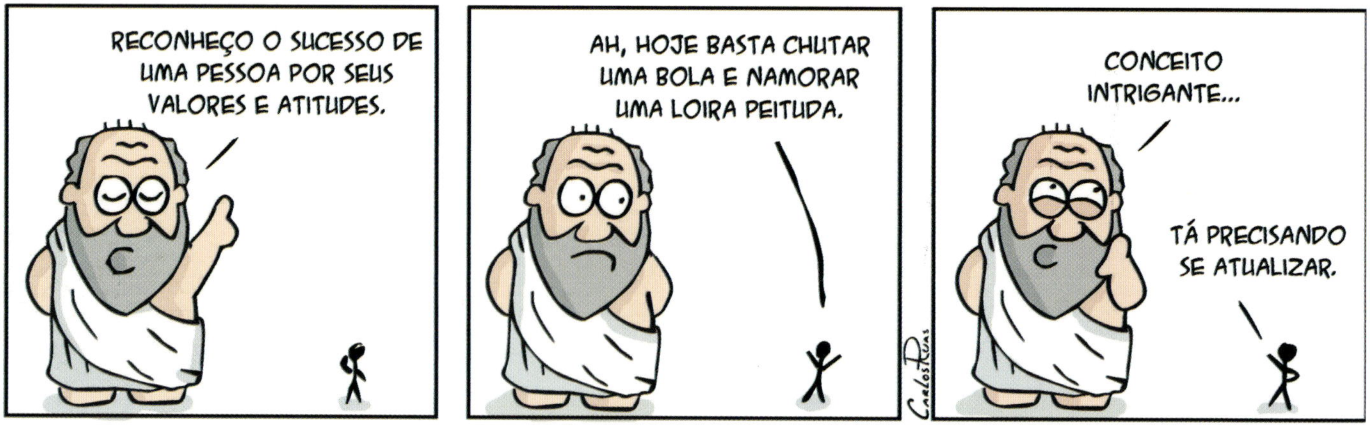
RECONHEÇO O SUCESSO DE UMA PESSOA POR SEUS VALORES E ATITUDES.
AH, HOJE BASTA CHUTAR UMA BOLA E NAMORAR UMA LOIRA PEITUDA.
CONCEITO INTRIGANTE...
TÁ PRECISANDO SE ATUALIZAR.

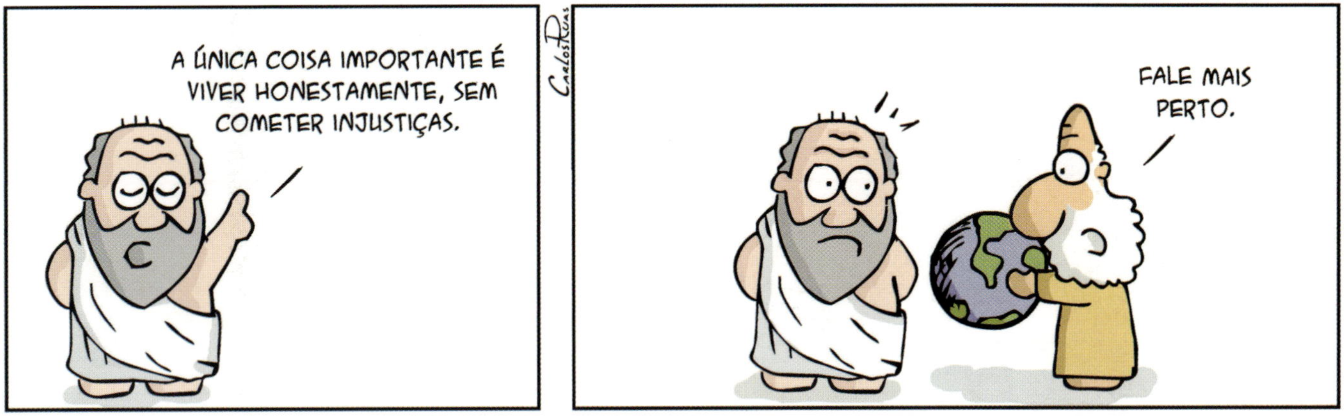
A ÚNICA COISA IMPORTANTE É VIVER HONESTAMENTE, SEM COMETER INJUSTIÇAS.
FALE MAIS PERTO.

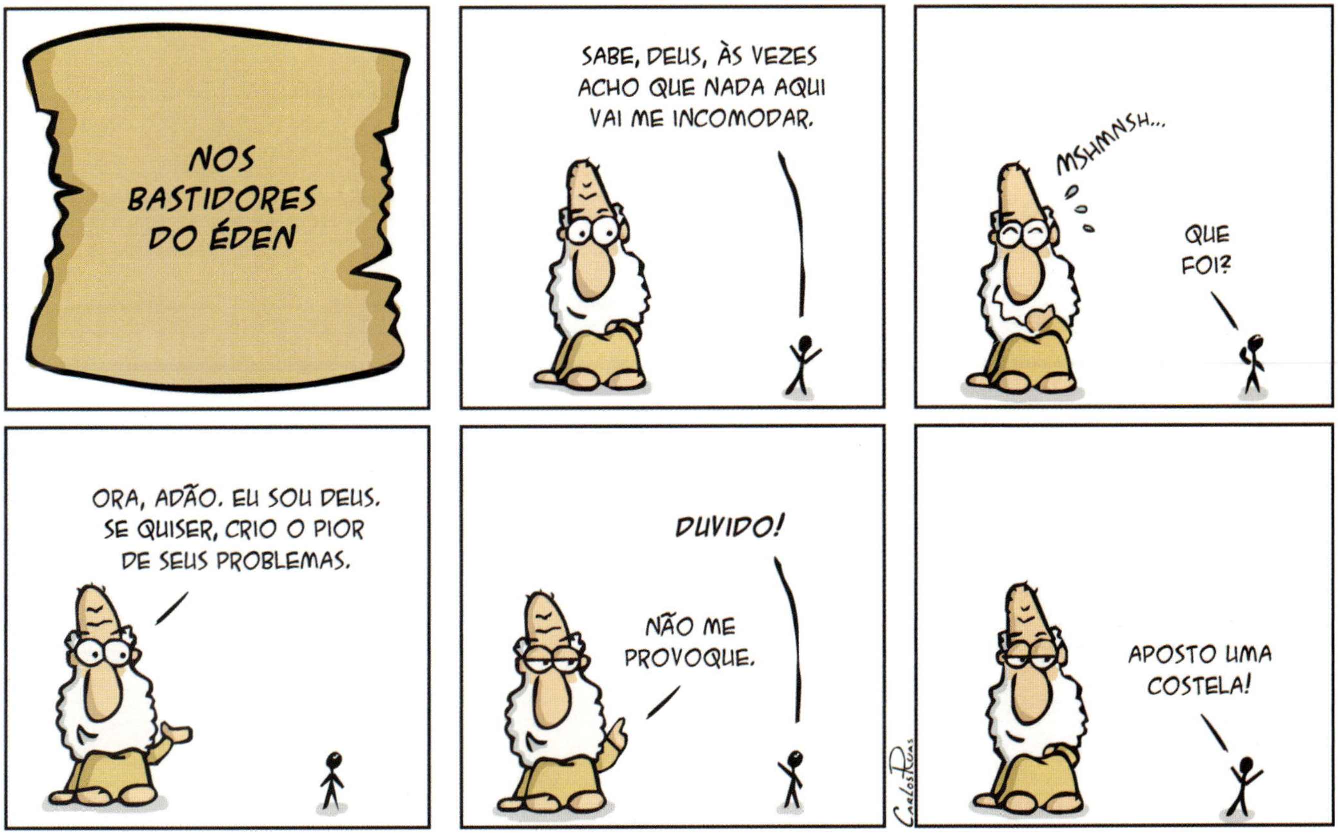
NOS BASTIDORES DO ÉDEN
SABE, DEUS, ÀS VEZES ACHO QUE NADA AQUI VAI ME INCOMODAR.
MSHMNSH...
QUE FOI?
ORA, ADÃO. EU SOU DEUS. SE QUISER, CRIO O PIOR DE SEUS PROBLEMAS.
DUVIDO!
NÃO ME PROVOQUE.
APOSTO UMA COSTELA!

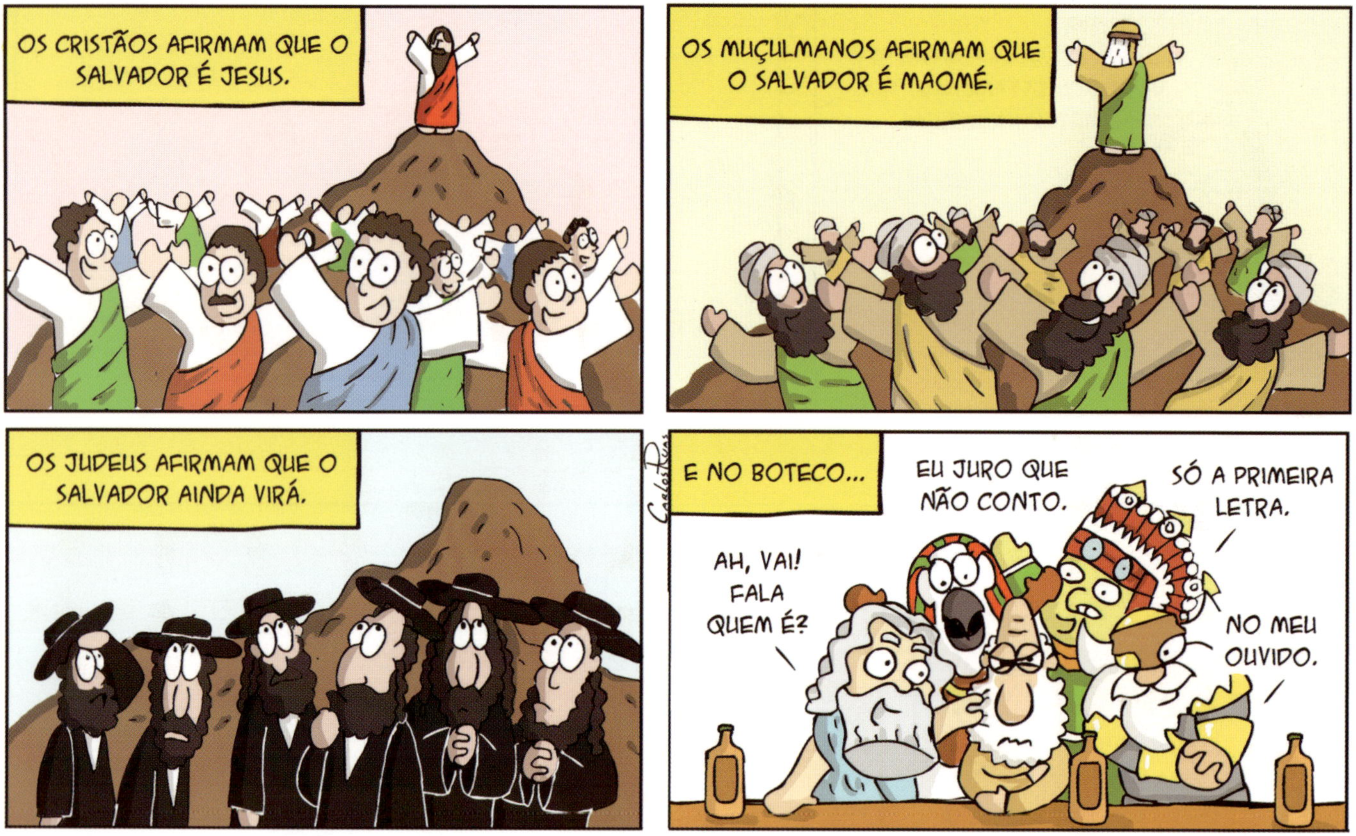
OS CRISTÃOS AFIRMAM QUE O SALVADOR É JESUS.
OS MUÇULMANOS AFIRMAM QUE O SALVADOR É MAOMÉ.
OS JUDEUS AFIRMAM QUE O SALVADOR AINDA VIRÁ.
E NO BOTECO...
EU JURO QUE NÃO CONTO.
AH, VAI! FALA QUEM É?
SÓ A PRIMEIRA LETRA.
NO MEU OUVIDO.

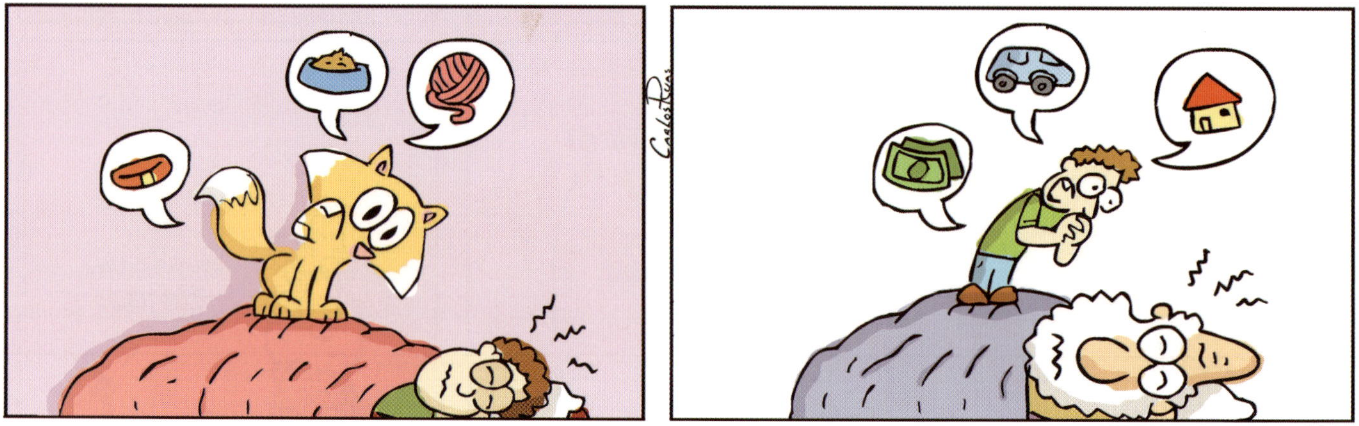

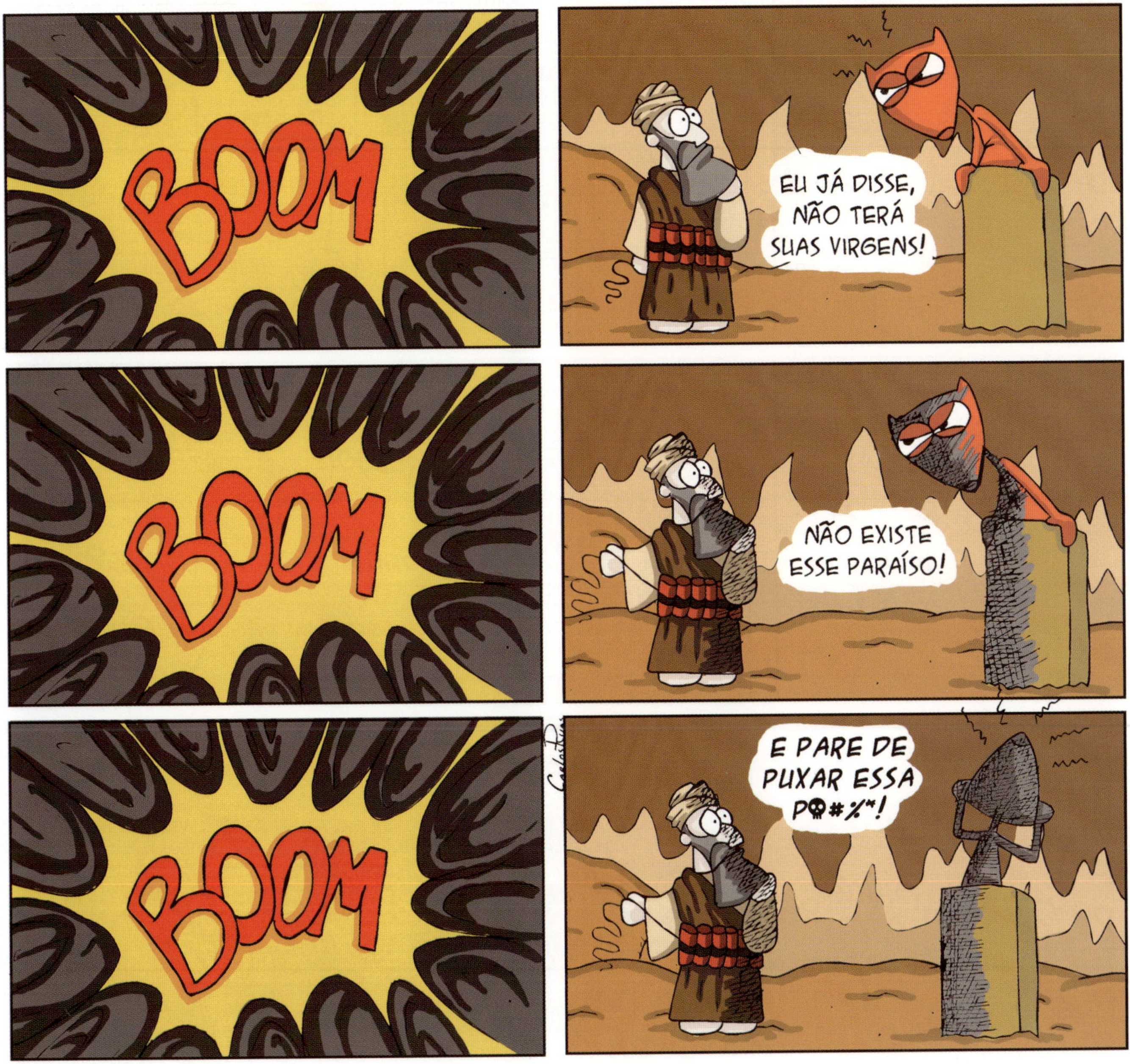
BOOM
EU JÁ DISSE, NÃO TERÁ SUAS VIRGENS!
BOOM
NÃO EXISTE ESSE PARAÍSO!
BOOM
E PARE DE PUXAR ESSA P☠#%*!

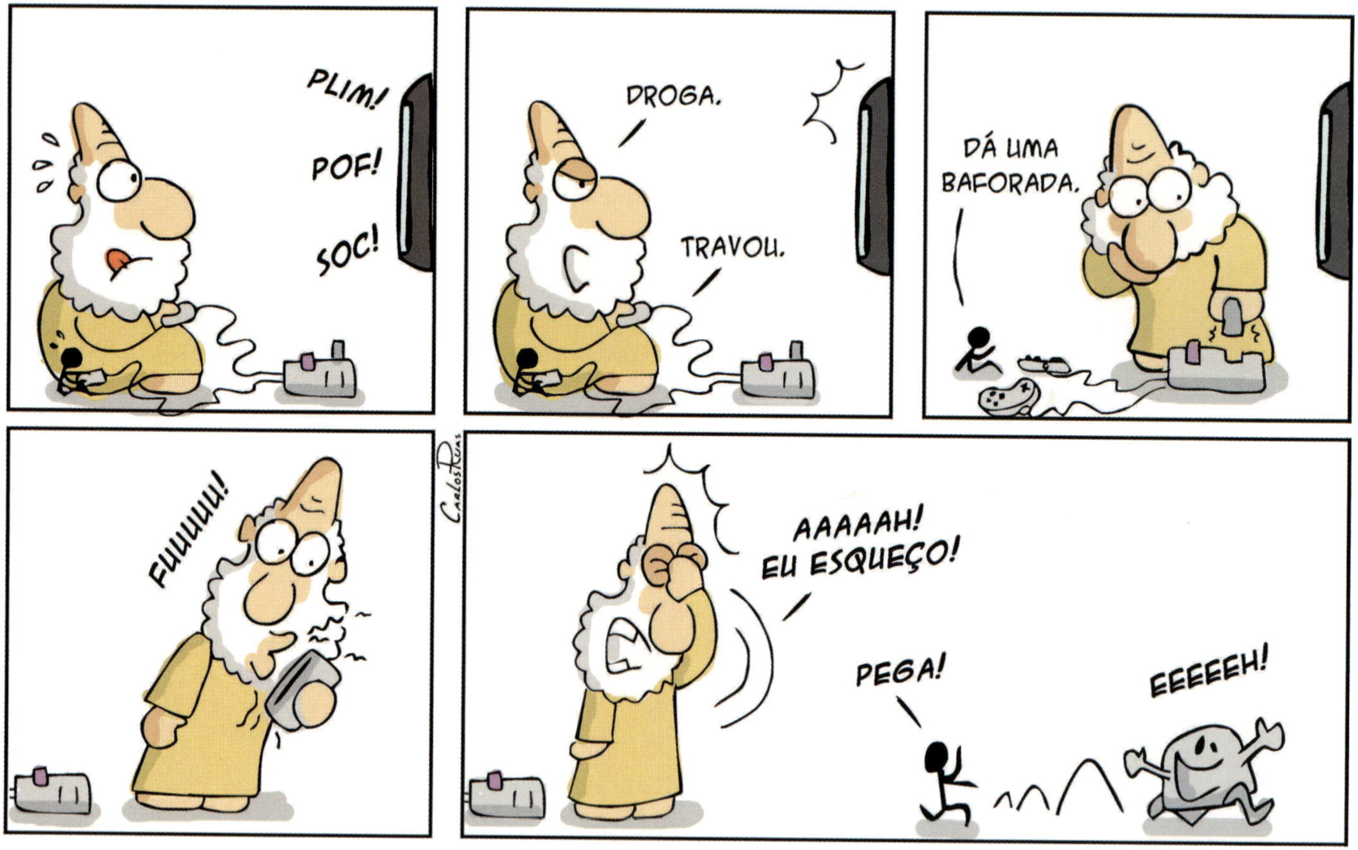
PLIM!
POF!
SOC!
DROGA.
TRAVOU.
DÁ UMA BAFORADA.
FUUUUU!
Carlos Ruas
AAAAAH! EU ESQUEÇO!
PEGA!
EEEEEH!

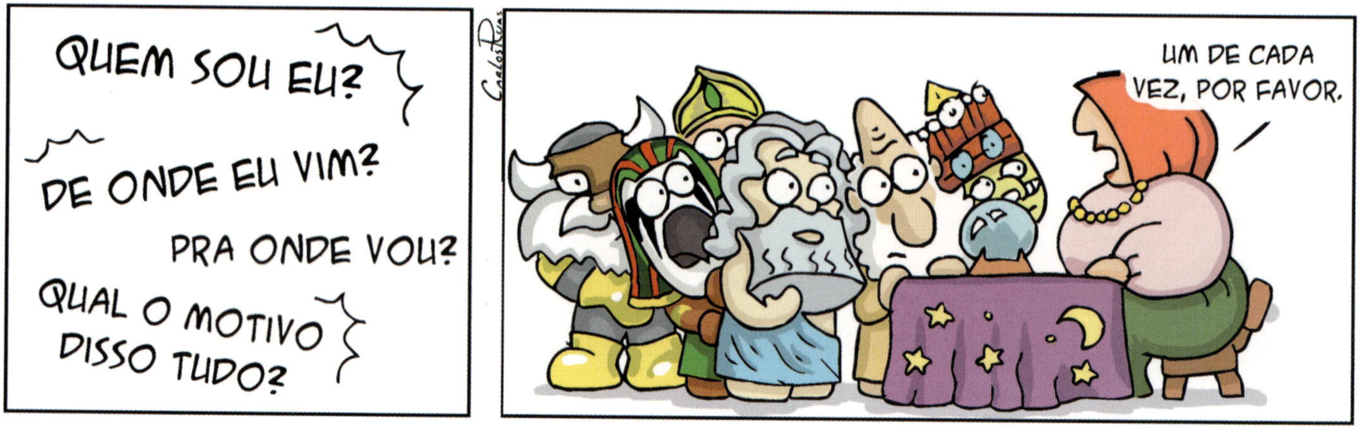
QUEM SOU EU?
DE ONDE EU VIM?
PRA ONDE VOU?
QUAL O MOTIVO DISSO TUDO?
Carlos Ruas
UM DE CADA VEZ, POR FAVOR.

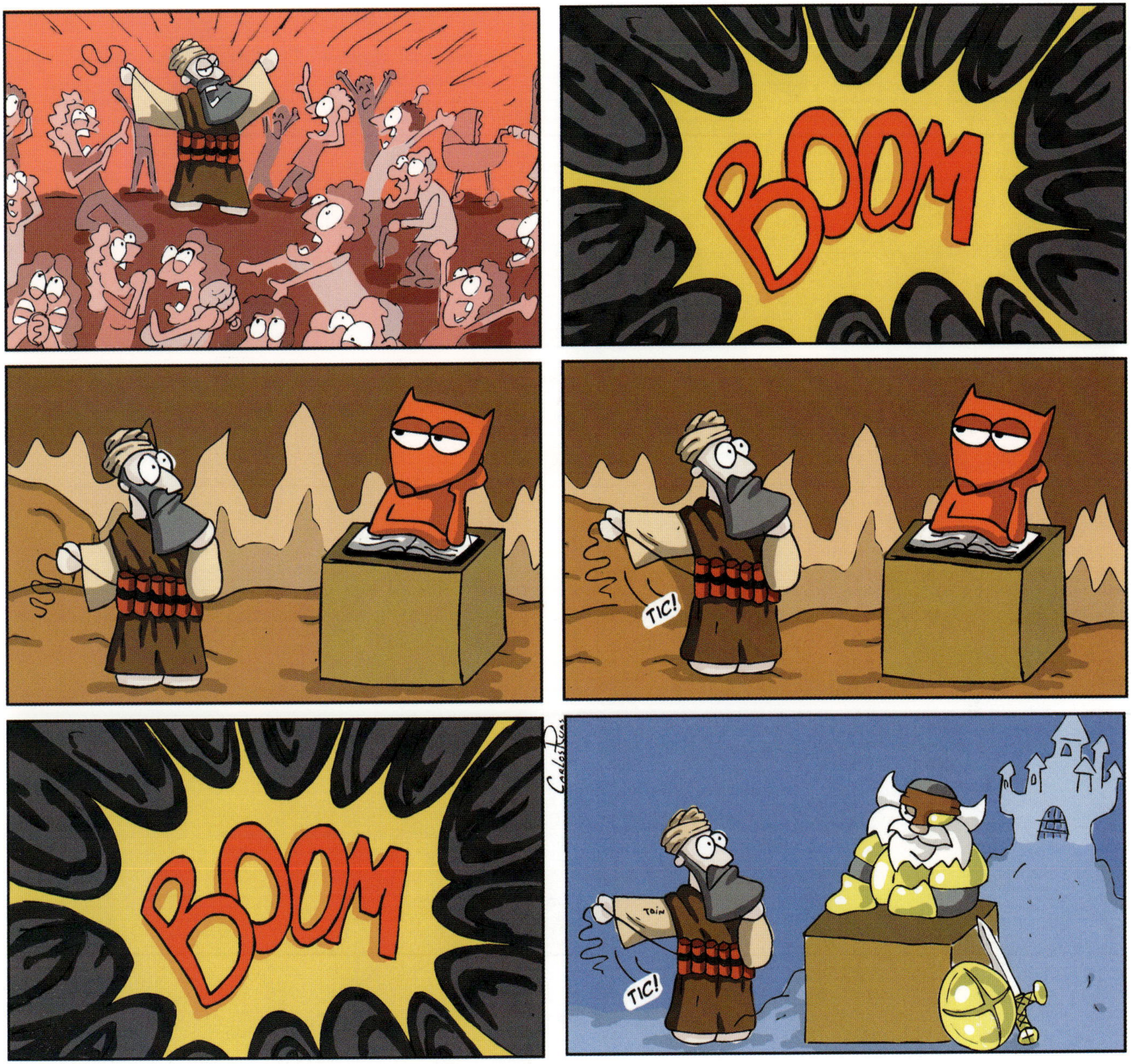
BOOM
TIC!
BOOM
CarlosRuas
TOIN
TIC!

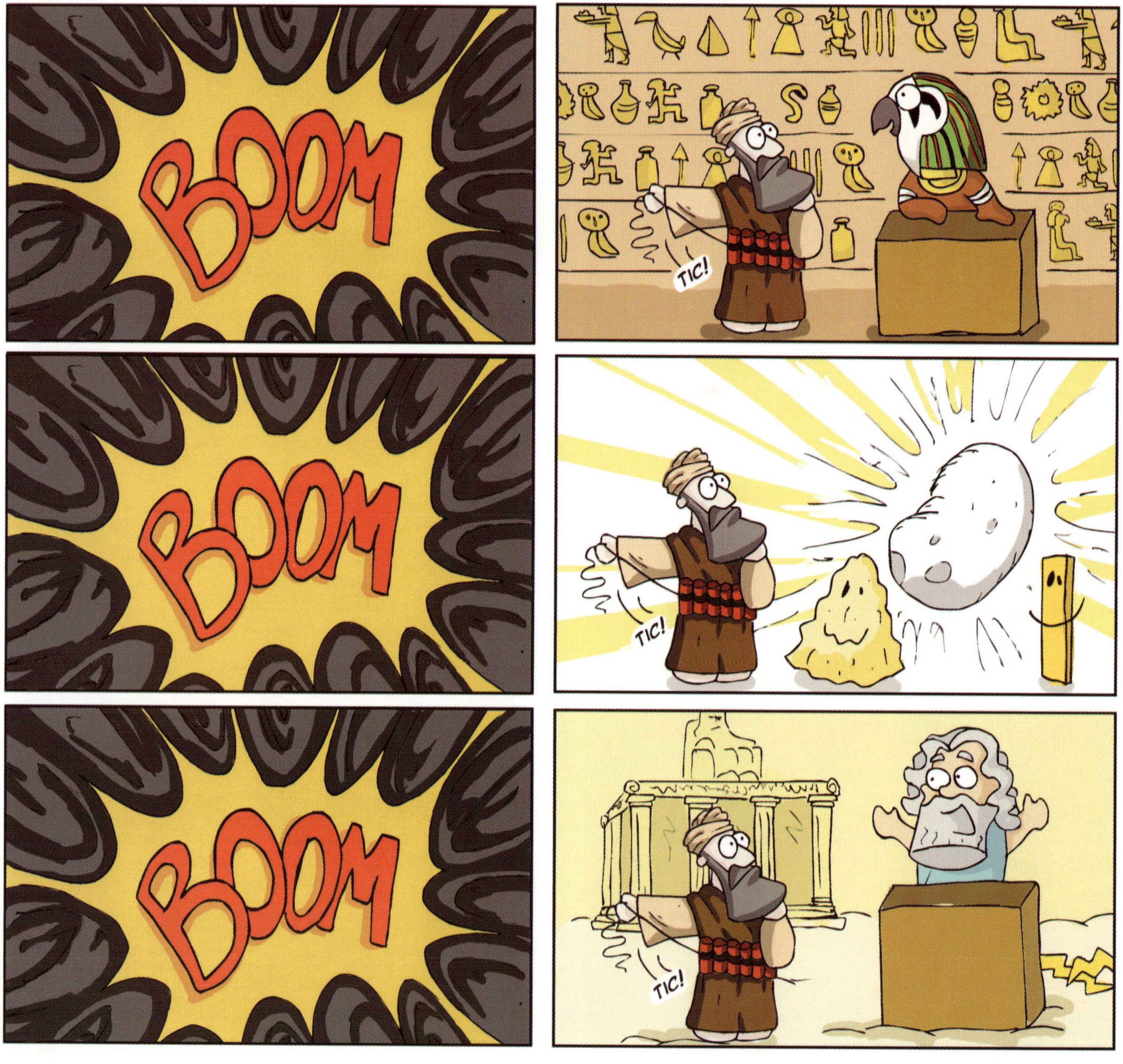
BOOM
TIC!
BOOM
TIC!
BOOM
TIC!

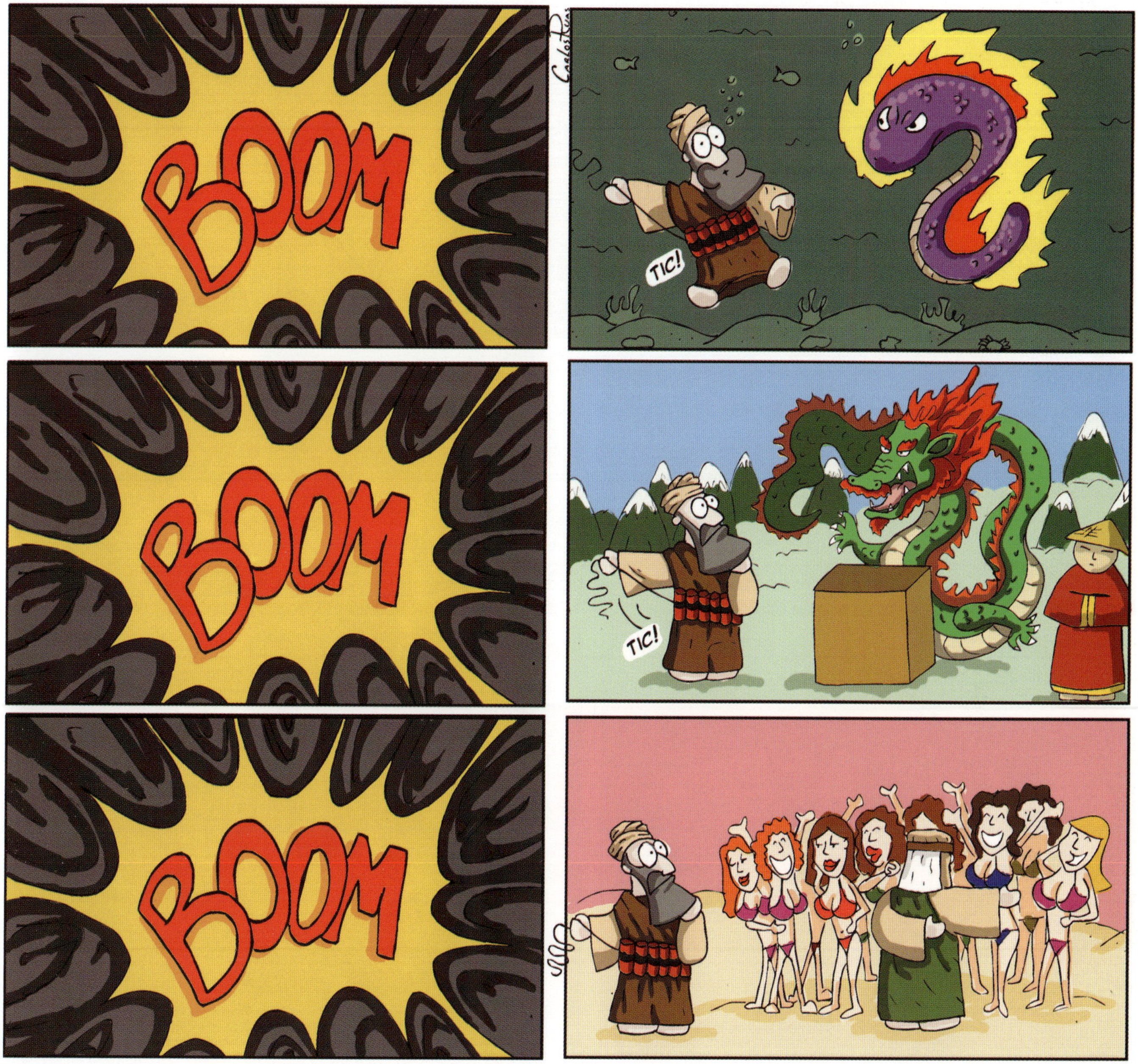
BOOM
TIC!
BOOM
TIC!
BOOM

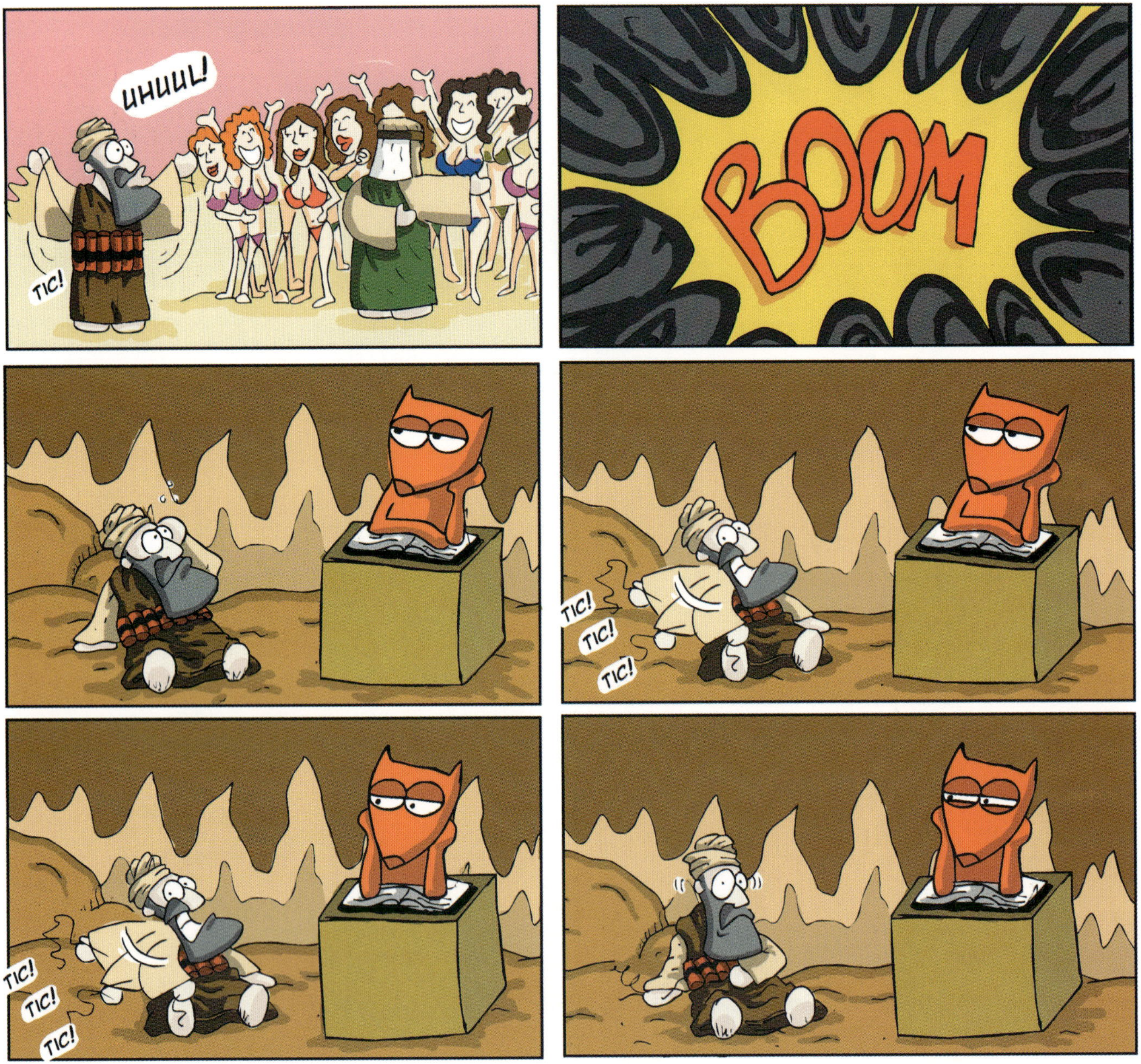
UHUUL!
TIC!
BOOM
TIC!
TIC!
TIC!
TIC!
TIC!
TIC!

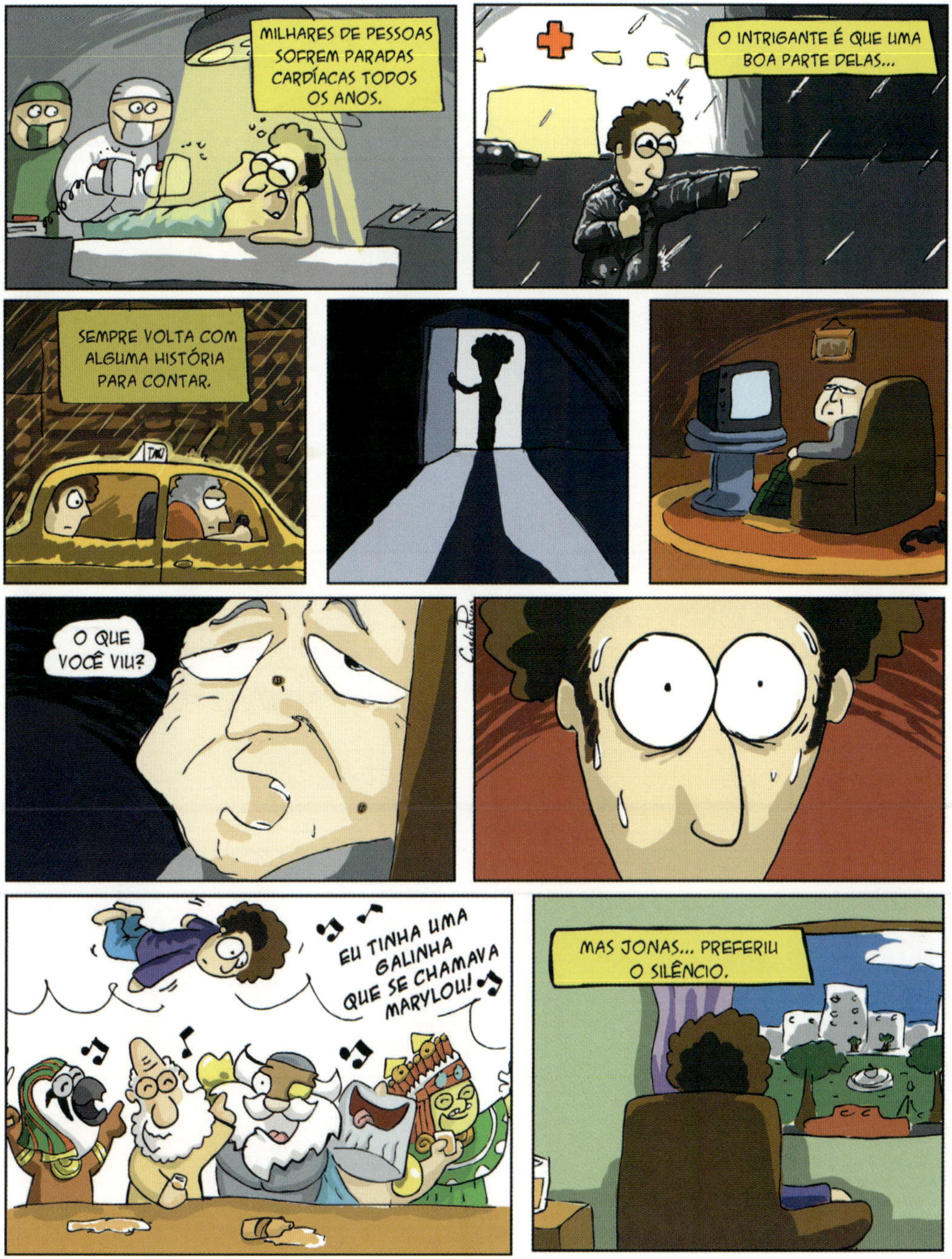
MILHARES DE PESSOAS SOFREM PARADAS CARDÍACAS TODOS OS ANOS.
O INTRIGANTE É QUE UMA BOA PARTE DELAS...
SEMPRE VOLTA COM ALGUMA HISTÓRIA PARA CONTAR.
TAXI
O QUE VOCÊ VIU?
EU TINHA UMA GALINHA QUE SE CHAMAVA MARYLOU!
MAS JONAS... PREFERIU O SILÊNCIO.

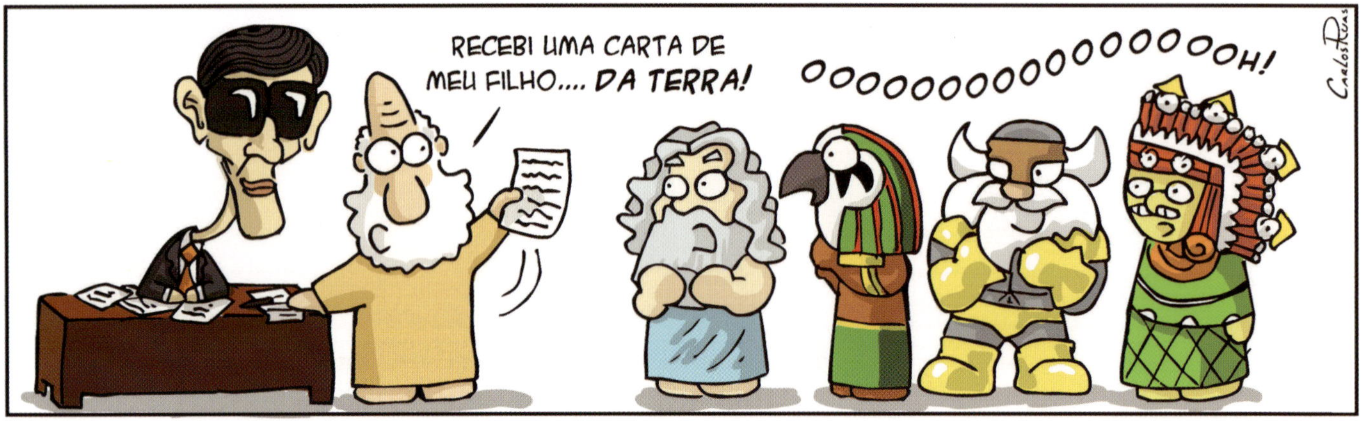
RECEBI UMA CARTA DE MEU FILHO.... DA TERRA!
OOOOOOOOOOOOOOOOOOOH!

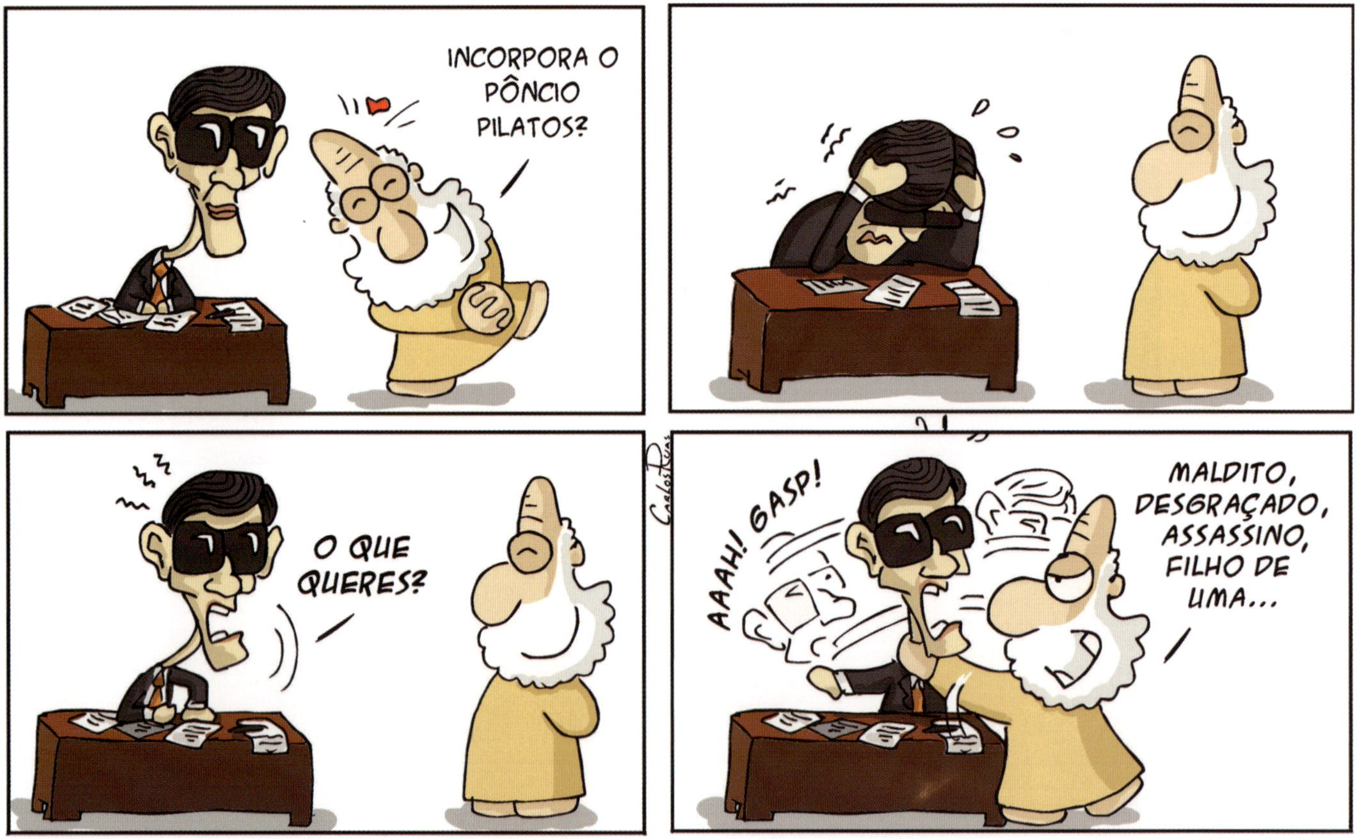
INCORPORA O PÔNCIO PILATOS?
O QUE QUERES?
AAAH! GASP!
MALDITO, DESGRAÇADO, ASSASSINO, FILHO DE UMA...

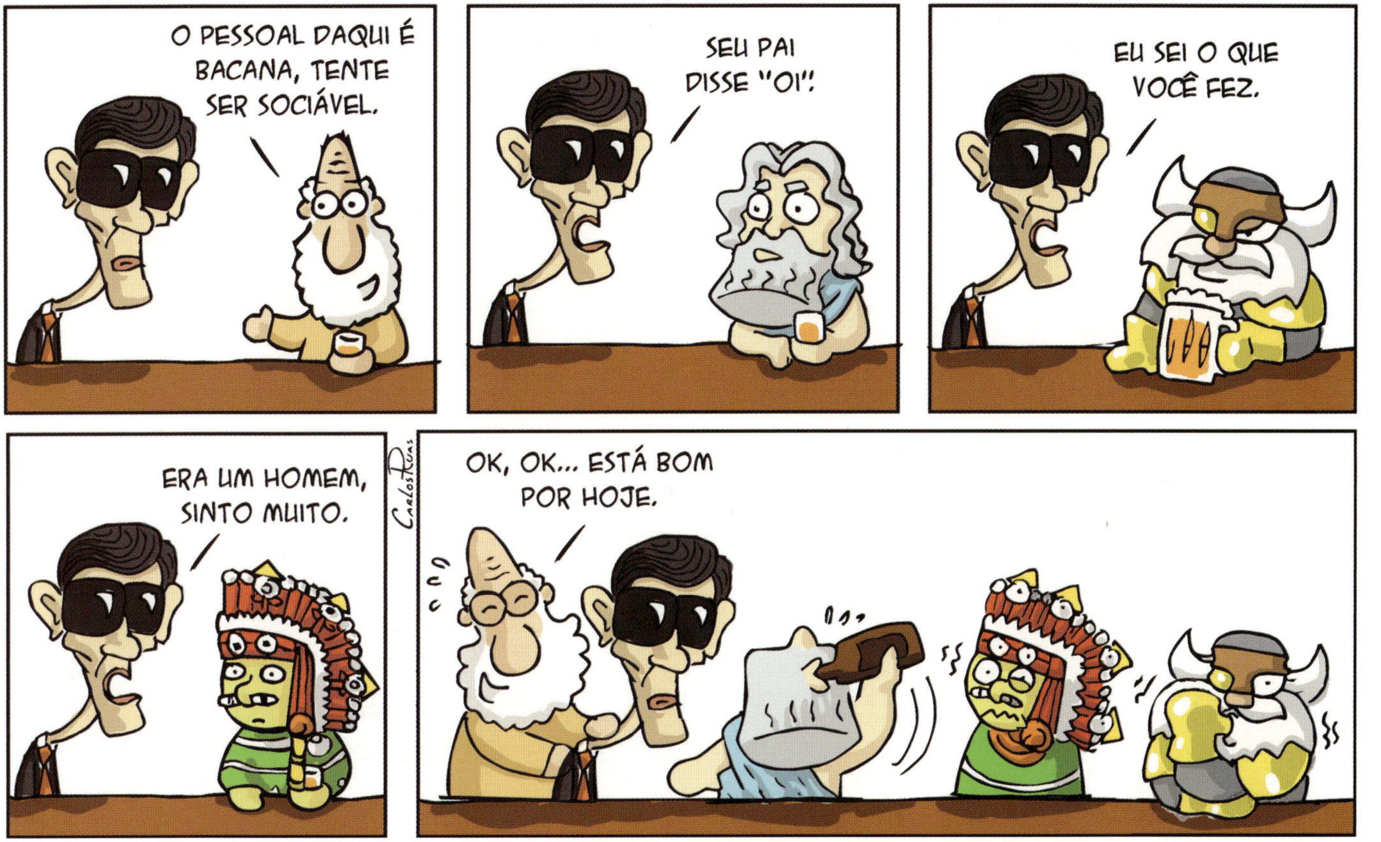
O PESSOAL DAQUI É BACANA, TENTE SER SOCIÁVEL.
SEU PAI DISSE "OI".
EU SEI O QUE VOCÊ FEZ.
ERA UM HOMEM, SINTO MUITO.
CarlosRuas
OK, OK... ESTÁ BOM POR HOJE.

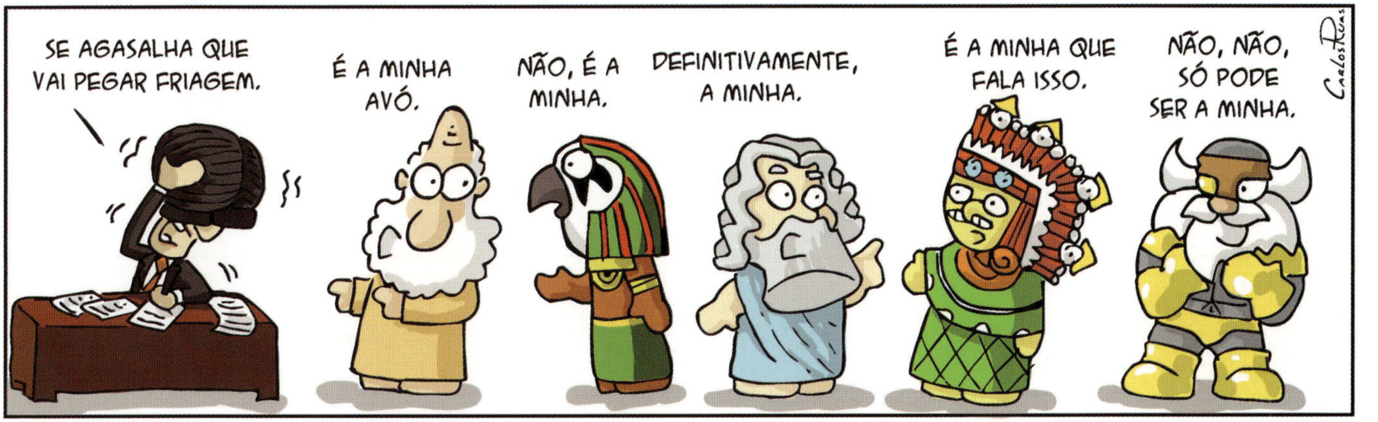
SE AGASALHA QUE VAI PEGAR FRIAGEM.
É A MINHA AVÓ.
NÃO, É A MINHA.
DEFINITIVAMENTE, A MINHA.
É A MINHA QUE FALA ISSO.
NÃO, NÃO, SÓ PODE SER A MINHA.
CarlosRuas

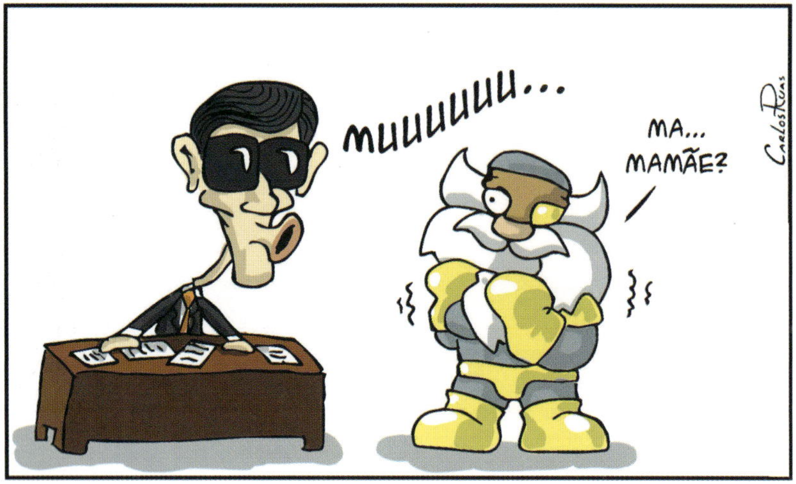
MUUUUUU...
MA... MAMÃE?

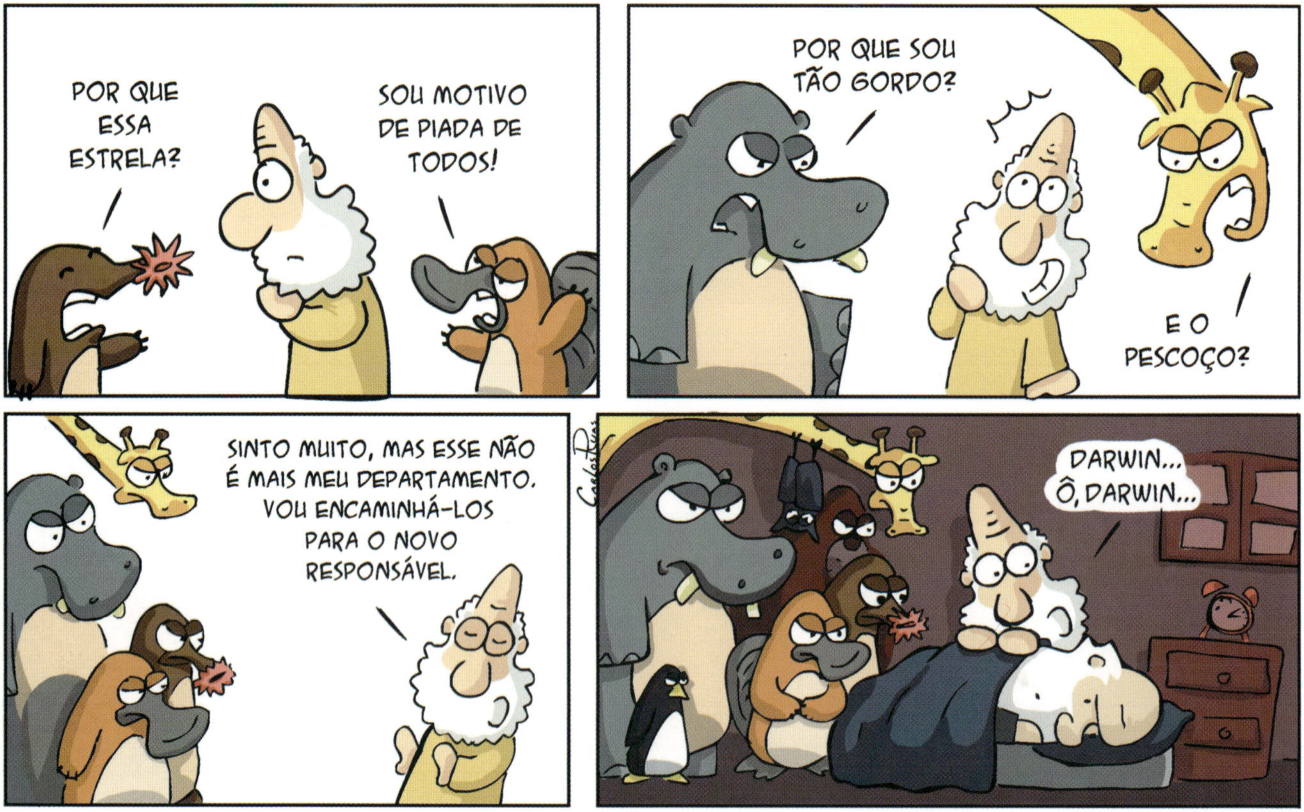
POR QUE ESSA ESTRELA?
SOU MOTIVO DE PIADA DE TODOS!
POR QUE SOU TÃO GORDO?
E O PESCOÇO?
SINTO MUITO, MAS ESSE NÃO É MAIS MEU DEPARTAMENTO. VOU ENCAMINHÁ-LOS PARA O NOVO RESPONSÁVEL.
DARWIN... Ô, DARWIN...

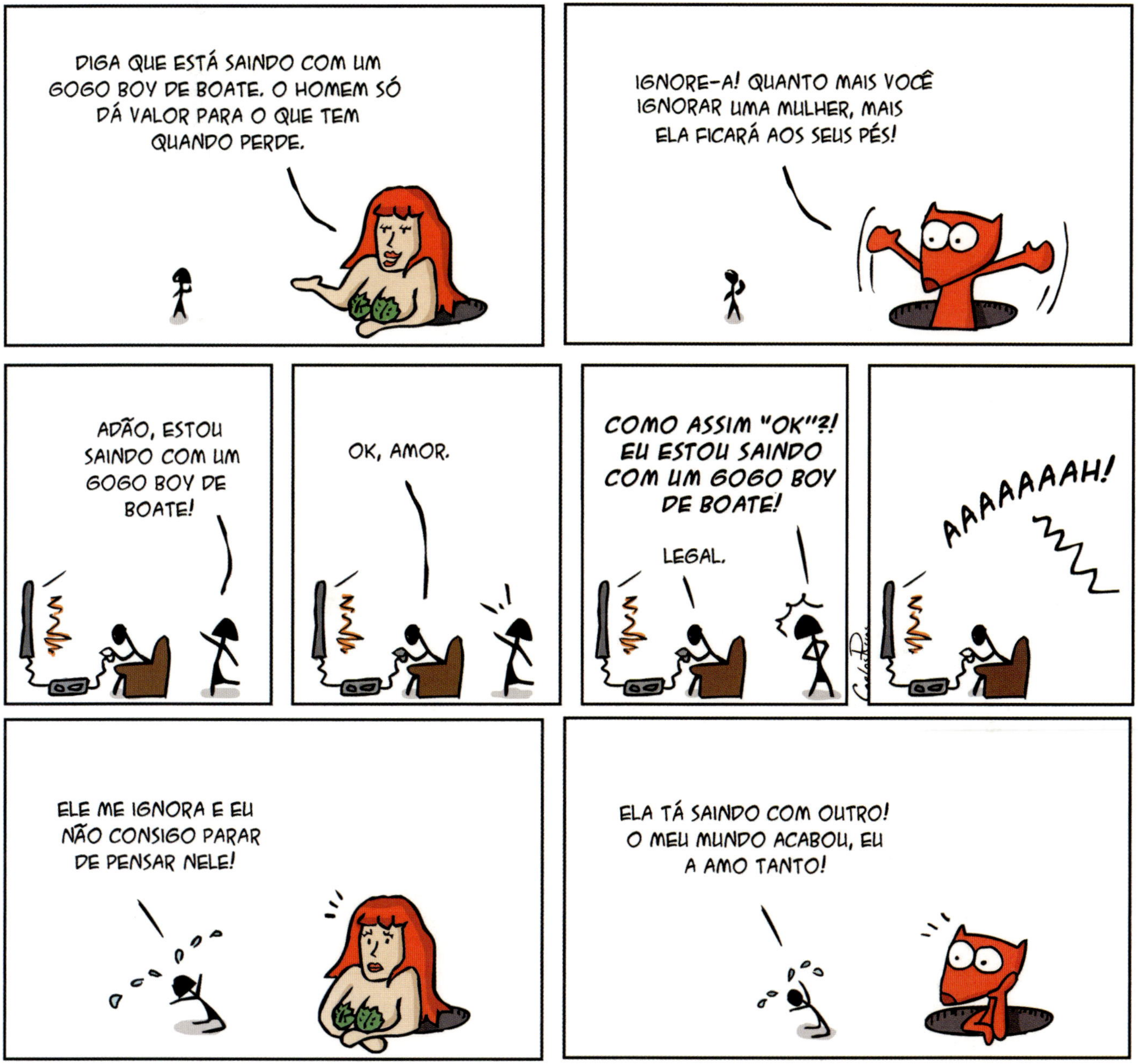
DIGA QUE ESTÁ SAINDO COM UM GOGO BOY DE BOATE. O HOMEM SÓ DÁ VALOR PARA O QUE TEM QUANDO PERDE.
IGNORE-A! QUANTO MAIS VOCÊ IGNORAR UMA MULHER, MAIS ELA FICARÁ AOS SEUS PÉS!
ADÃO, ESTOU SAINDO COM UM GOGO BOY DE BOATE!
OK, AMOR.
COMO ASSIM "OK"?! EU ESTOU SAINDO COM UM GOGO BOY DE BOATE!
LEGAL.
AAAAAAAH!
ELE ME IGNORA E EU NÃO CONSIGO PARAR DE PENSAR NELE!
ELA TÁ SAINDO COM OUTRO! O MEU MUNDO ACABOU, EU A AMO TANTO!

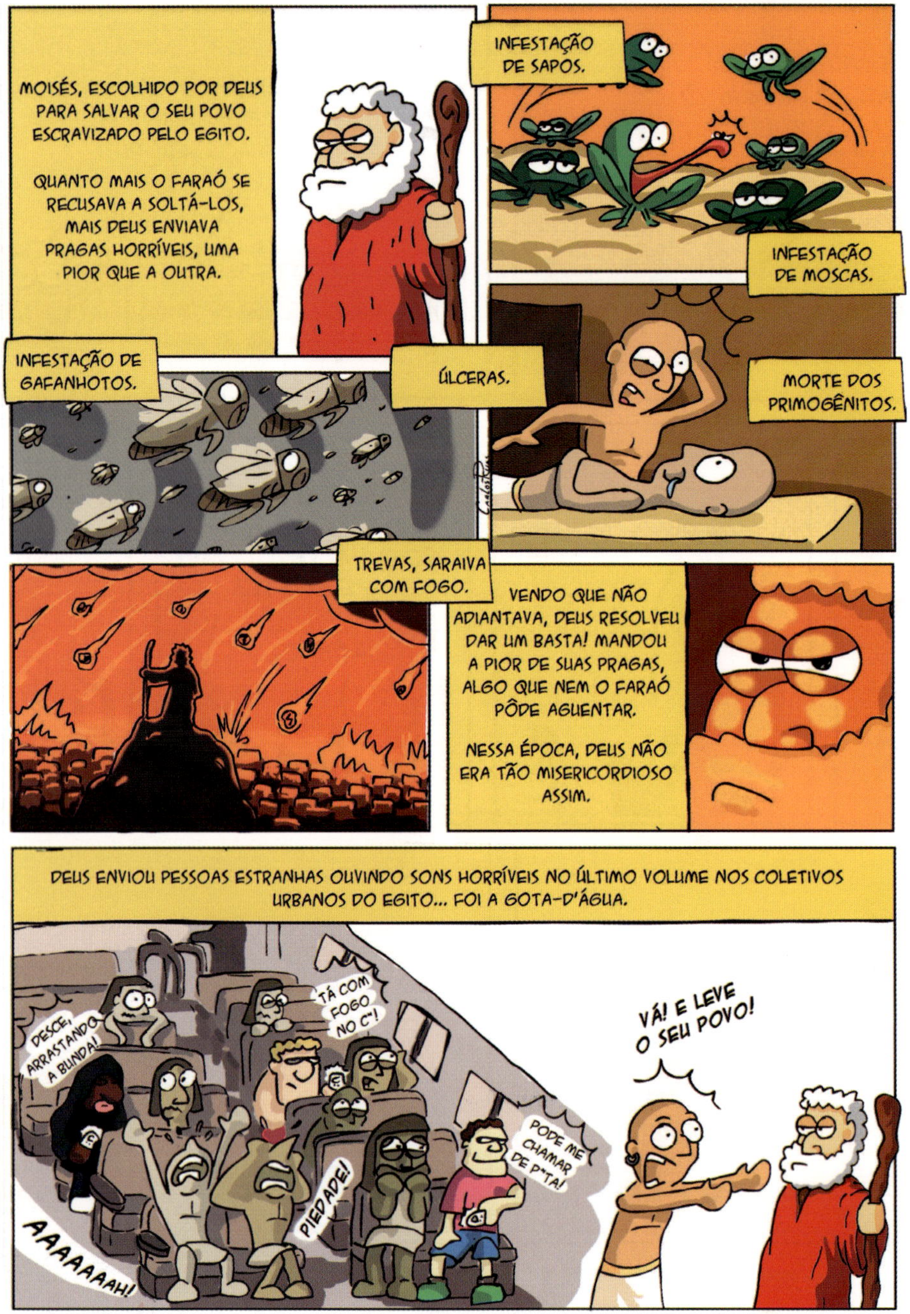
MOISÉS, ESCOLHIDO POR DEUS PARA SALVAR O SEU POVO ESCRAVIZADO PELO EGITO.
QUANTO MAIS O FARAÓ SE RECUSAVA A SOLTÁ-LOS, MAIS DEUS ENVIAVA PRAGAS HORRÍVEIS, UMA PIOR QUE A OUTRA.
INFESTAÇÃO DE SAPOS.
INFESTAÇÃO DE MOSCAS.
INFESTAÇÃO DE GAFANHOTOS.
ÚLCERAS.
MORTE DOS PRIMOGÊNITOS.
TREVAS, SARAIVA COM FOGO.
VENDO QUE NÃO ADIANTAVA, DEUS RESOLVEU DAR UM BASTA! MANDOU A PIOR DE SUAS PRAGAS, ALGO QUE NEM O FARAÓ PÔDE AGUENTAR.
NESSA ÉPOCA, DEUS NÃO ERA TÃO MISERICORDIOSO ASSIM.
DEUS ENVIOU PESSOAS ESTRANHAS OUVINDO SONS HORRÍVEIS NO ÚLTIMO VOLUME NOS COLETIVOS URBANOS DO EGITO... FOI A GOTA-D'ÁGUA.
DESCE, ARRASTANDO A BUNDA!
TÁ COM FOGO NO C*!
PODE ME CHAMAR DE P*TA!
PIEDADE!
AAAAAAAH!
VÁ! E LEVE O SEU POVO!

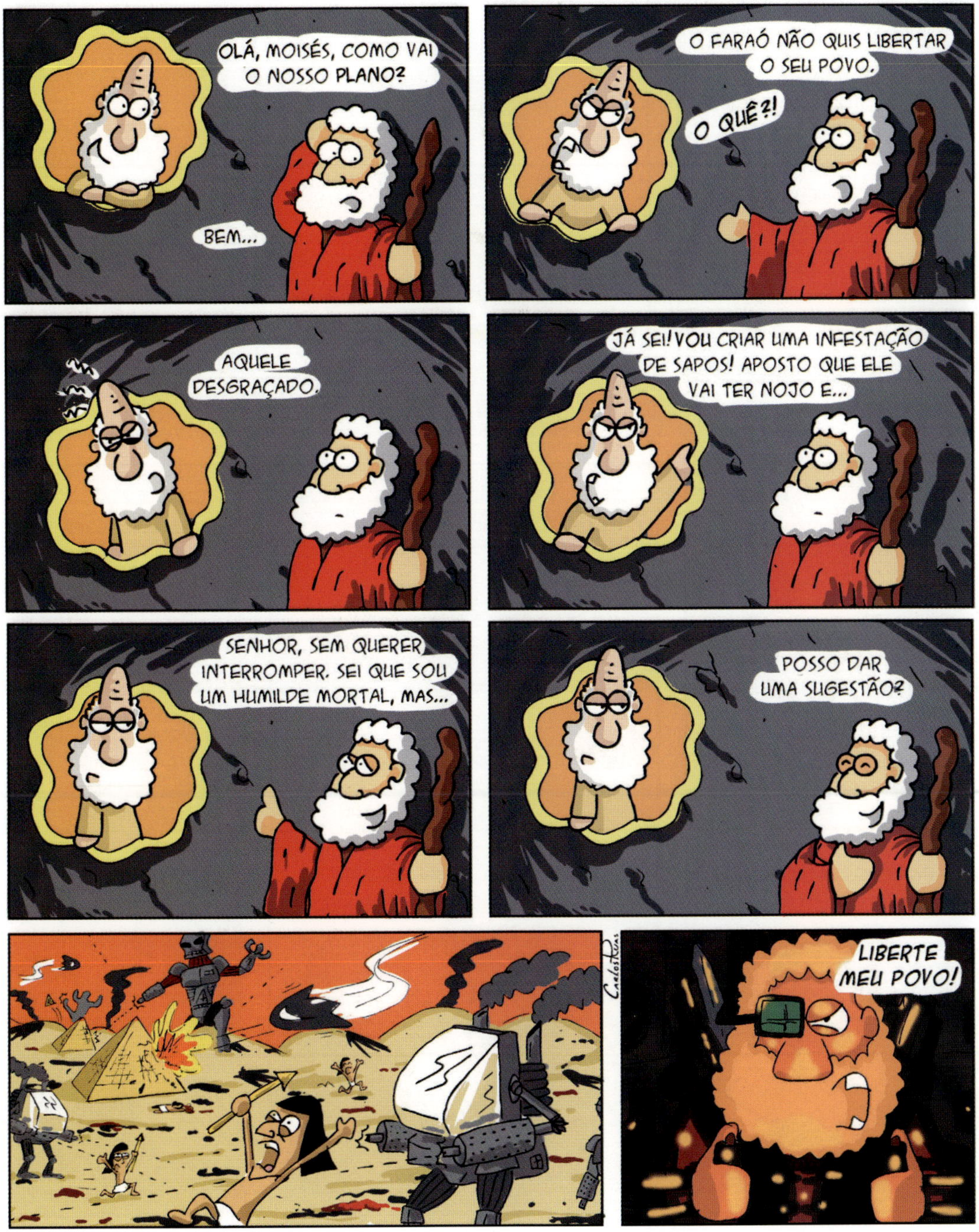
OLÁ, MOISÉS, COMO VAI O NOSSO PLANO?
BEM...
O FARAÓ NÃO QUIS LIBERTAR O SEU POVO.
O QUÊ?!
AQUELE DESGRAÇADO.
JÁ SEI! VOU CRIAR UMA INFESTAÇÃO DE SAPOS! APOSTO QUE ELE VAI TER NOJO E...
SENHOR, SEM QUERER INTERROMPER. SEI QUE SOU UM HUMILDE MORTAL, MAS...
POSSO DAR UMA SUGESTÃO?
Carlos Ruas
LIBERTE MEU POVO!

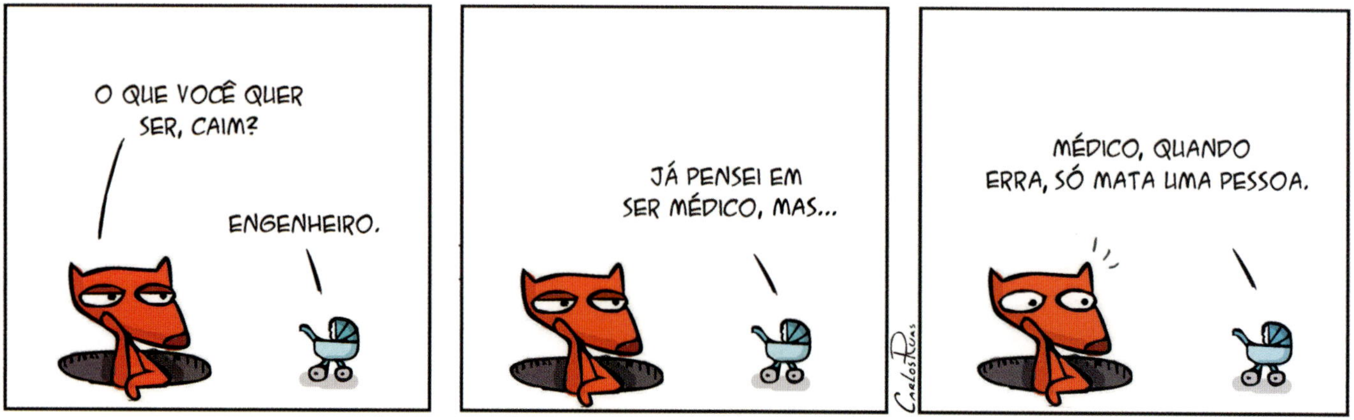
O QUE VOCÊ QUER SER, CAIM?
ENGENHEIRO.
JÁ PENSEI EM SER MÉDICO, MAS...
MÉDICO, QUANDO ERRA, SÓ MATA UMA PESSOA.
Carlos Ruas

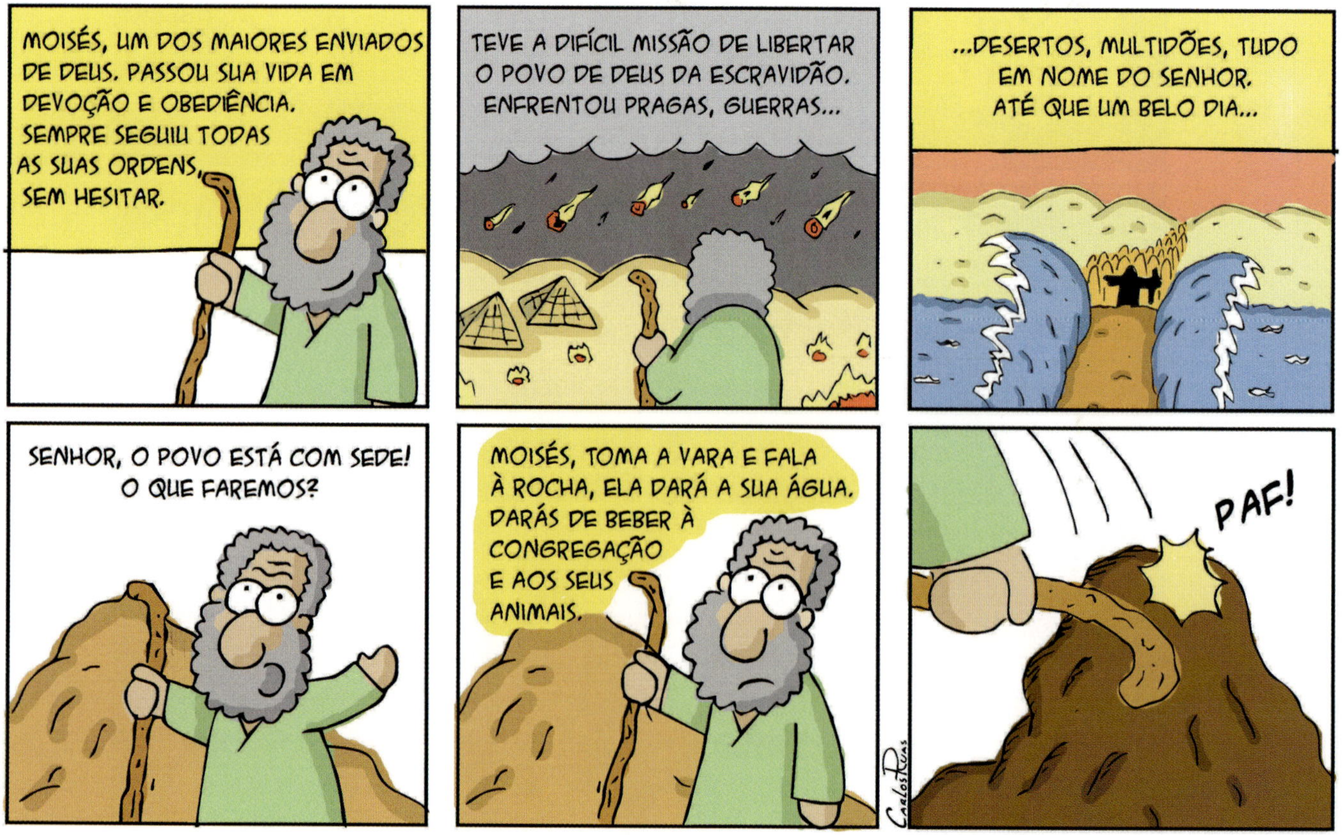
MOISÉS, UM DOS MAIORES ENVIADOS DE DEUS. PASSOU SUA VIDA EM DEVOÇÃO E OBEDIÊNCIA. SEMPRE SEGUIU TODAS AS SUAS ORDENS, SEM HESITAR.
TEVE A DIFÍCIL MISSÃO DE LIBERTAR O POVO DE DEUS DA ESCRAVIDÃO. ENFRENTOU PRAGAS, GUERRAS...
...DESERTOS, MULTIDÕES, TUDO EM NOME DO SENHOR. ATÉ QUE UM BELO DIA...
SENHOR, O POVO ESTÁ COM SEDE! O QUE FAREMOS?
MOISÉS, TOMA A VARA E FALA À ROCHA, ELA DARÁ A SUA ÁGUA. DARÁS DE BEBER À CONGREGAÇÃO E AOS SEUS ANIMAIS.
PAF!
Carlos Ruas

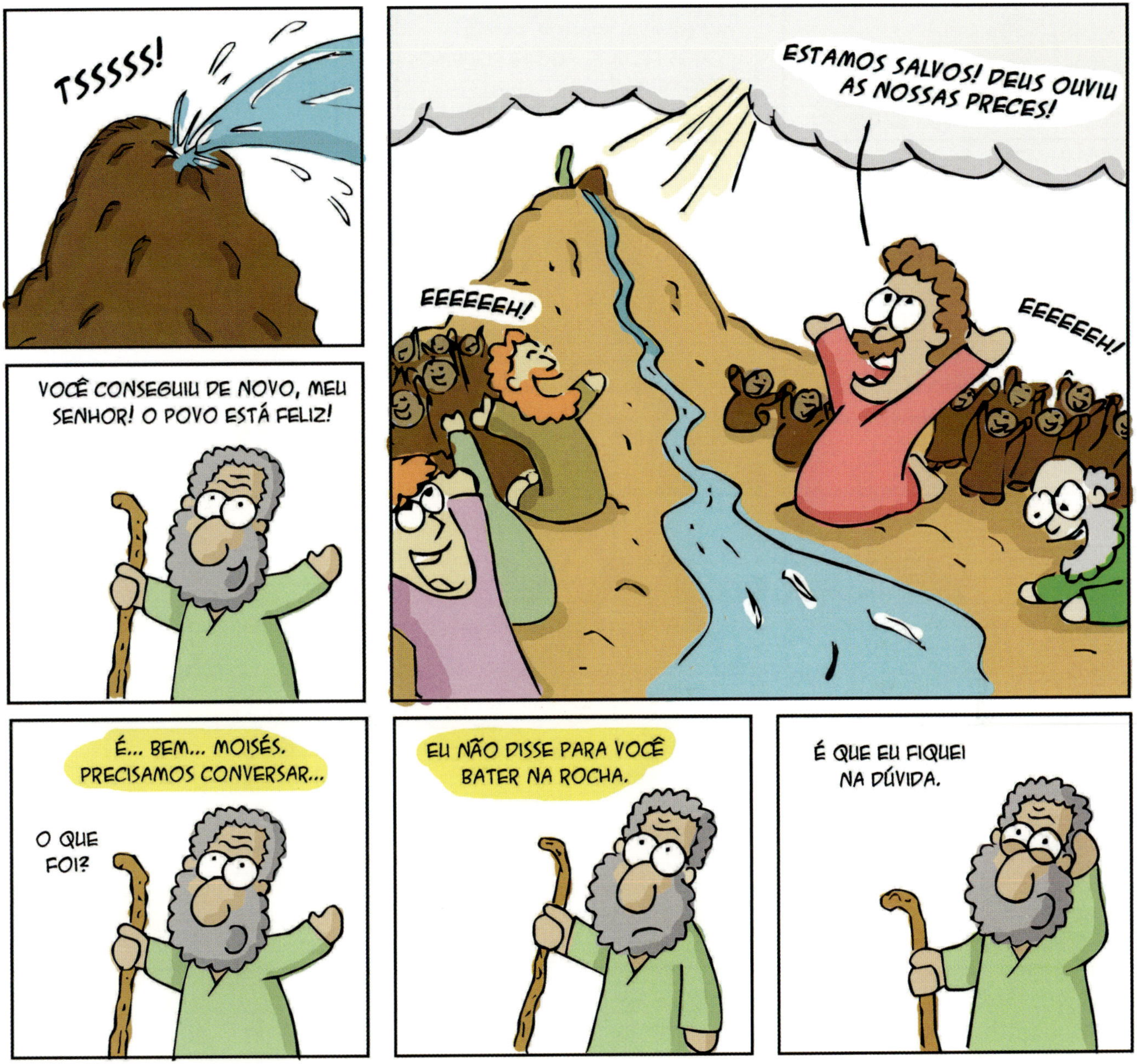
TSSSSS!
ESTAMOS SALVOS! DEUS OUVIU AS NOSSAS PRECES!
EEEEEEH!
EEEEEEH!
VOCÊ CONSEGUIU DE NOVO, MEU SENHOR! O POVO ESTÁ FELIZ!
É... BEM... MOISÉS. PRECISAMOS CONVERSAR...
O QUE FOI?
EU NÃO DISSE PARA VOCÊ BATER NA ROCHA.
É QUE EU FIQUEI NA DÚVIDA.

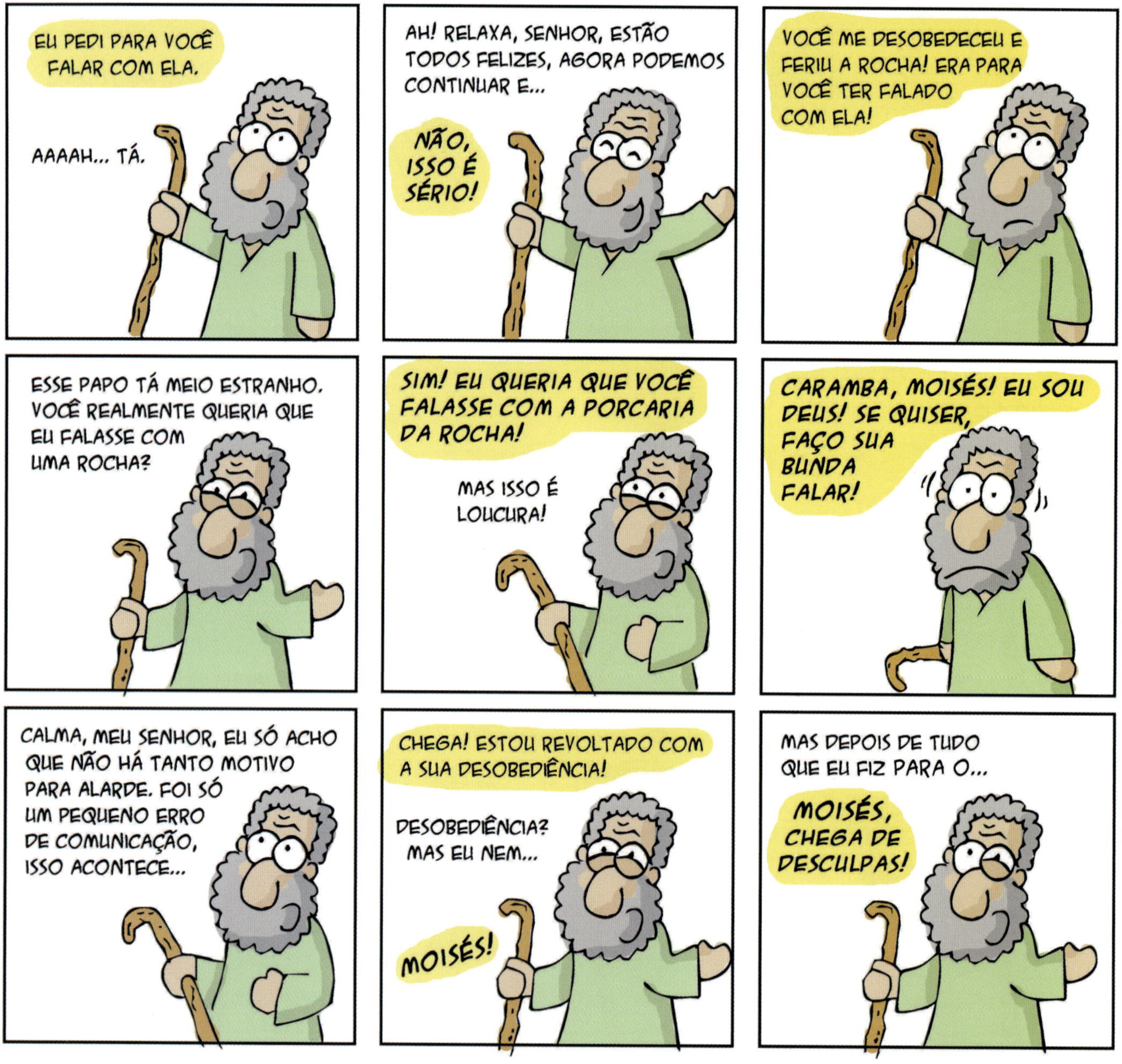
EU PEDI PARA VOCÊ FALAR COM ELA.
AAAAH... TÁ.
AH! RELAXA, SENHOR, ESTÃO TODOS FELIZES, AGORA PODEMOS CONTINUAR E...
NÃO, ISSO É SÉRIO!
VOCÊ ME DESOBEDECEU E FERIU A ROCHA! ERA PARA VOCÊ TER FALADO COM ELA!
ESSE PAPO TÁ MEIO ESTRANHO. VOCÊ REALMENTE QUERIA QUE EU FALASSE COM UMA ROCHA?
SIM! EU QUERIA QUE VOCÊ FALASSE COM A PORCARIA DA ROCHA!
MAS ISSO É LOUCURA!
CARAMBA, MOISÉS! EU SOU DEUS! SE QUISER, FAÇO SUA BUNDA FALAR!
CALMA, MEU SENHOR, EU SÓ ACHO QUE NÃO HÁ TANTO MOTIVO PARA ALARDE. FOI SÓ UM PEQUENO ERRO DE COMUNICAÇÃO, ISSO ACONTECE...
CHEGA! ESTOU REVOLTADO COM A SUA DESOBEDIÊNCIA!
DESOBEDIÊNCIA? MAS EU NEM...
MOISÉS!
MAS DEPOIS DE TUDO QUE EU FIZ PARA O...
MOISÉS, CHEGA DE DESCULPAS!

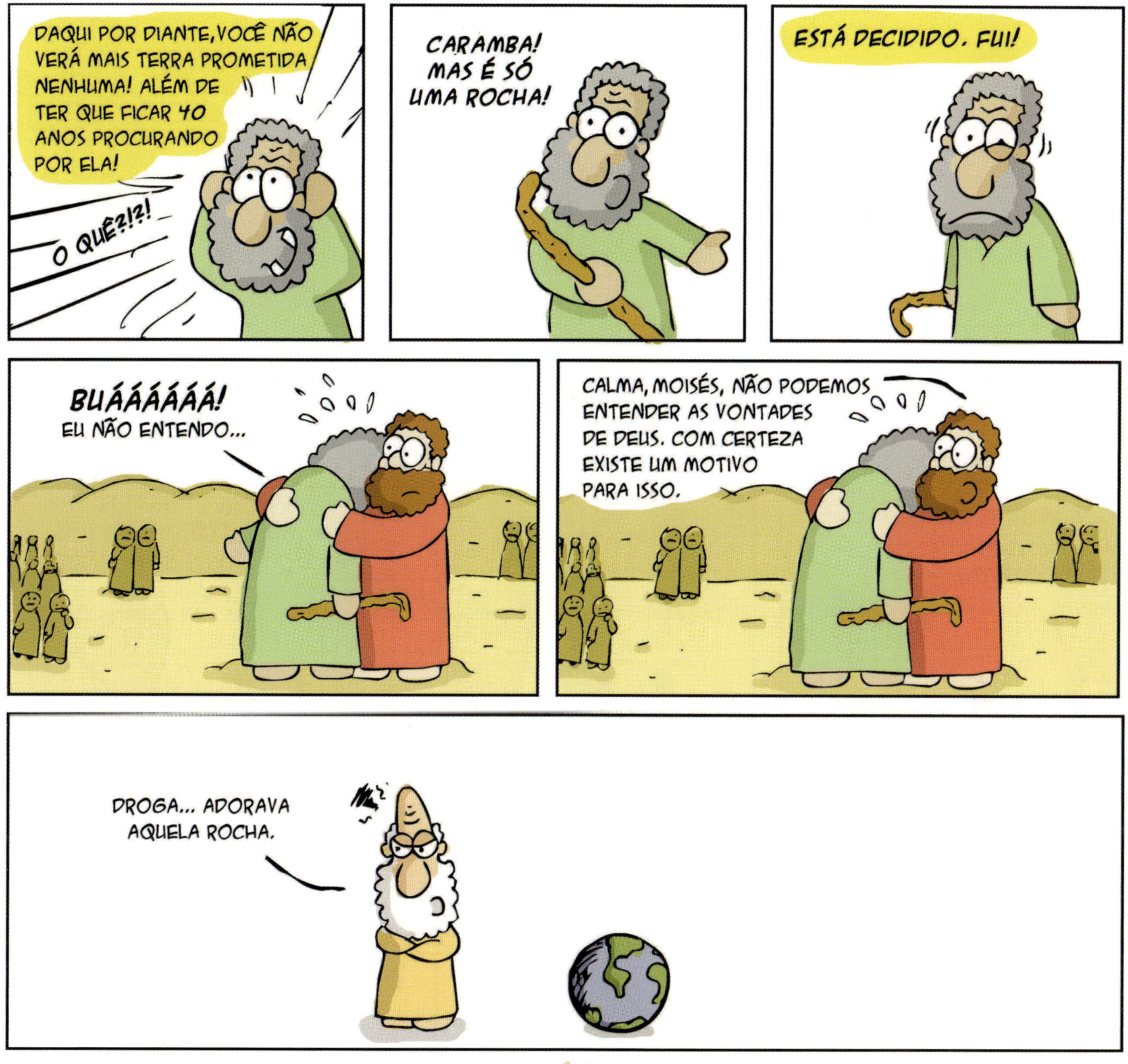
DAQUI POR DIANTE, VOCÊ NÃO VERÁ MAIS TERRA PROMETIDA NENHUMA! ALÉM DE TER QUE FICAR 40 ANOS PROCURANDO POR ELA!
O QUÊ?!?!
CARAMBA! MAS É SÓ UMA ROCHA!
ESTÁ DECIDIDO. FUI!
BUÁÁÁÁÁÁ!
EU NÃO ENTENDO...
CALMA, MOISÉS, NÃO PODEMOS ENTENDER AS VONTADES DE DEUS. COM CERTEZA EXISTE UM MOTIVO PARA ISSO.
DROGA... ADORAVA AQUELA ROCHA.

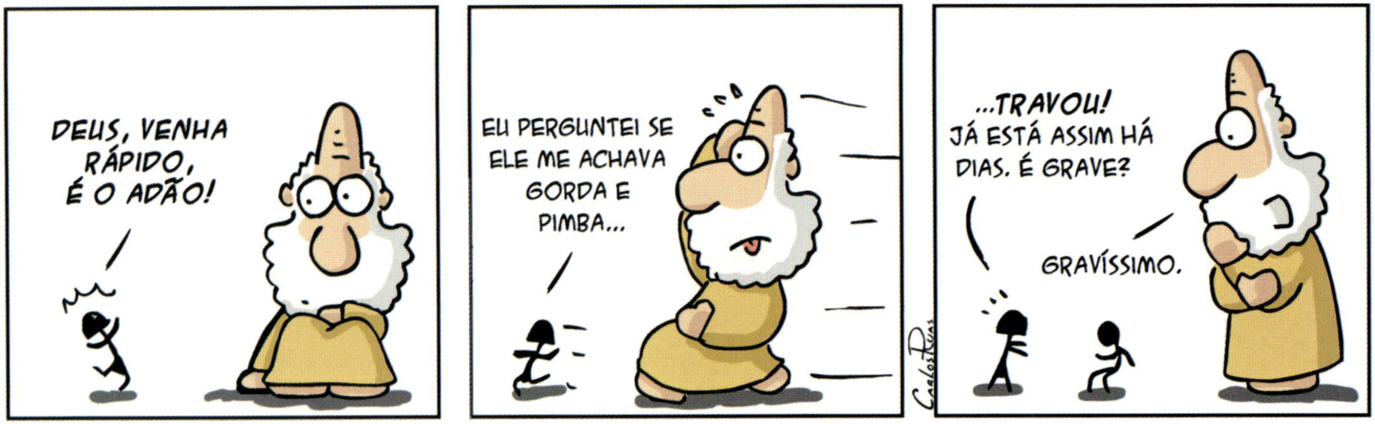
DEUS, VENHA RÁPIDO, É O ADÃO!
EU PERGUNTEI SE ELE ME ACHAVA GORDA E PIMBA...
...TRAVOU! JÁ ESTÁ ASSIM HÁ DIAS. É GRAVE?
GRAVÍSSIMO.

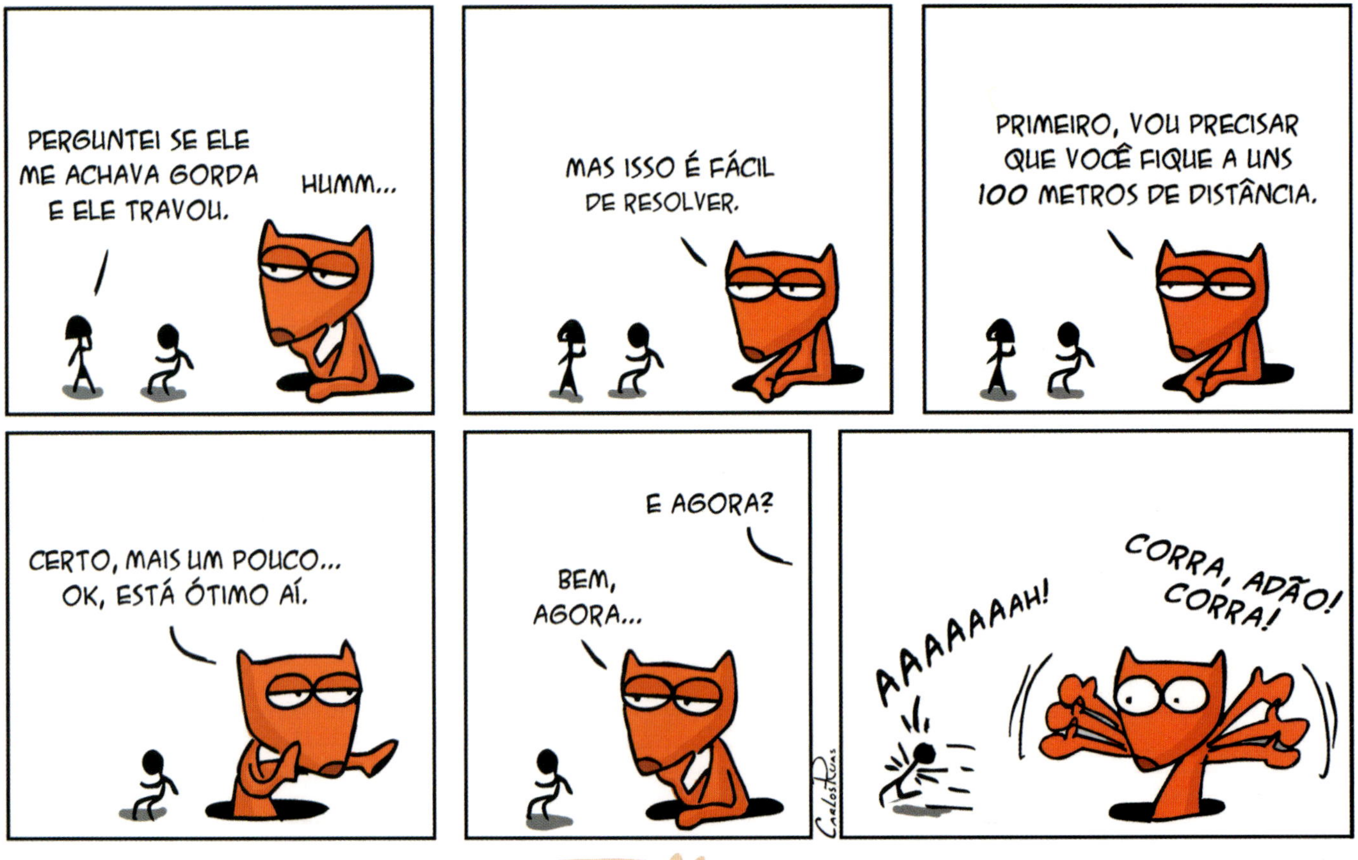
PERGUNTEI SE ELE ME ACHAVA GORDA E ELE TRAVOU.
HUMM...
MAS ISSO É FÁCIL DE RESOLVER.
PRIMEIRO, VOU PRECISAR QUE VOCÊ FIQUE A UNS 100 METROS DE DISTÂNCIA.
CERTO, MAIS UM POUCO... OK, ESTÁ ÓTIMO AÍ.
E AGORA?
BEM, AGORA...
AAAAAAAH!
CORRA, ADÃO! CORRA!

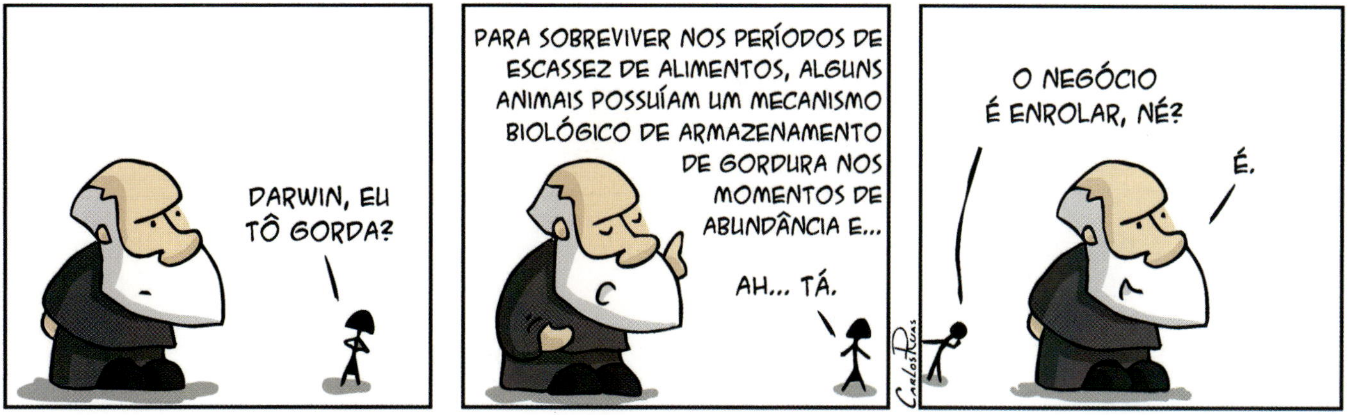
DARWIN, EU TÔ GORDA?
PARA SOBREVIVER NOS PERÍODOS DE ESCASSEZ DE ALIMENTOS, ALGUNS ANIMAIS POSSUÍAM UM MECANISMO BIOLÓGICO DE ARMAZENAMENTO DE GORDURA NOS MOMENTOS DE ABUNDÂNCIA E...
AH... TÁ.
Carlos Ruas
O NEGÓCIO É ENROLAR, NÉ?
É.

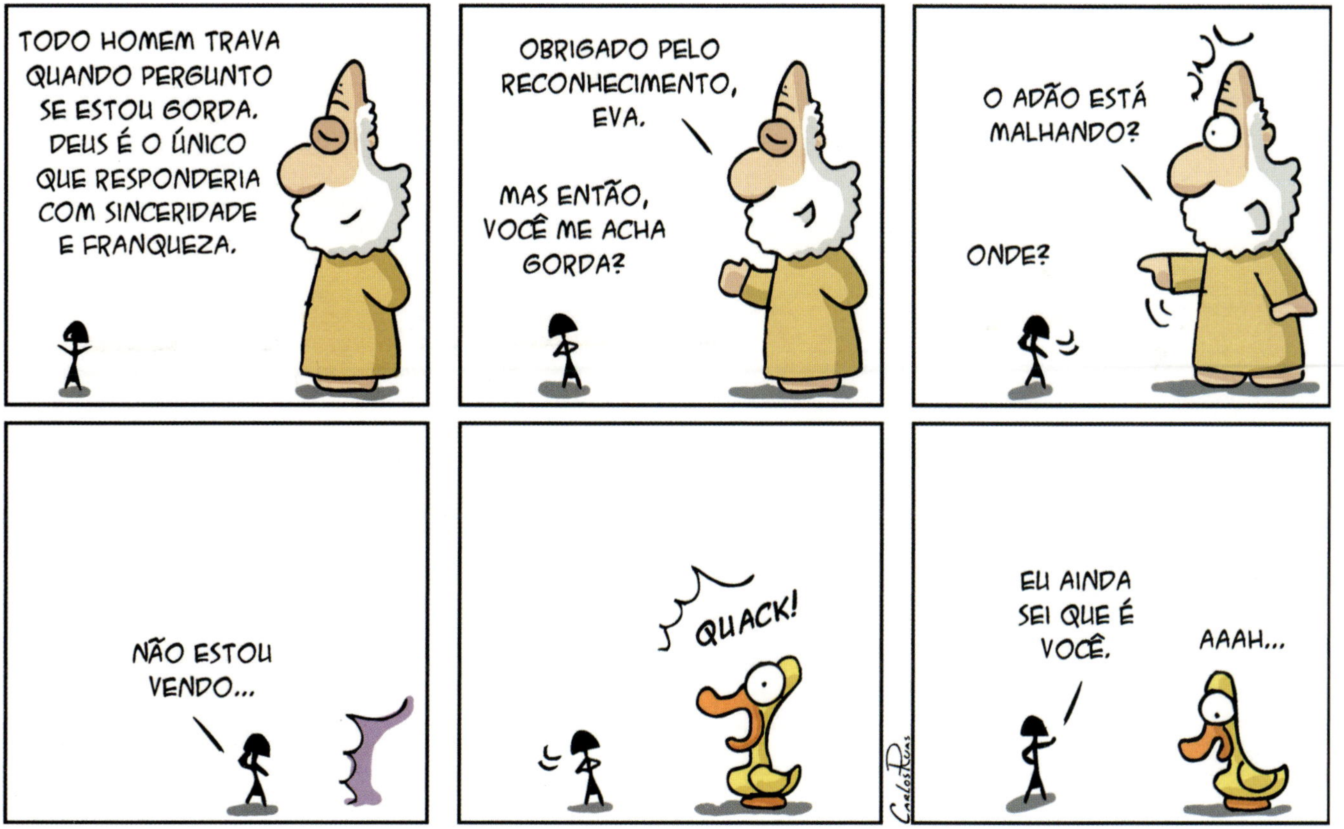
TODO HOMEM TRAVA QUANDO PERGUNTO SE ESTOU GORDA. DEUS É O ÚNICO QUE RESPONDERIA COM SINCERIDADE E FRANQUEZA.
OBRIGADO PELO RECONHECIMENTO, EVA.
MAS ENTÃO, VOCÊ ME ACHA GORDA?
O ADÃO ESTÁ MALHANDO?
ONDE?
NÃO ESTOU VENDO...
QUACK!
Carlos Ruas
EU AINDA SEI QUE É VOCÊ.
AAAH...

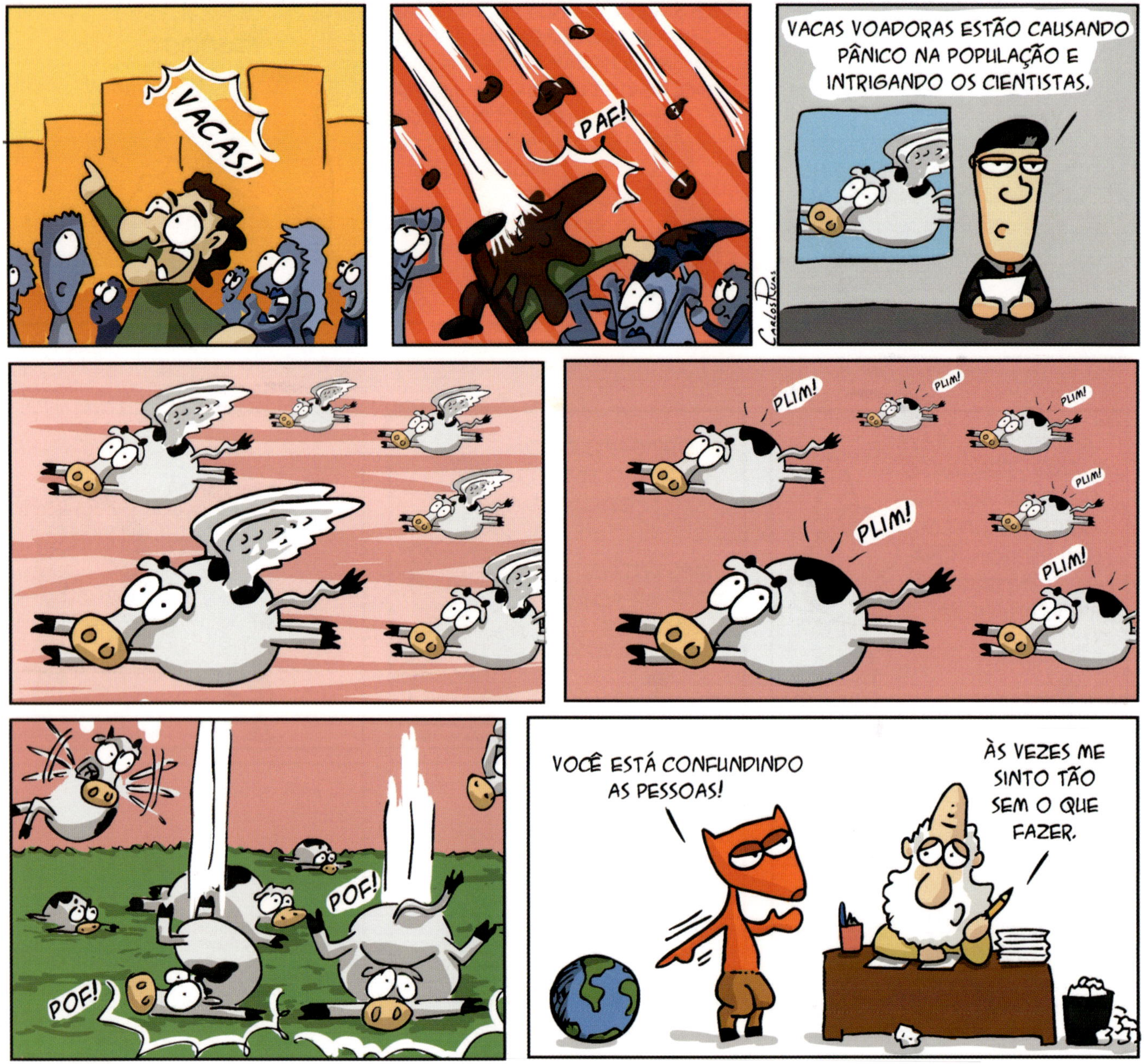
VACAS!
PAF!
VACAS VOADORAS ESTÃO CAUSANDO PÂNICO NA POPULAÇÃO E INTRIGANDO OS CIENTISTAS.
PLIM!
PLIM!
PLIM!
PLIM!
PLIM!
PLIM!
POF!
POF!
VOCÊ ESTÁ CONFUNDINDO AS PESSOAS!
ÀS VEZES ME SINTO TÃO SEM O QUE FAZER.

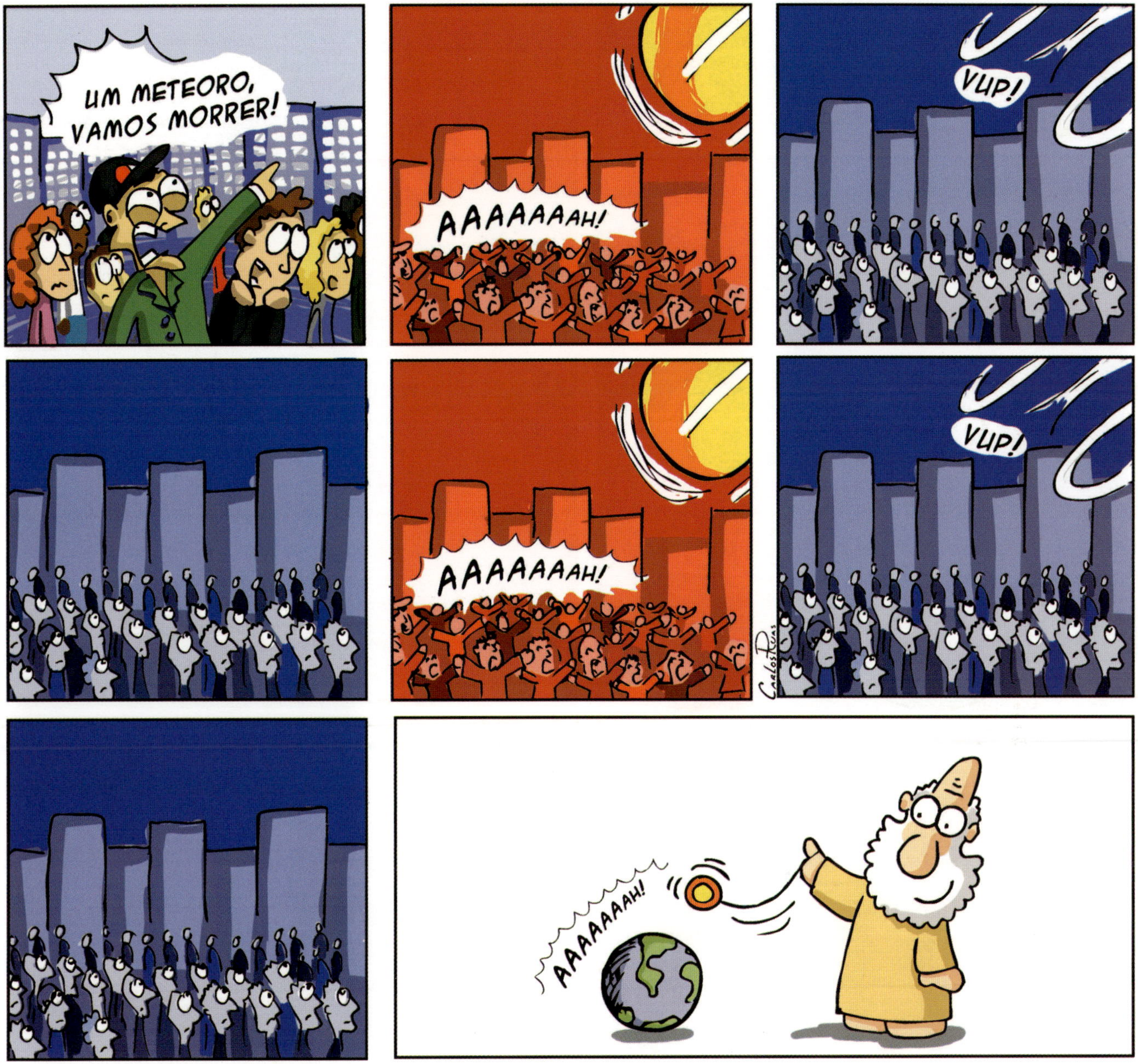
UM METEORO, VAMOS MORRER!
AAAAAAAH!
VUP!
AAAAAAAH!
VUP!
Carlos Ruas
AAAAAAAH!

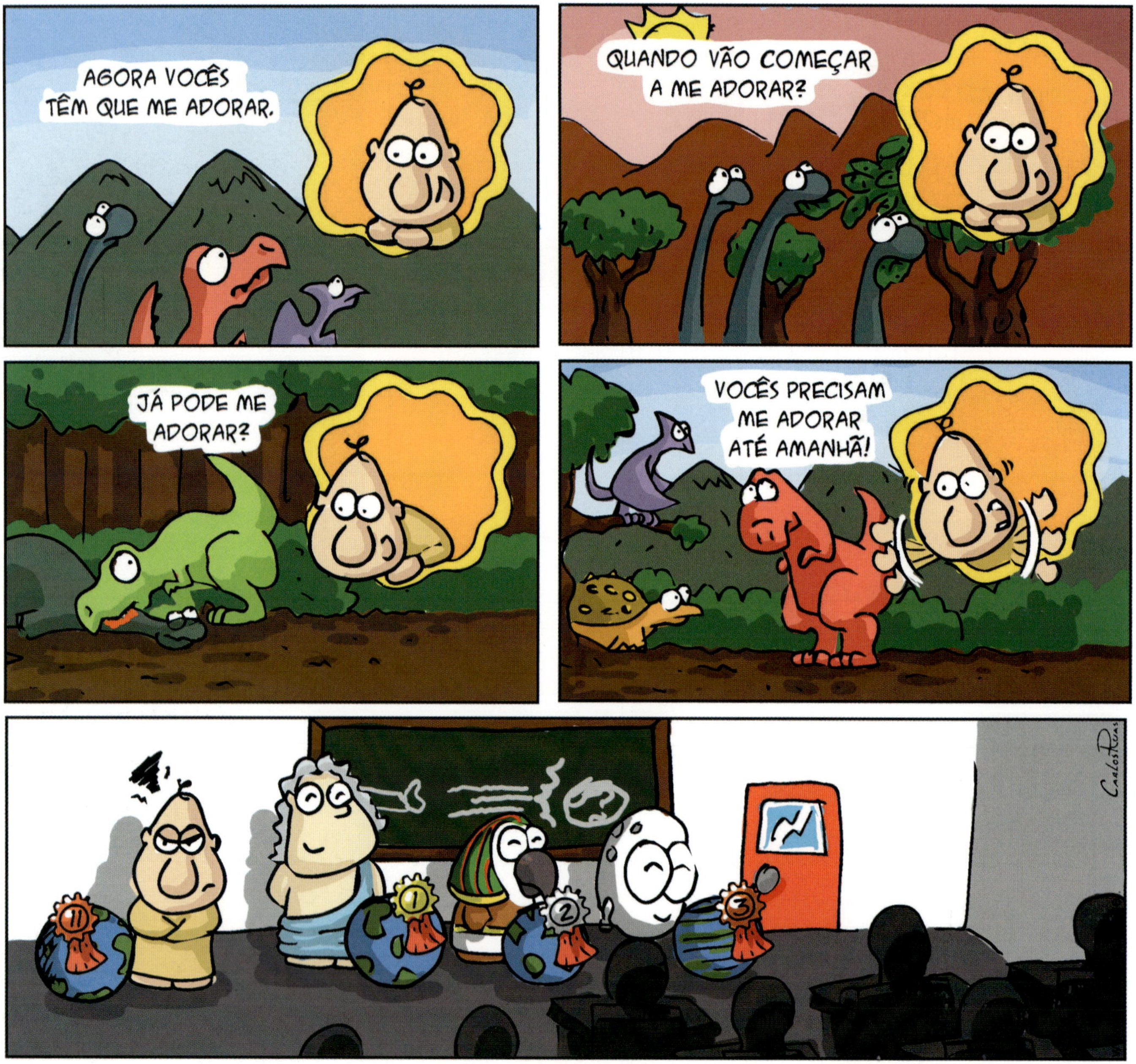
AGORA VOCÊS TÊM QUE ME ADORAR.
QUANDO VÃO COMEÇAR A ME ADORAR?
JÁ PODE ME ADORAR?
VOCÊS PRECISAM ME ADORAR ATÉ AMANHÃ!
Carlos Ruas

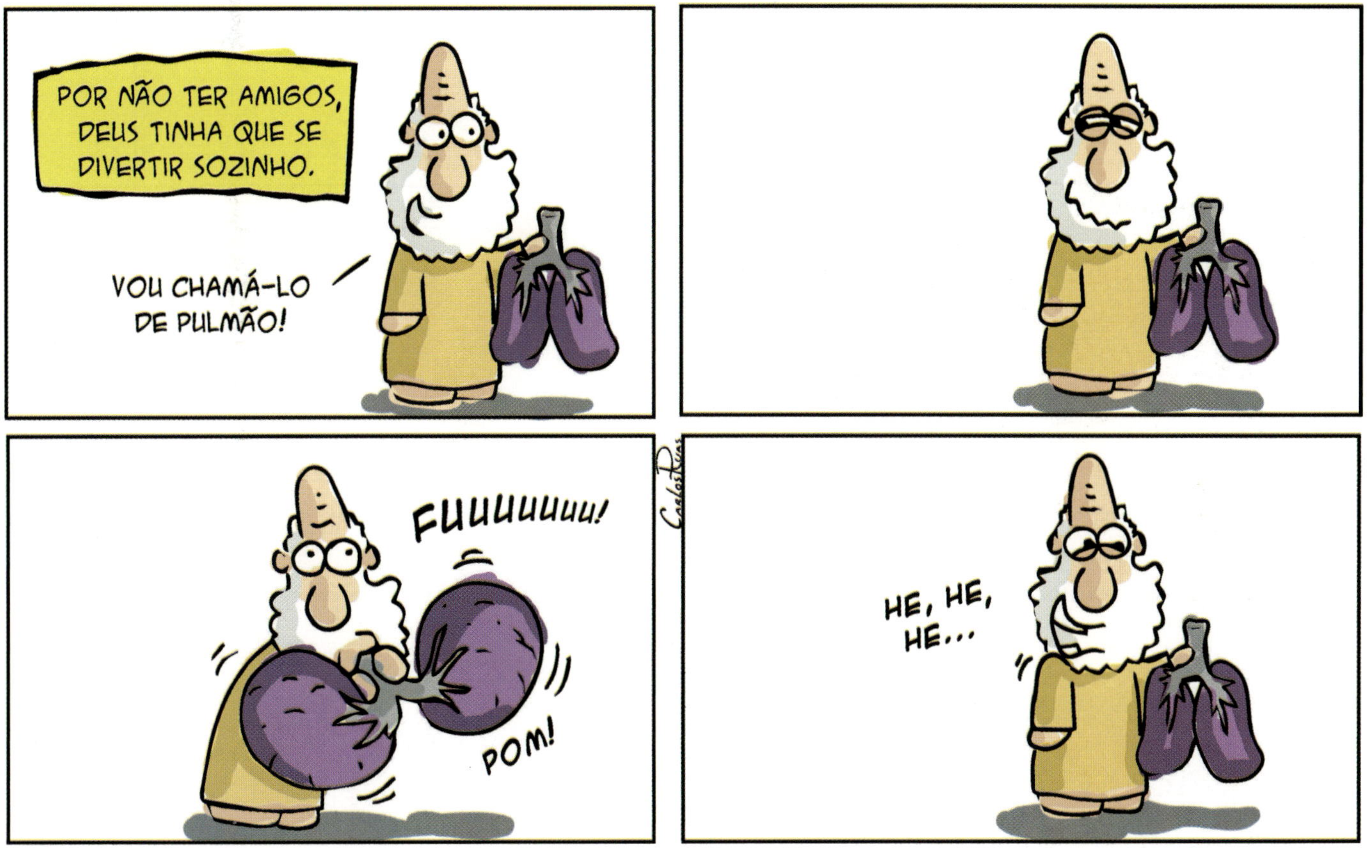
POR NÃO TER AMIGOS, DEUS TINHA QUE SE DIVERTIR SOZINHO.
VOU CHAMÁ-LO DE PULMÃO!
FUUUUUUU!
POM!
HE, HE, HE...

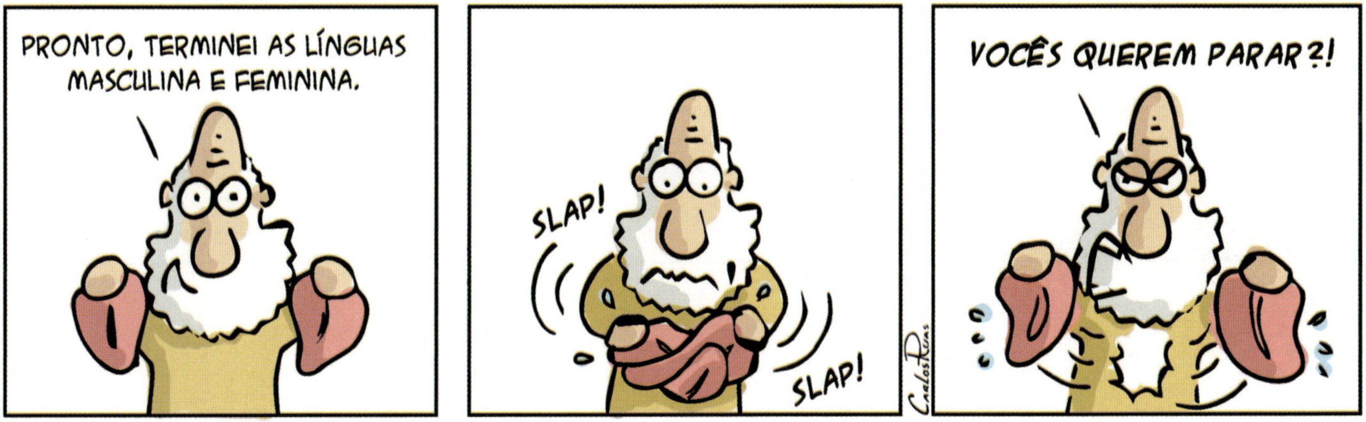
PRONTO, TERMINEI AS LÍNGUAS MASCULINA E FEMININA.
SLAP!
SLAP!
VOCÊS QUEREM PARAR?!

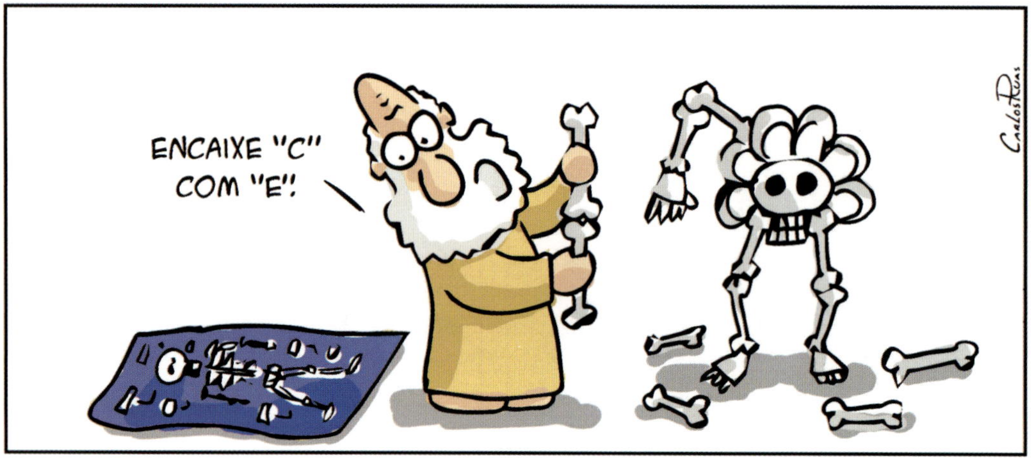
ENCAIXE "C"
COM "E"!

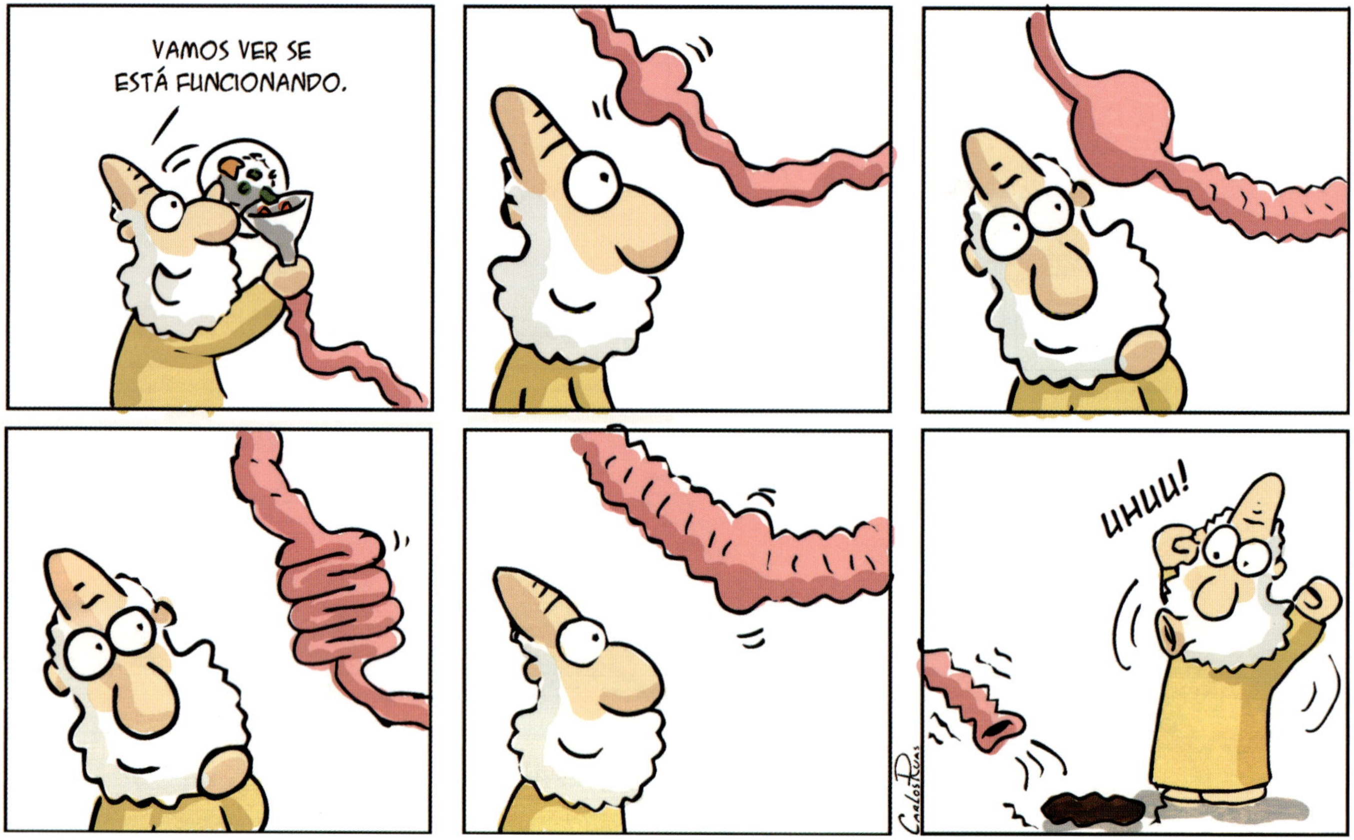
VAMOS VER SE
ESTÁ FUNCIONANDO.
UHUU!

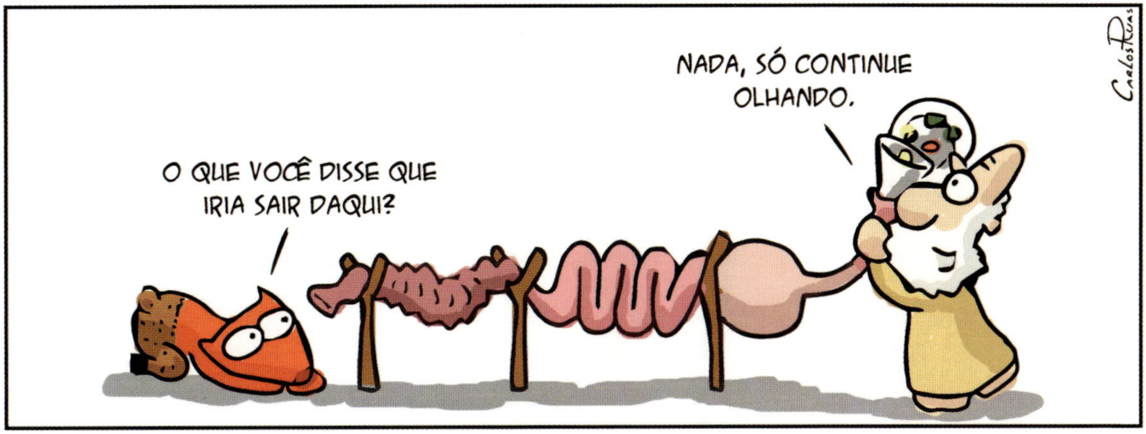
O QUE VOCÊ DISSE QUE IRIA SAIR DAQUI?
NADA, SÓ CONTINUE OLHANDO.
CARLOS RUAS

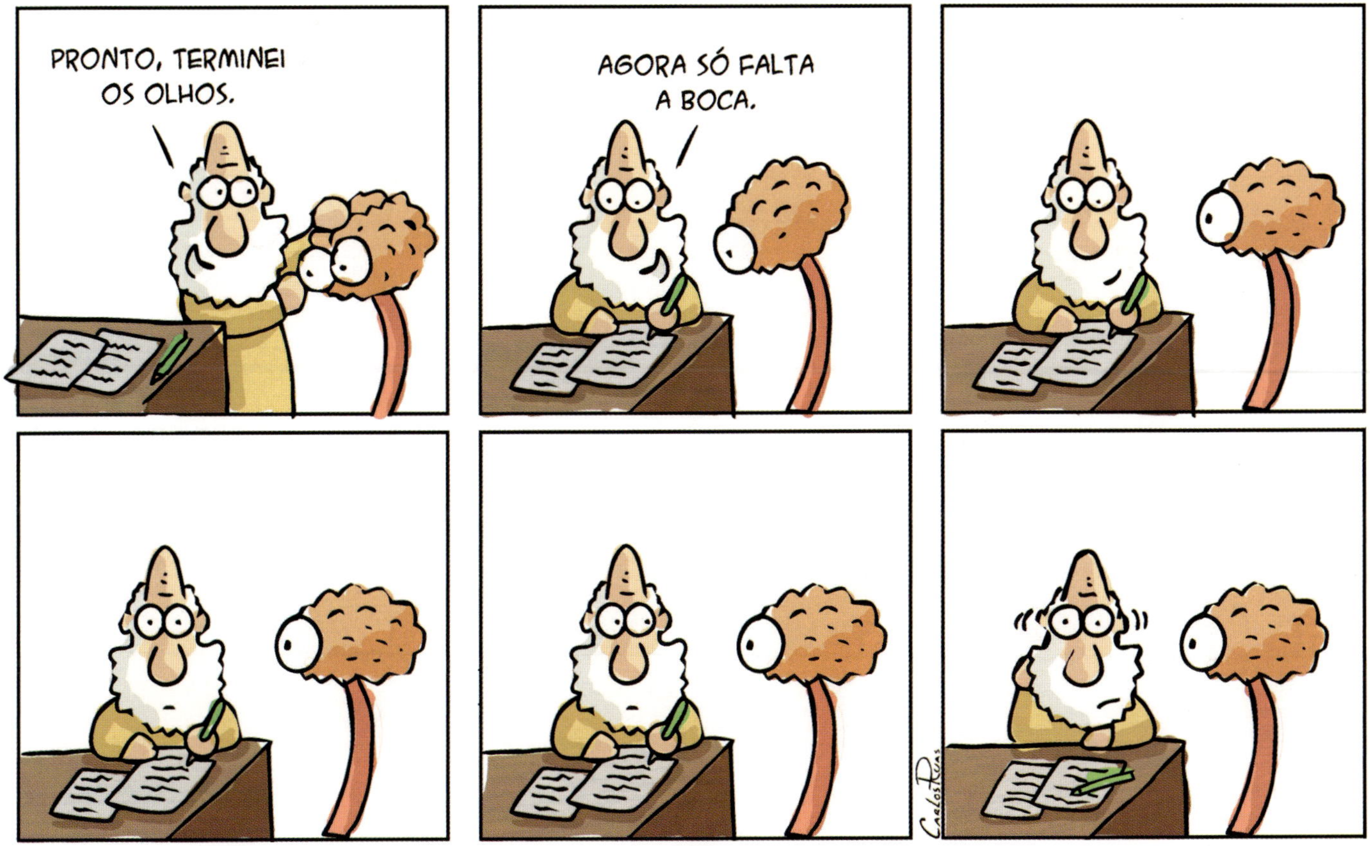
PRONTO, TERMINEI OS OLHOS.
AGORA SÓ FALTA A BOCA.
CARLOS RUAS

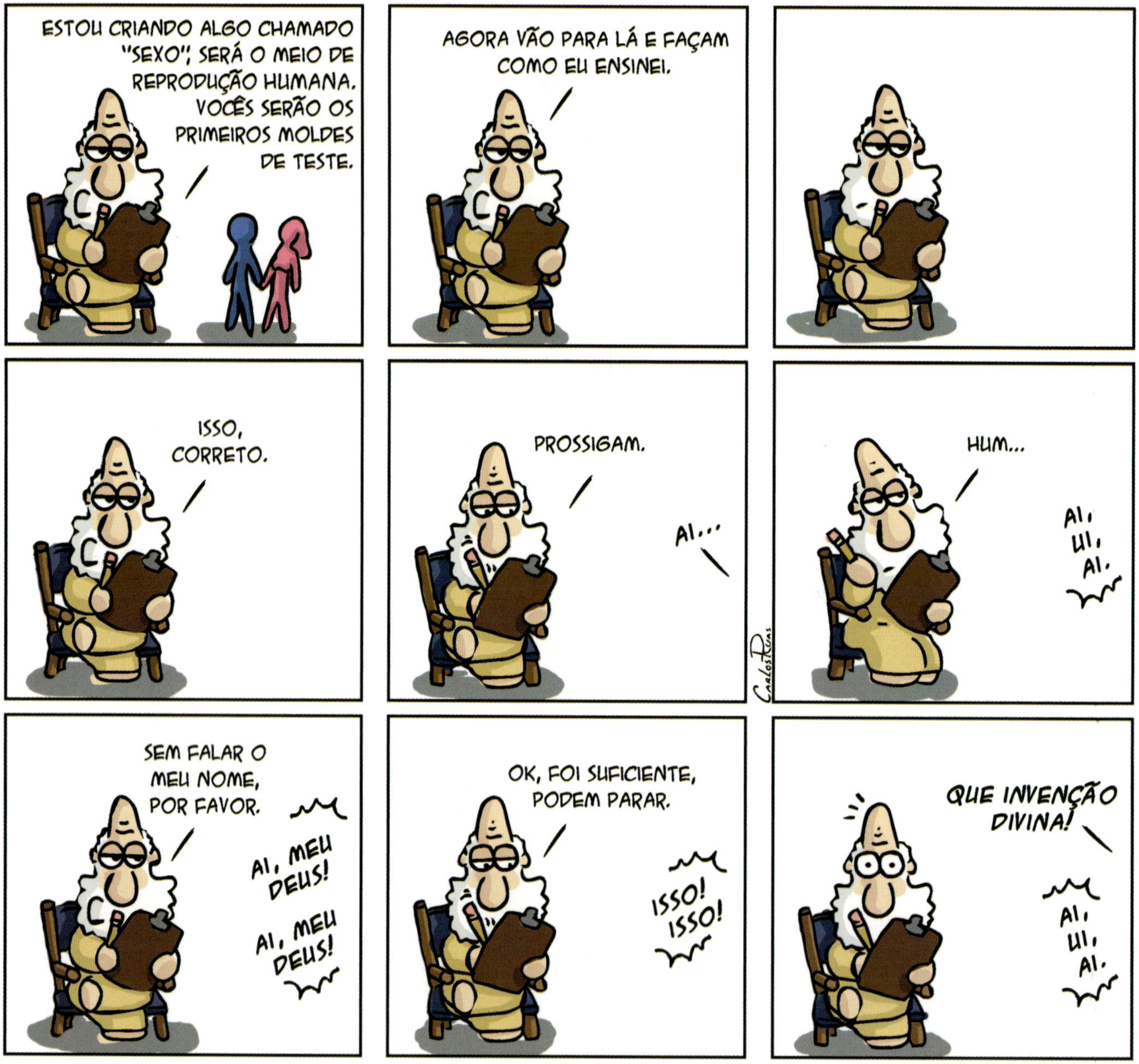
ESTOU CRIANDO ALGO CHAMADO "SEXO", SERÁ O MEIO DE REPRODUÇÃO HUMANA. VOCÊS SERÃO OS PRIMEIROS MOLDES DE TESTE.
AGORA VÃO PARA LÁ E FAÇAM COMO EU ENSINEI.
ISSO, CORRETO.
PROSSIGAM.
AI...
HUM...
AI, UI, AI.
CarlosRuas
SEM FALAR O MEU NOME, POR FAVOR.
AI, MEU DEUS!
AI, MEU DEUS!
OK, FOI SUFICIENTE, PODEM PARAR.
ISSO! ISSO!
QUE INVENÇÃO DIVINA!
AI, UI, AI.

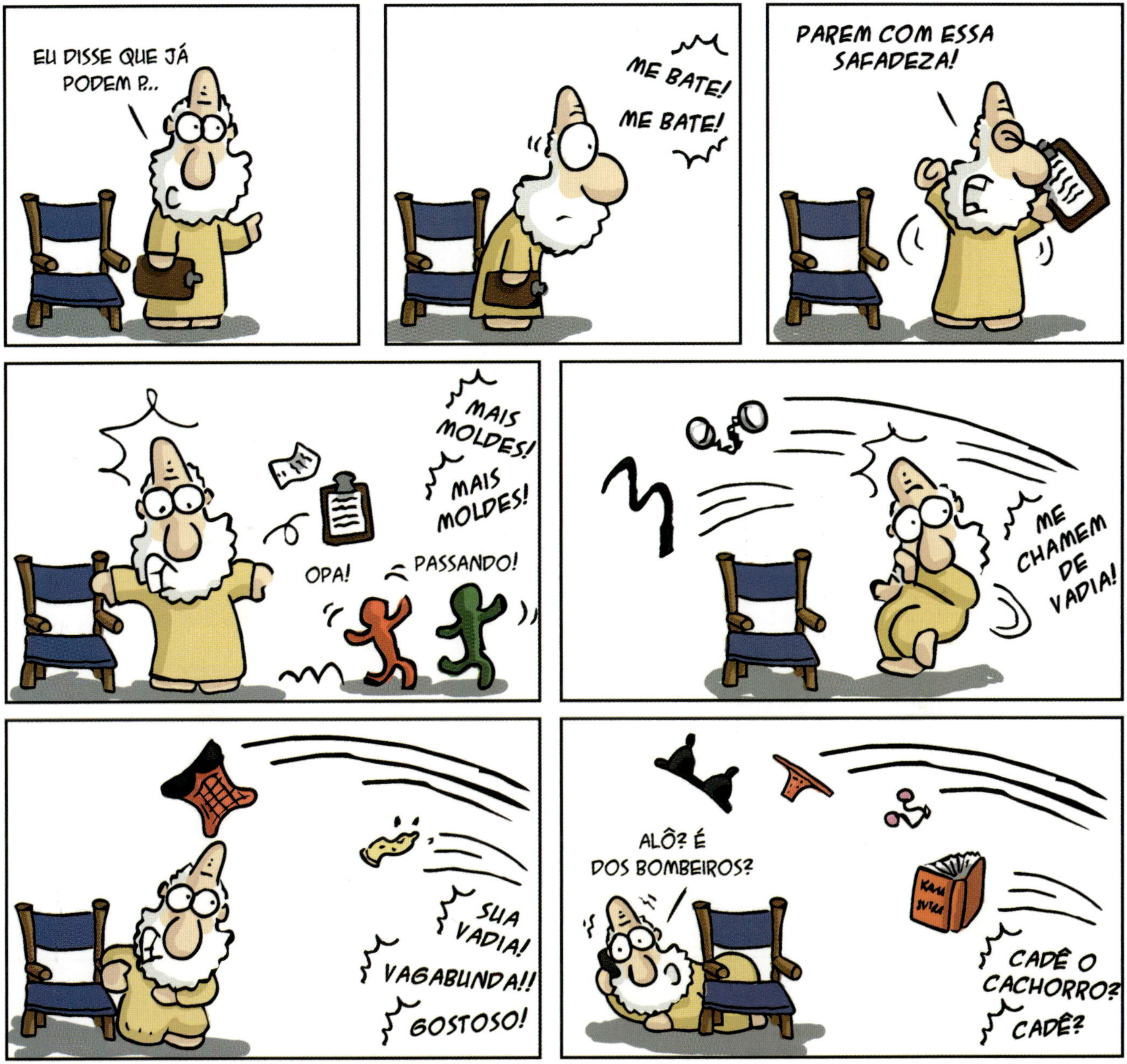
EU DISSE QUE JÁ PODEM P...
ME BATE!
ME BATE!
PAREM COM ESSA SAFADEZA!
MAIS MOLDES!
MAIS MOLDES!
OPA!
PASSANDO!
ME CHAMEM DE VADIA!
SUA VADIA!
VAGABUNDA!!
GOSTOSO!
ALÔ? É DOS BOMBEIROS?
CADÊ O CACHORRO?
CADÊ?

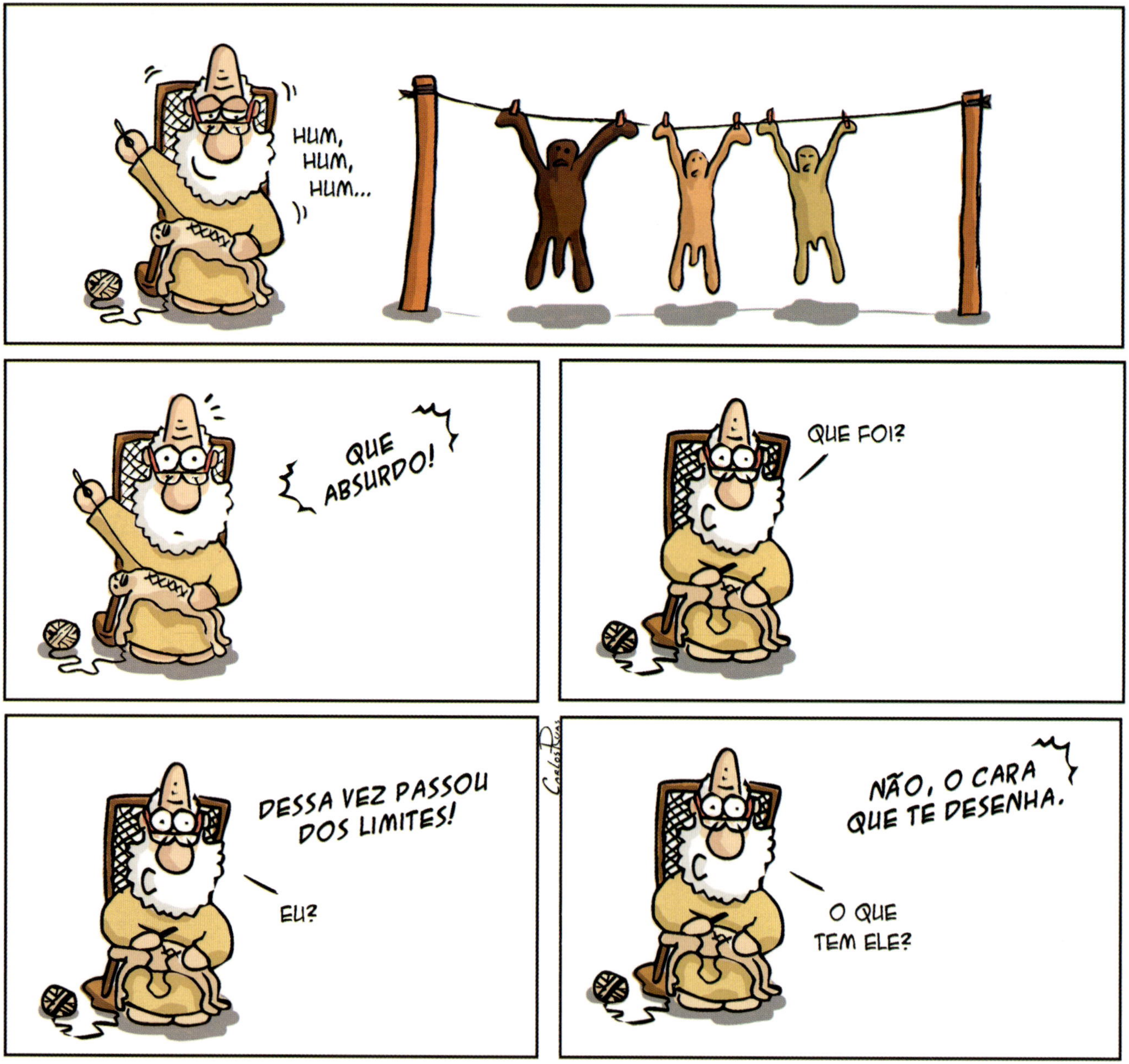
HUM,
HUM,
HUM...
QUE ABSURDO!
QUE FOI?
DESSA VEZ PASSOU DOS LIMITES!
EU?
NÃO, O CARA QUE TE DESENHA.
O QUE TEM ELE?

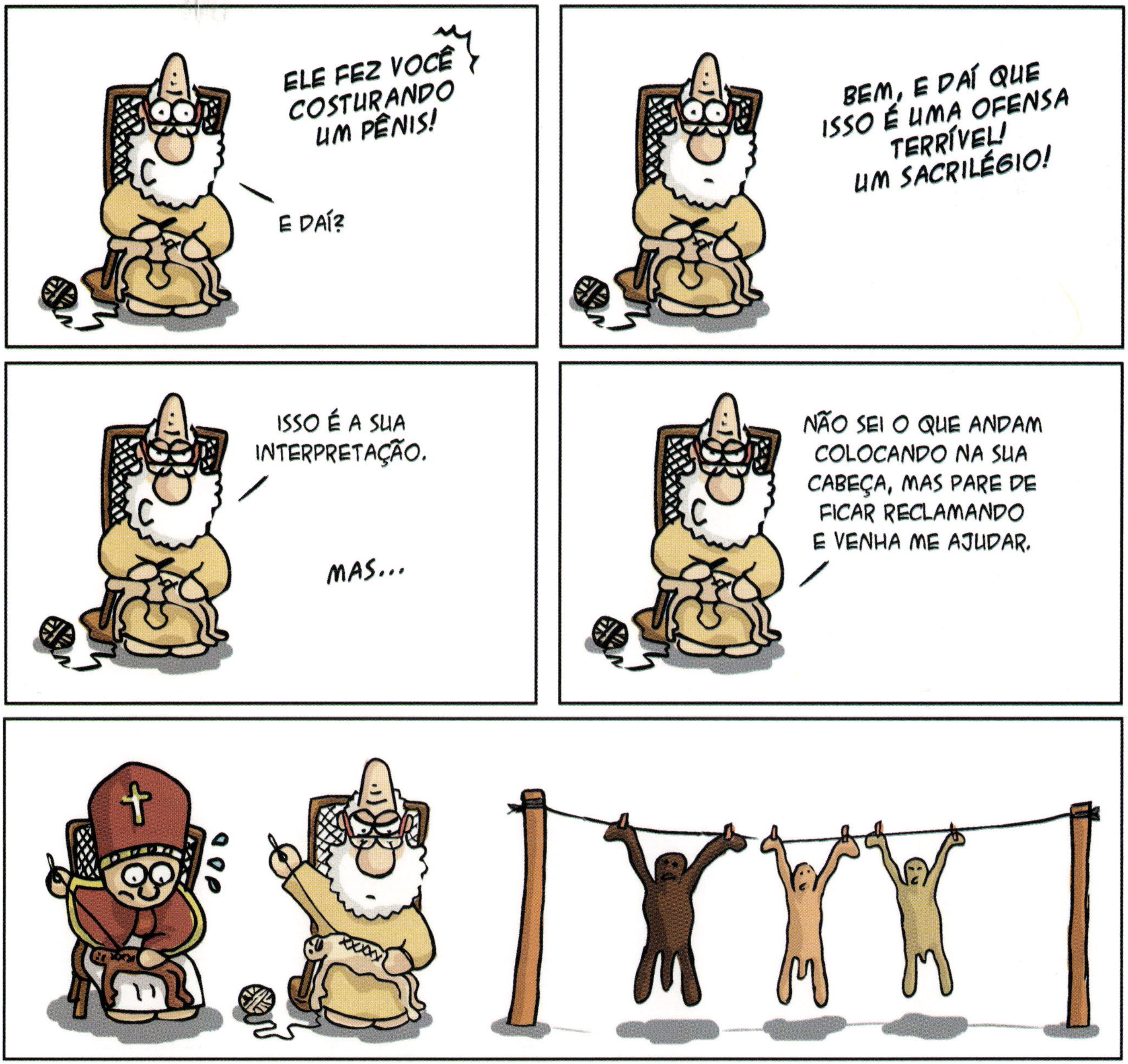
ELE FEZ VOCÊ COSTURANDO UM PÊNIS!
E DAÍ?
BEM, E DAÍ QUE ISSO É UMA OFENSA TERRÍVEL! UM SACRILÉGIO!
ISSO É A SUA INTERPRETAÇÃO.
MAS...
NÃO SEI O QUE ANDAM COLOCANDO NA SUA CABEÇA, MAS PARE DE FICAR RECLAMANDO E VENHA ME AJUDAR.

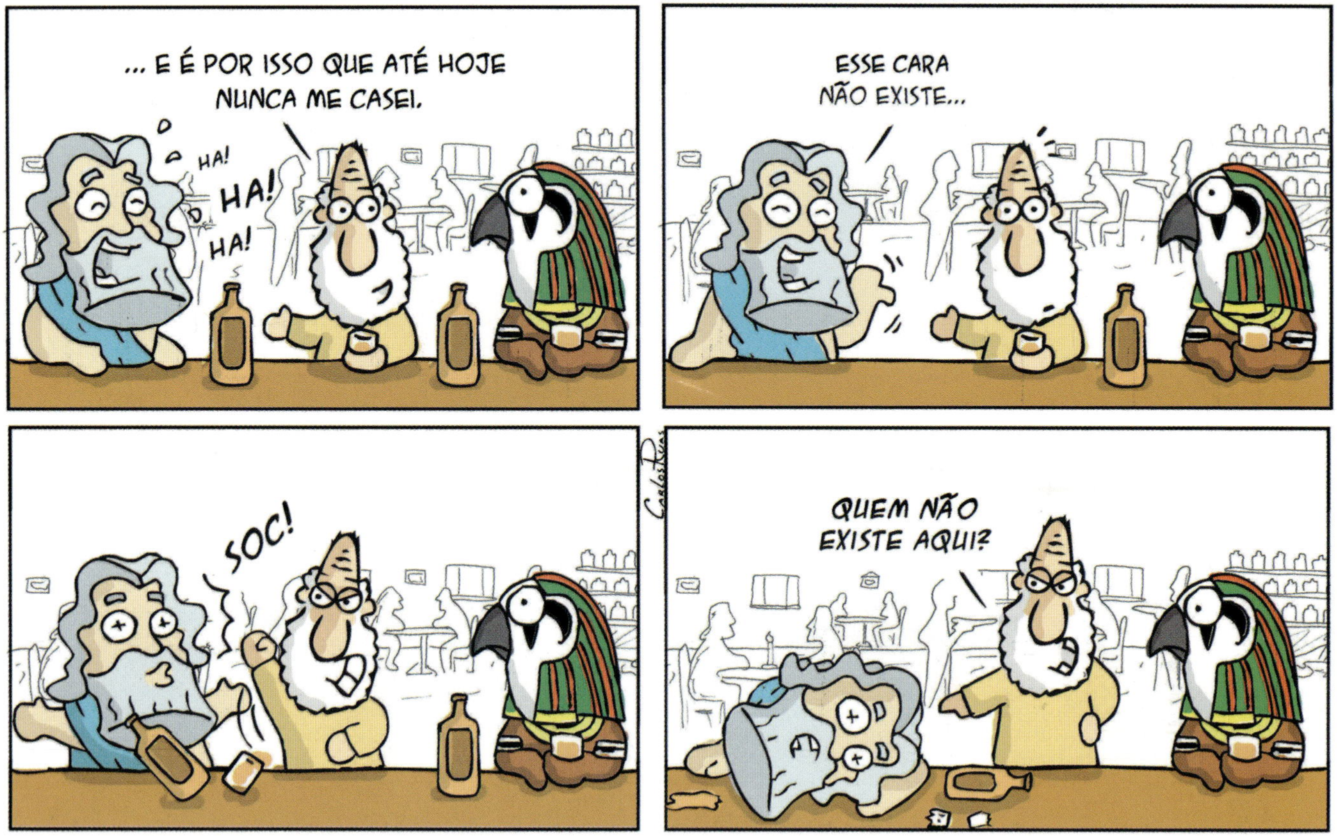
... E É POR ISSO QUE ATÉ HOJE
NUNCA ME CASEI.
HA!
HA!
HA!
ESSE CARA
NÃO EXISTE...
SOC!
Carlos Ruas
QUEM NÃO
EXISTE AQUI?

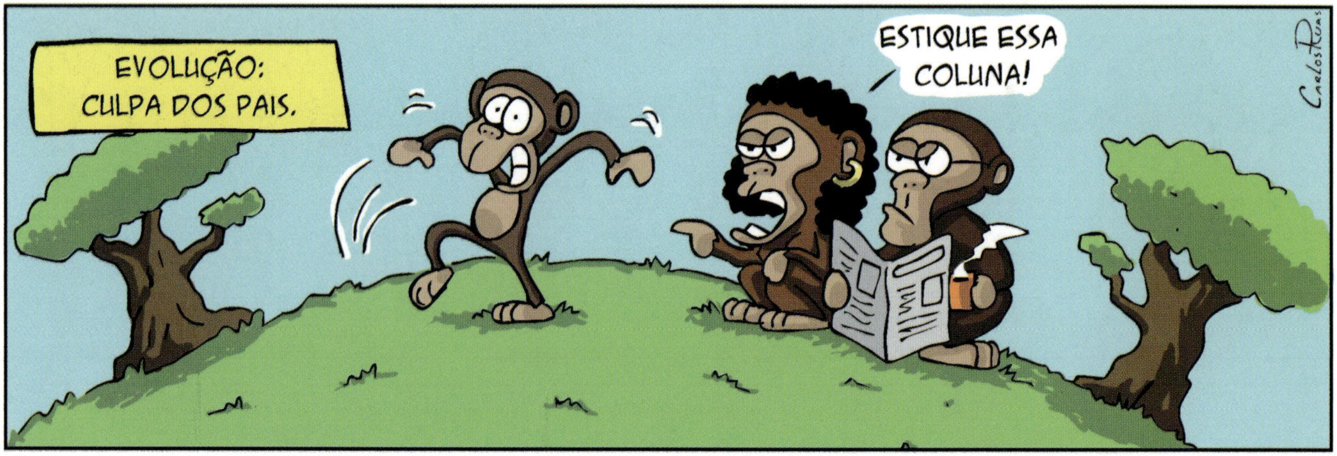
EVOLUÇÃO:
CULPA DOS PAIS.
ESTIQUE ESSA
COLUNA!
Carlos Ruas

SENHORAS E SENHORES, COM VOCÊS... A VERDADE!

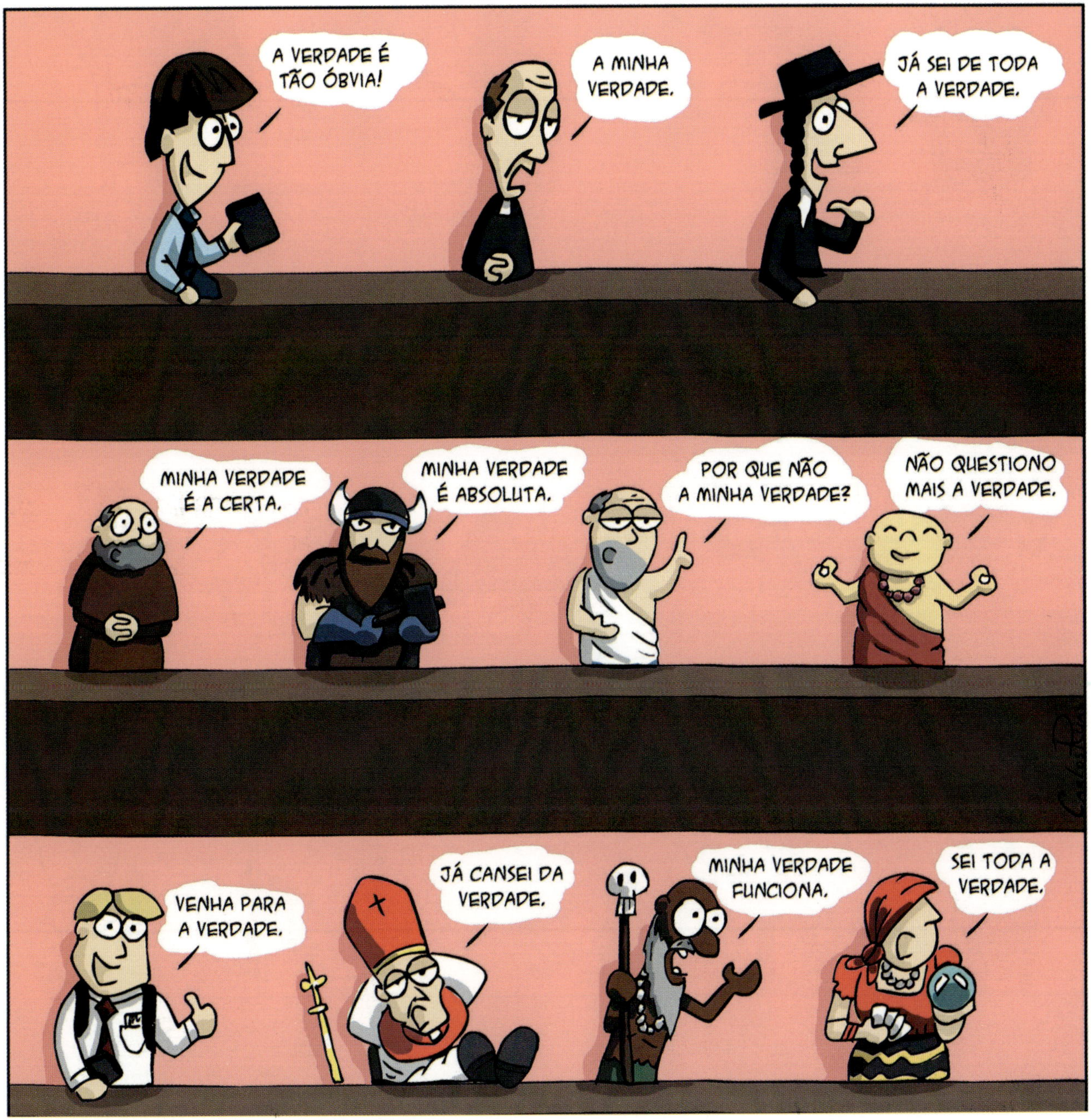
A VERDADE É TÃO ÓBVIA!
A MINHA VERDADE.
JÁ SEI DE TODA A VERDADE.
MINHA VERDADE É A CERTA.
MINHA VERDADE É ABSOLUTA.
POR QUE NÃO A MINHA VERDADE?
NÃO QUESTIONO MAIS A VERDADE.
VENHA PARA A VERDADE.
JÁ CANSEI DA VERDADE.
MINHA VERDADE FUNCIONA.
SEI TODA A VERDADE.

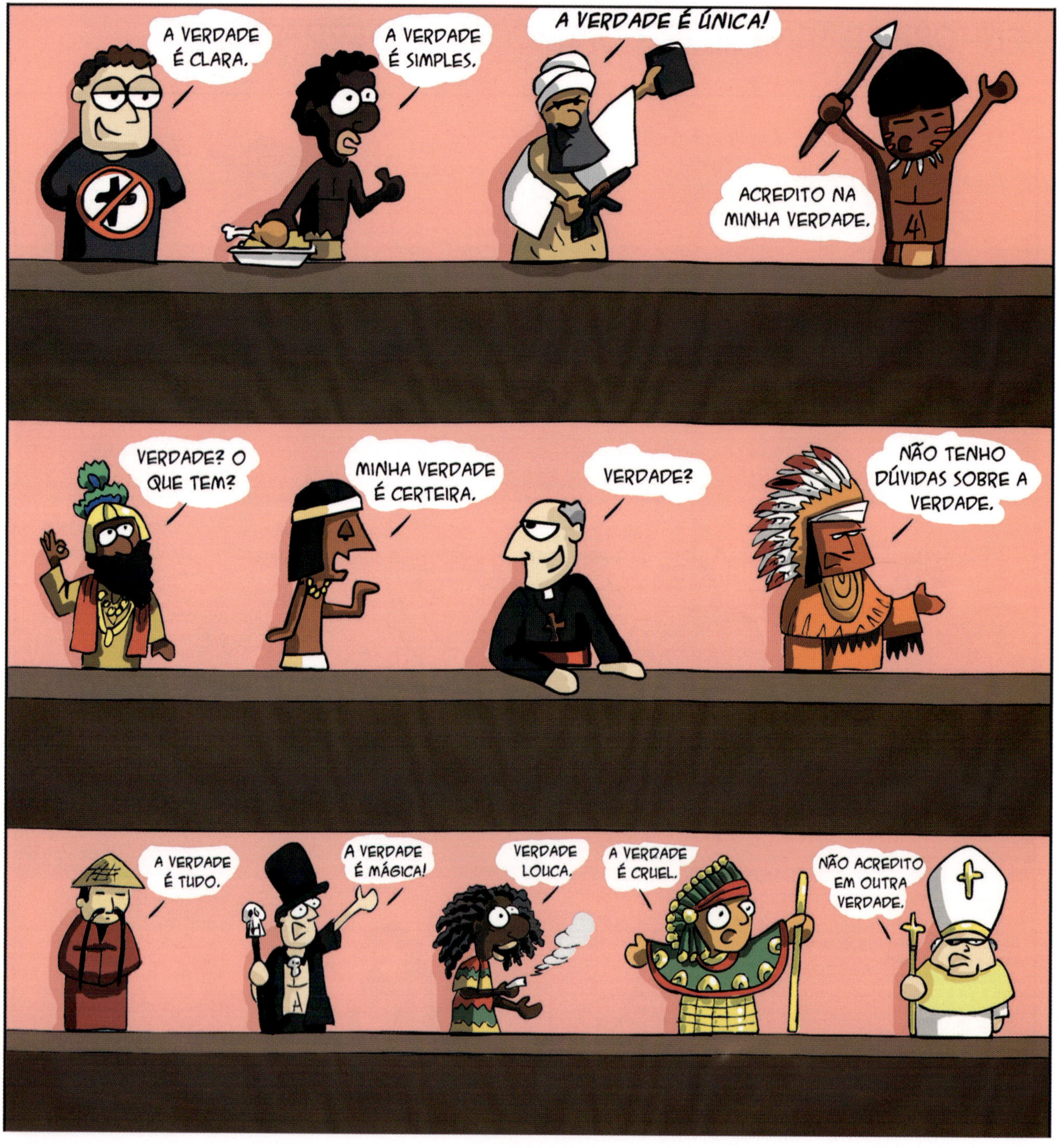
A VERDADE É CLARA.
A VERDADE É SIMPLES.
A VERDADE É ÚNICA!
ACREDITO NA MINHA VERDADE.
VERDADE? O QUE TEM?
MINHA VERDADE É CERTEIRA.
VERDADE?
NÃO TENHO DÚVIDAS SOBRE A VERDADE.
A VERDADE É TUDO.
A VERDADE É MÁGICA!
VERDADE LOUCA.
A VERDADE É CRUEL.
NÃO ACREDITO EM OUTRA VERDADE.

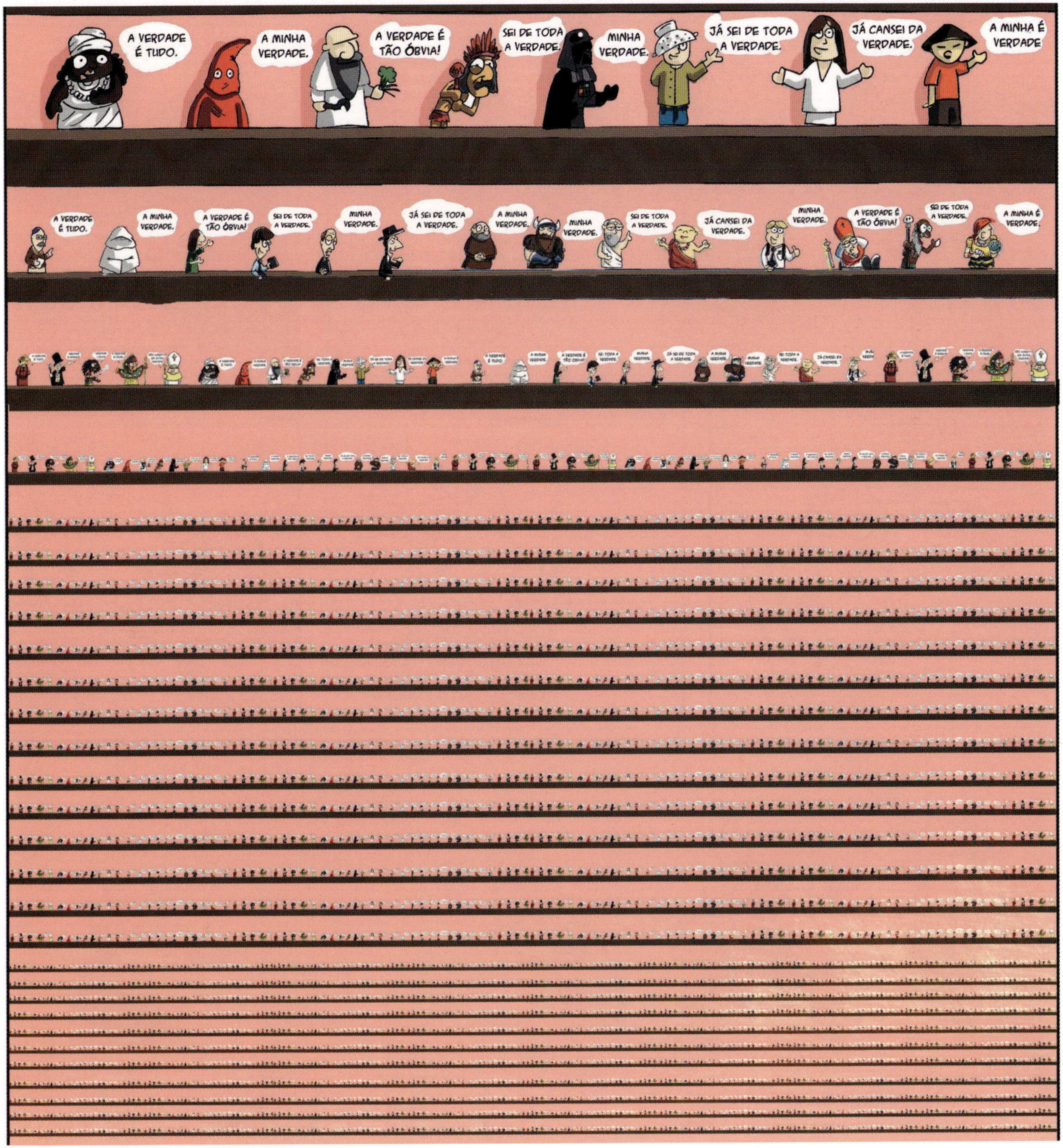
A VERDADE É TUDO.
A MINHA VERDADE.
A VERDADE É TÃO ÓBVIA!
SEI DE TODA A VERDADE.
MINHA VERDADE.
JÁ SEI DE TODA A VERDADE.
JÁ CANSEI DA VERDADE.
A MINHA É VERDADE.
A VERDADE É TUDO.
A MINHA VERDADE.
A VERDADE É TÃO ÓBVIA!
SEI DE TODA A VERDADE.
MINHA VERDADE.
JÁ SEI DE TODA A VERDADE.
A MINHA VERDADE.
MINHA VERDADE.
SEI DE TODA A VERDADE.
JÁ CANSEI DA VERDADE.
MINHA VERDADE.
A VERDADE É TÃO ÓBVIA!
SEI DE TODA A VERDADE.
A MINHA É VERDADE.

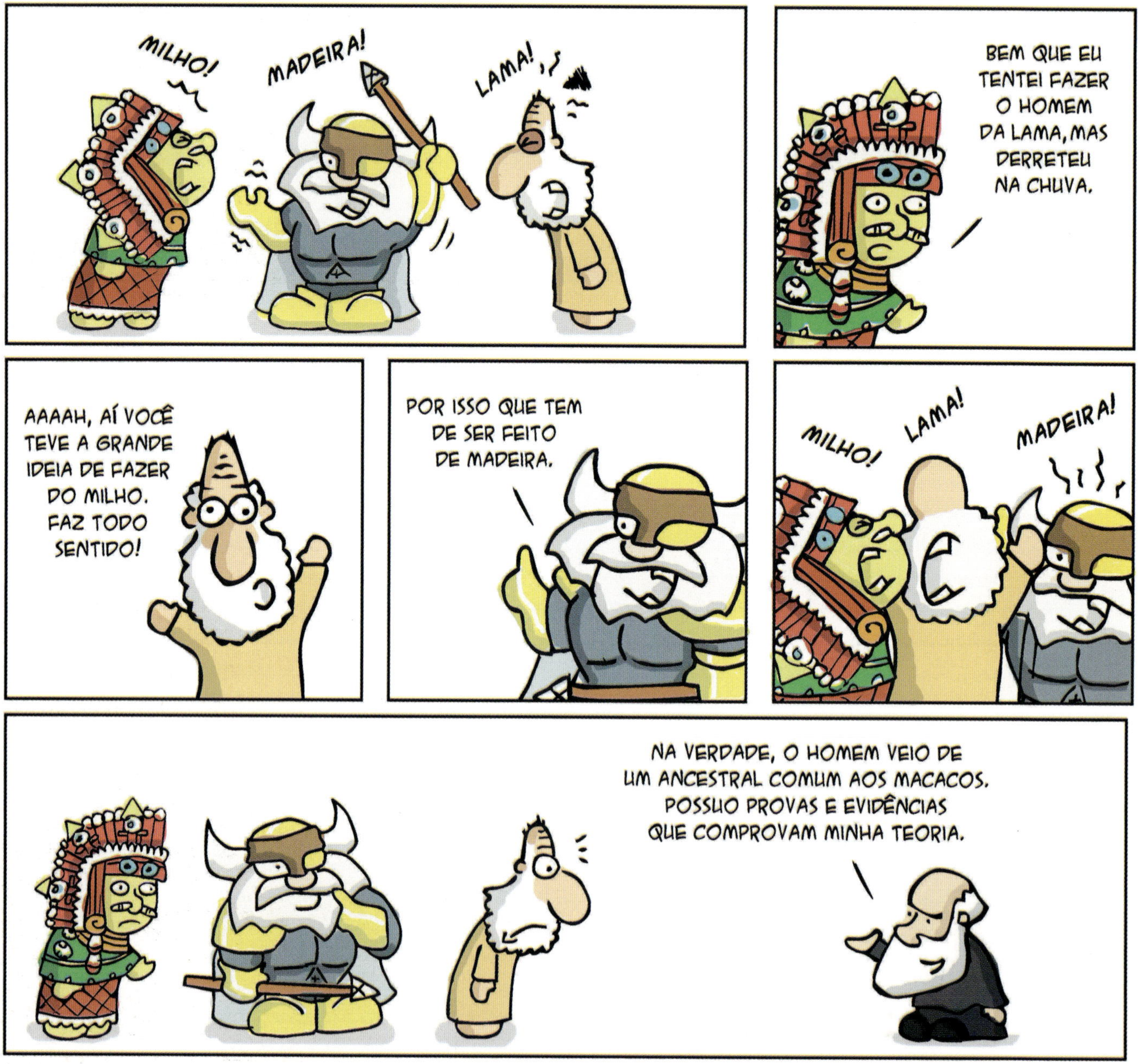

MILHO!
MADEIRA!
LAMA!
BEM QUE EU TENTEI FAZER O HOMEM DA LAMA, MAS DERRETEU NA CHUVA.
AAAAH, AÍ VOCÊ TEVE A GRANDE IDEIA DE FAZER DO MILHO. FAZ TODO SENTIDO!
POR ISSO QUE TEM DE SER FEITO DE MADEIRA.
MILHO!
LAMA!
MADEIRA!
NA VERDADE, O HOMEM VEIO DE UM ANCESTRAL COMUM AOS MACACOS. POSSUO PROVAS E EVIDÊNCIAS QUE COMPROVAM MINHA TEORIA.

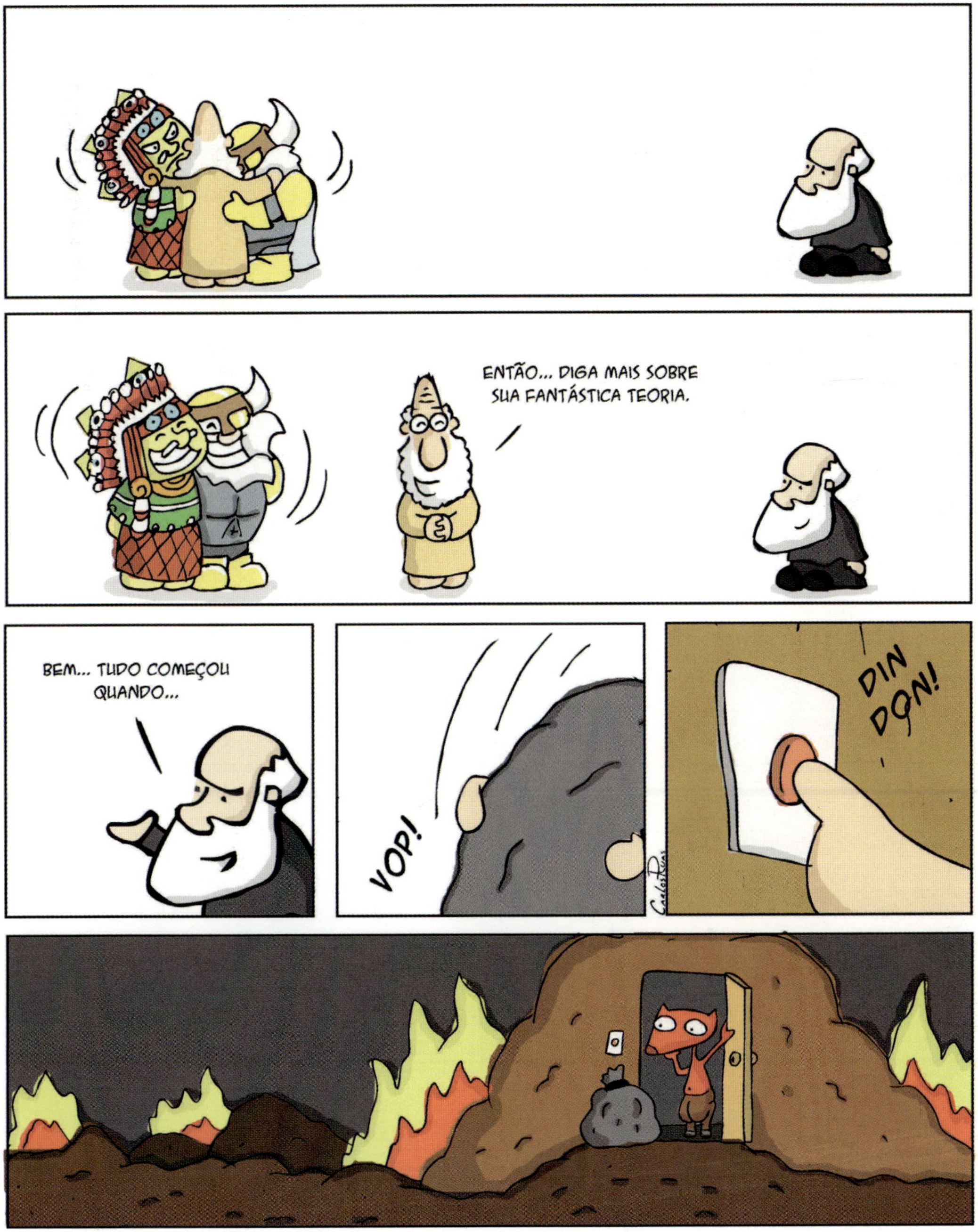
ENTÃO... DIGA MAIS SOBRE SUA FANTÁSTICA TEORIA.
BEM... TUDO COMEÇOU QUANDO...
VOP!
DIN DON!

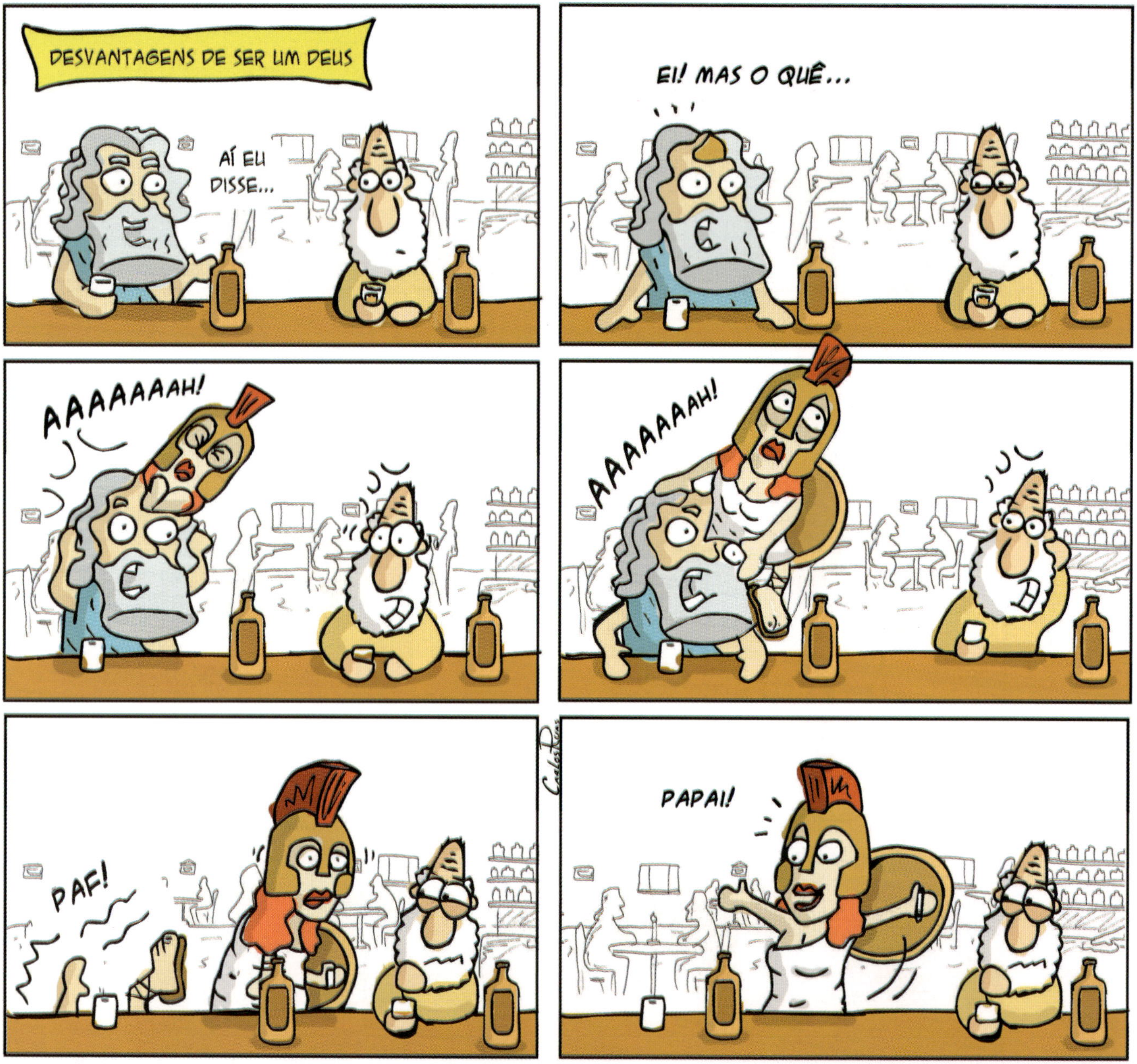

DESVANTAGENS DE SER UM DEUS
AÍ EU DISSE...
EI! MAS O QUÊ...
AAAAAAAH!
AAAAAAAH!
PAF!
PAPAI!

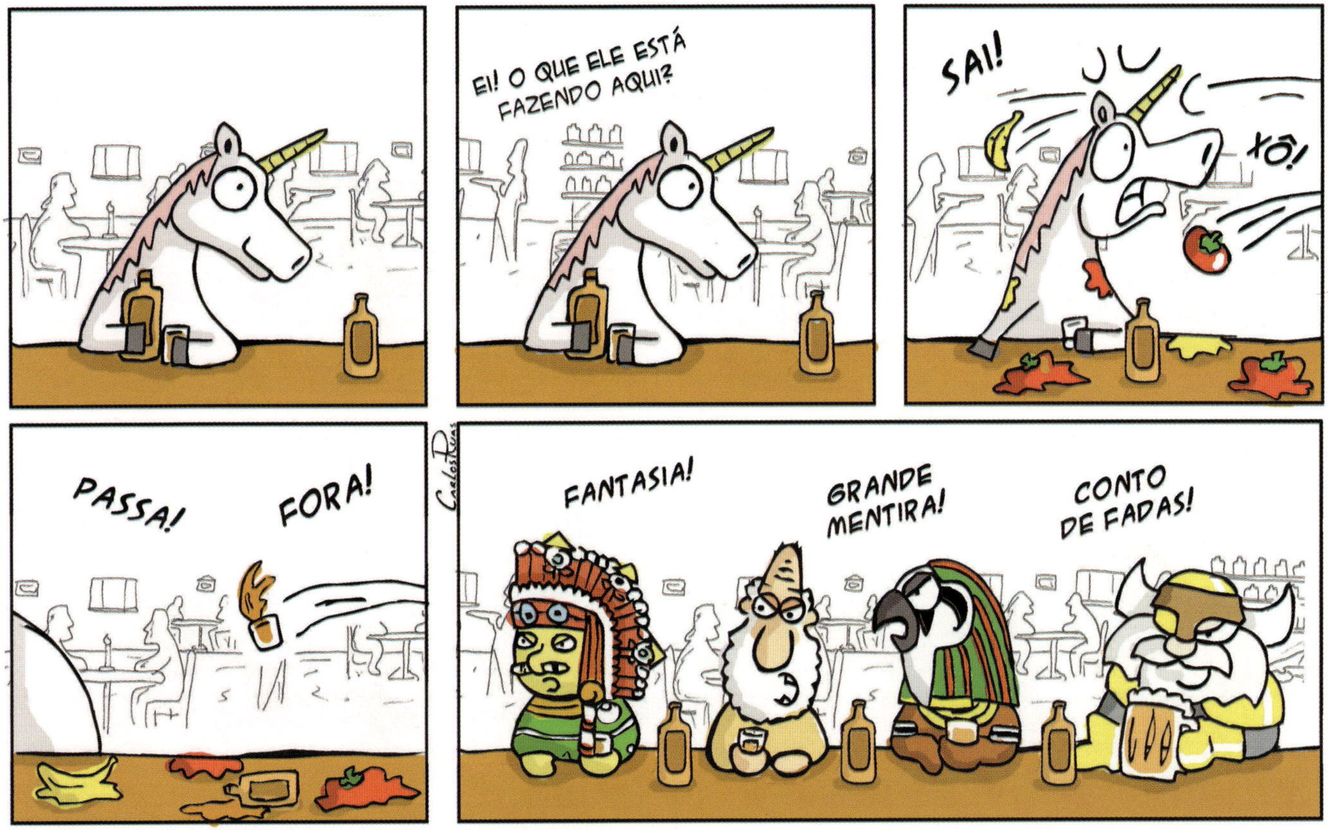
EI! O QUE ELE ESTÁ FAZENDO AQUI?
SAI!
XÔ!
PASSA!
FORA!
CarlosRuas
FANTASIA!
GRANDE MENTIRA!
CONTO DE FADAS!

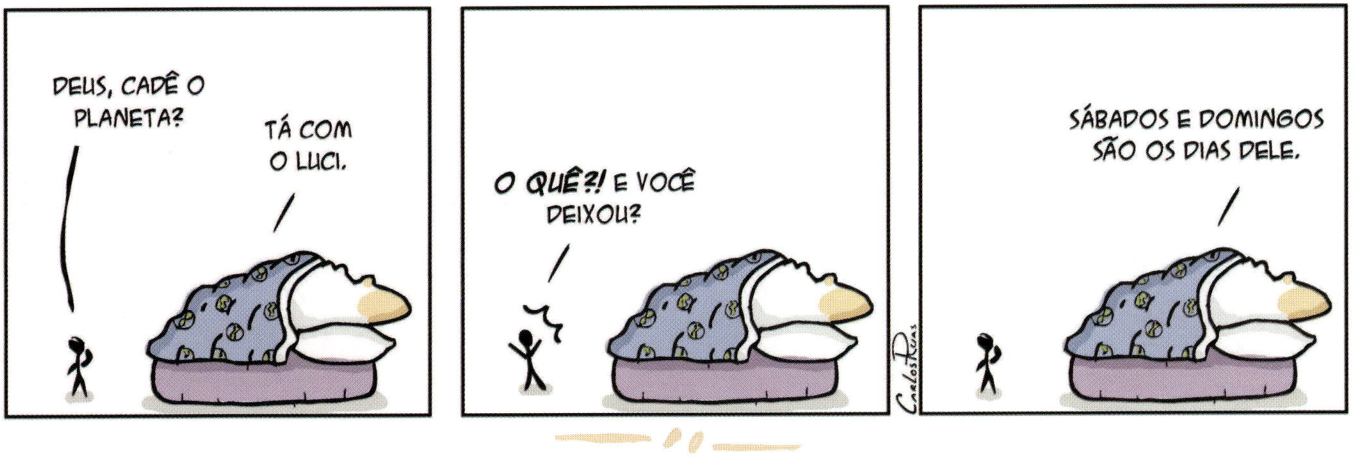
DEUS, CADÊ O PLANETA?
TÁ COM O LUCI.
O QUÊ?! E VOCÊ DEIXOU?
CarlosRuas
SÁBADOS E DOMINGOS SÃO OS DIAS DELE.

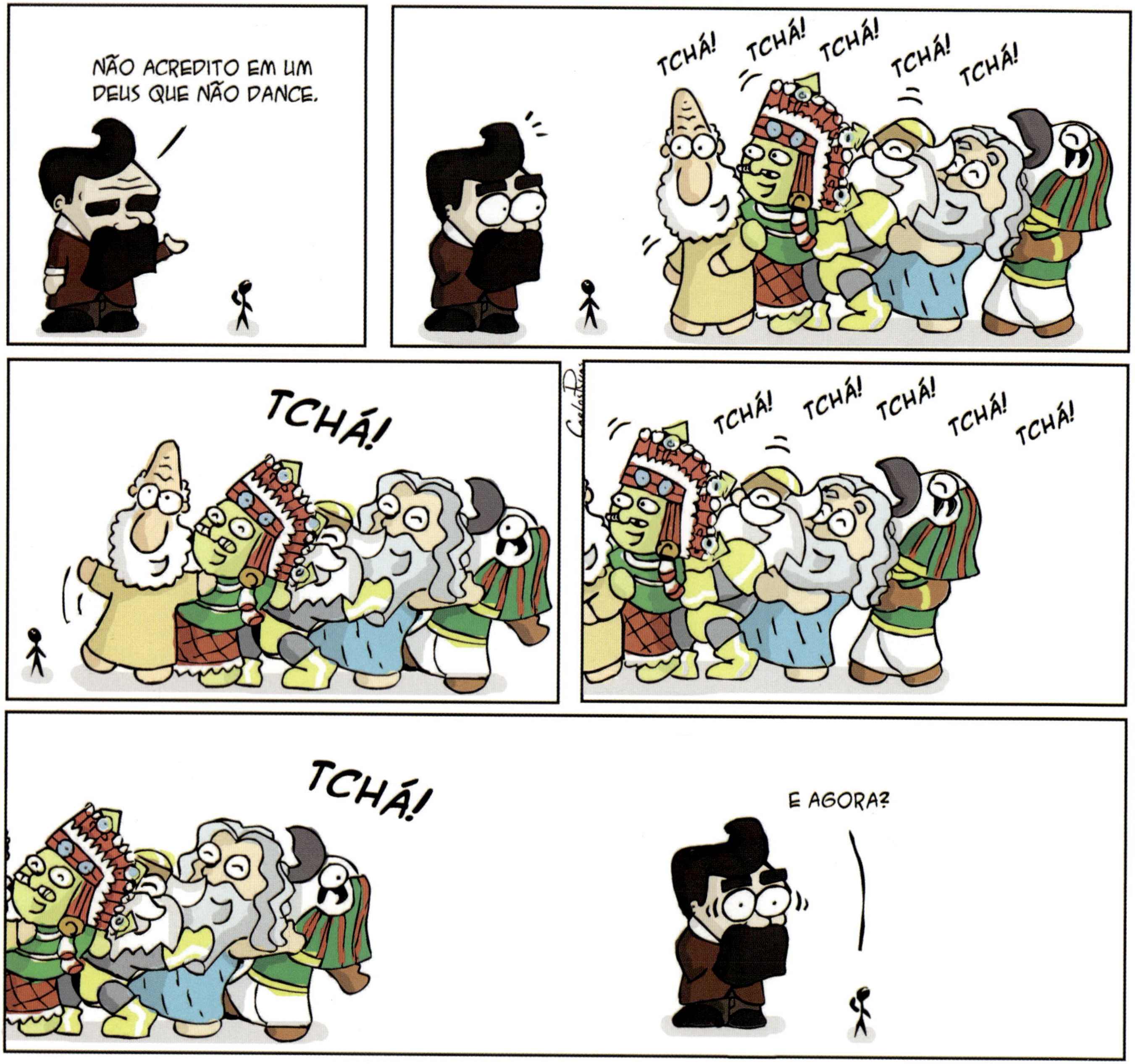
NÃO ACREDITO EM UM DEUS QUE NÃO DANCE.
TCHÁ!
TCHÁ!
TCHÁ!
TCHÁ!
TCHÁ!
TCHÁ!
TCHÁ!
TCHÁ!
TCHÁ!
TCHÁ!
TCHÁ!
TCHÁ!
E AGORA?

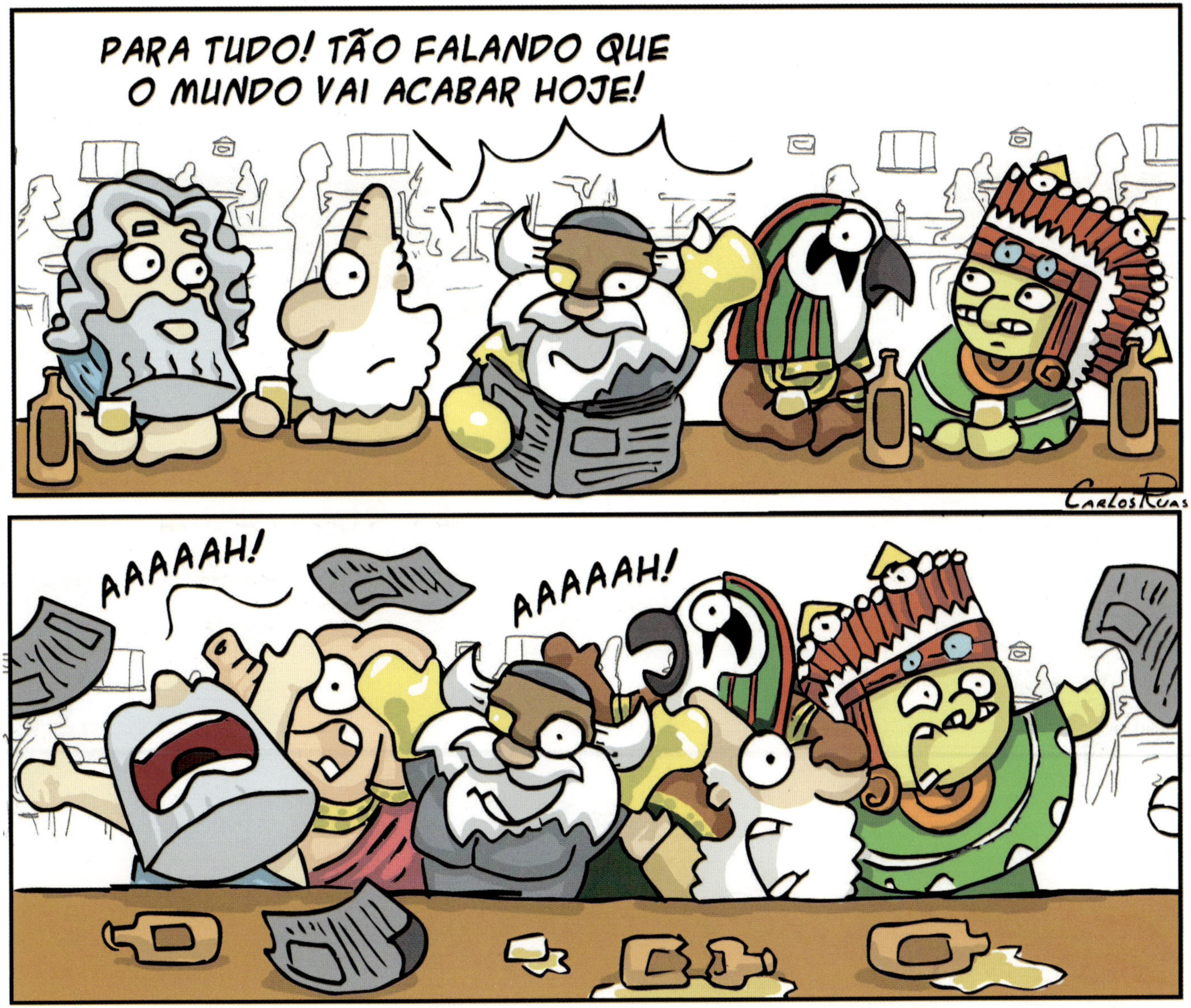
PARA TUDO! TÃO FALANDO QUE O MUNDO VAI ACABAR HOJE!
CARLOS RUAS
AAAAAH!
AAAAAH!

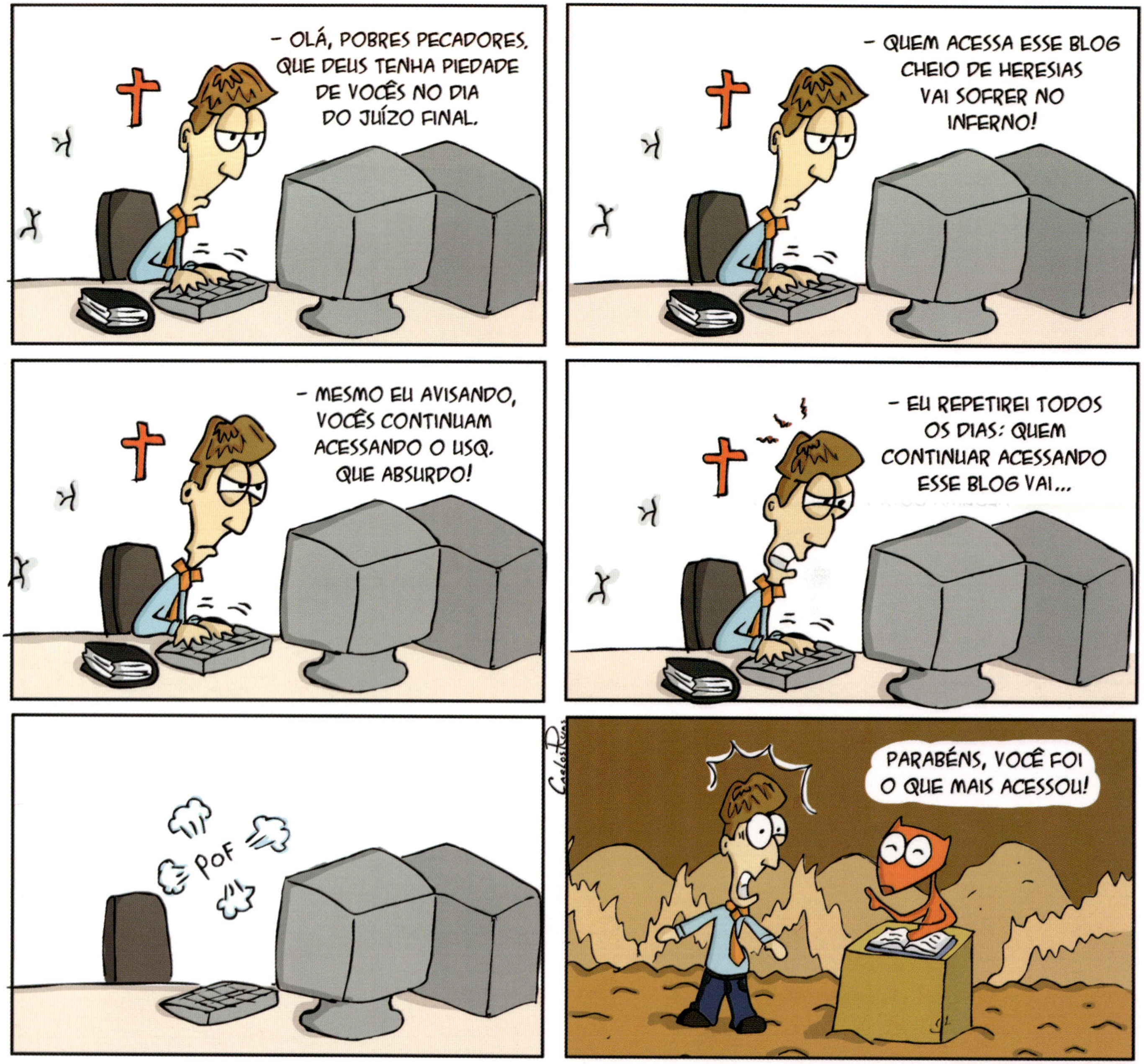
- OLÁ, POBRES PECADORES, QUE DEUS TENHA PIEDADE DE VOCÊS NO DIA DO JUÍZO FINAL.
- QUEM ACESSA ESSE BLOG CHEIO DE HERESIAS VAI SOFRER NO INFERNO!
- MESMO EU AVISANDO, VOCÊS CONTINUAM ACESSANDO O USQ. QUE ABSURDO!
- EU REPETIREI TODOS OS DIAS: QUEM CONTINUAR ACESSANDO ESSE BLOG VAI...
POF
PARABÉNS, VOCÊ FOI O QUE MAIS ACESSOU!

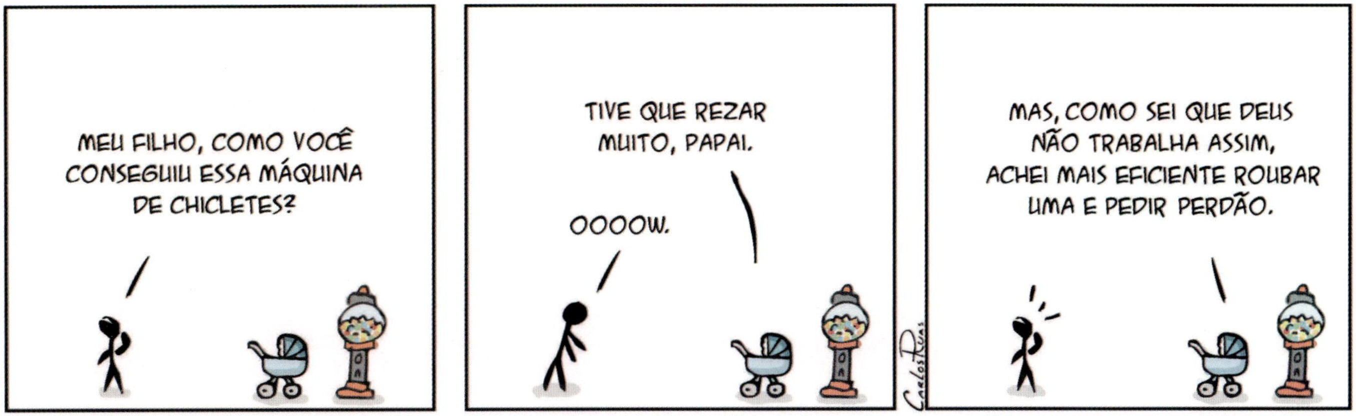
MEU FILHO, COMO VOCÊ CONSEGUIU ESSA MÁQUINA DE CHICLETES?
TIVE QUE REZAR MUITO, PAPAI.
OOOOW.
MAS, COMO SEI QUE DEUS NÃO TRABALHA ASSIM, ACHEI MAIS EFICIENTE ROUBAR UMA E PEDIR PERDÃO.

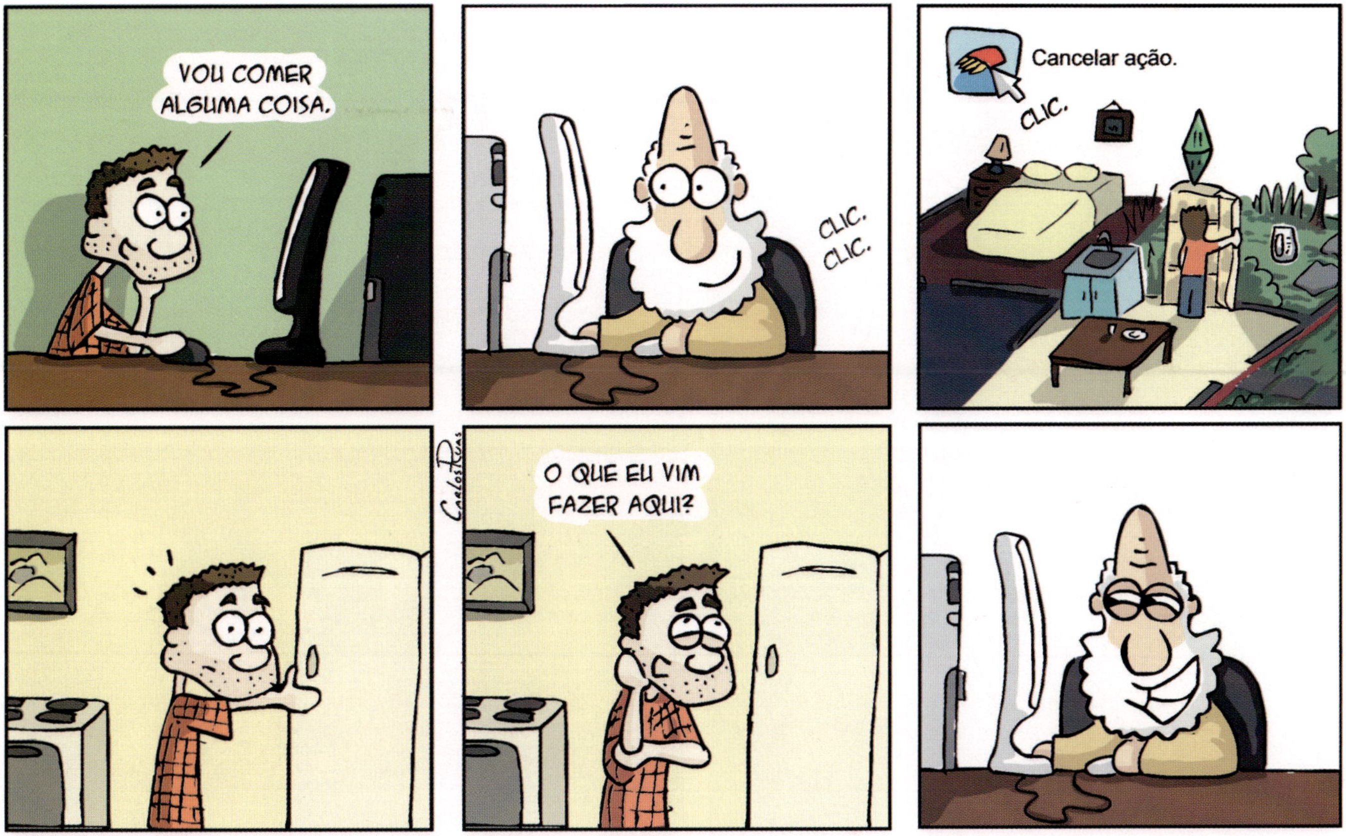
VOU COMER ALGUMA COISA.
CLIC.
CLIC.
Cancelar ação.
CLIC.
O QUE EU VIM FAZER AQUI?

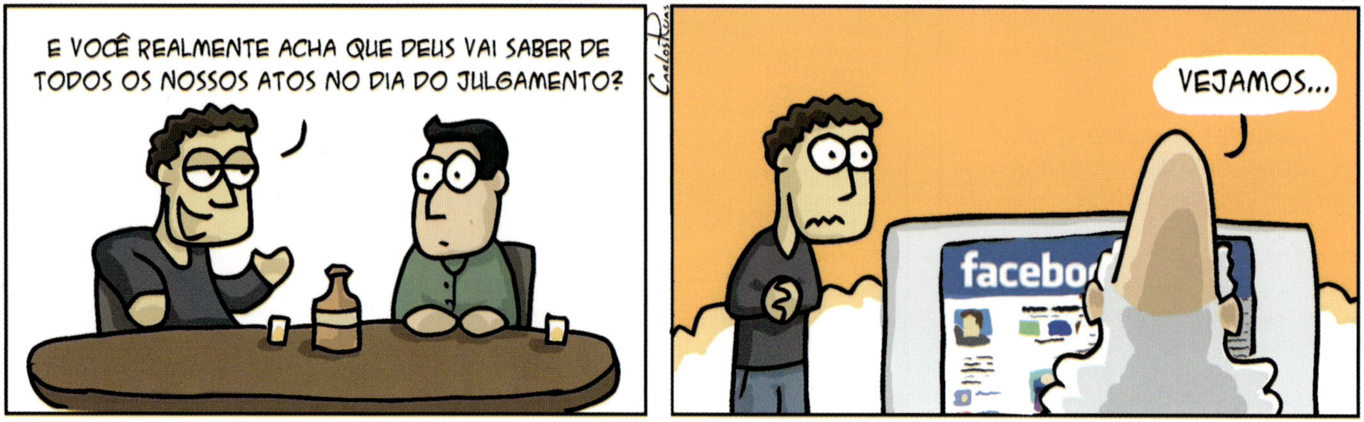
E VOCÊ REALMENTE ACHA QUE DEUS VAI SABER DE TODOS OS NOSSOS ATOS NO DIA DO JULGAMENTO?
VEJAMOS...

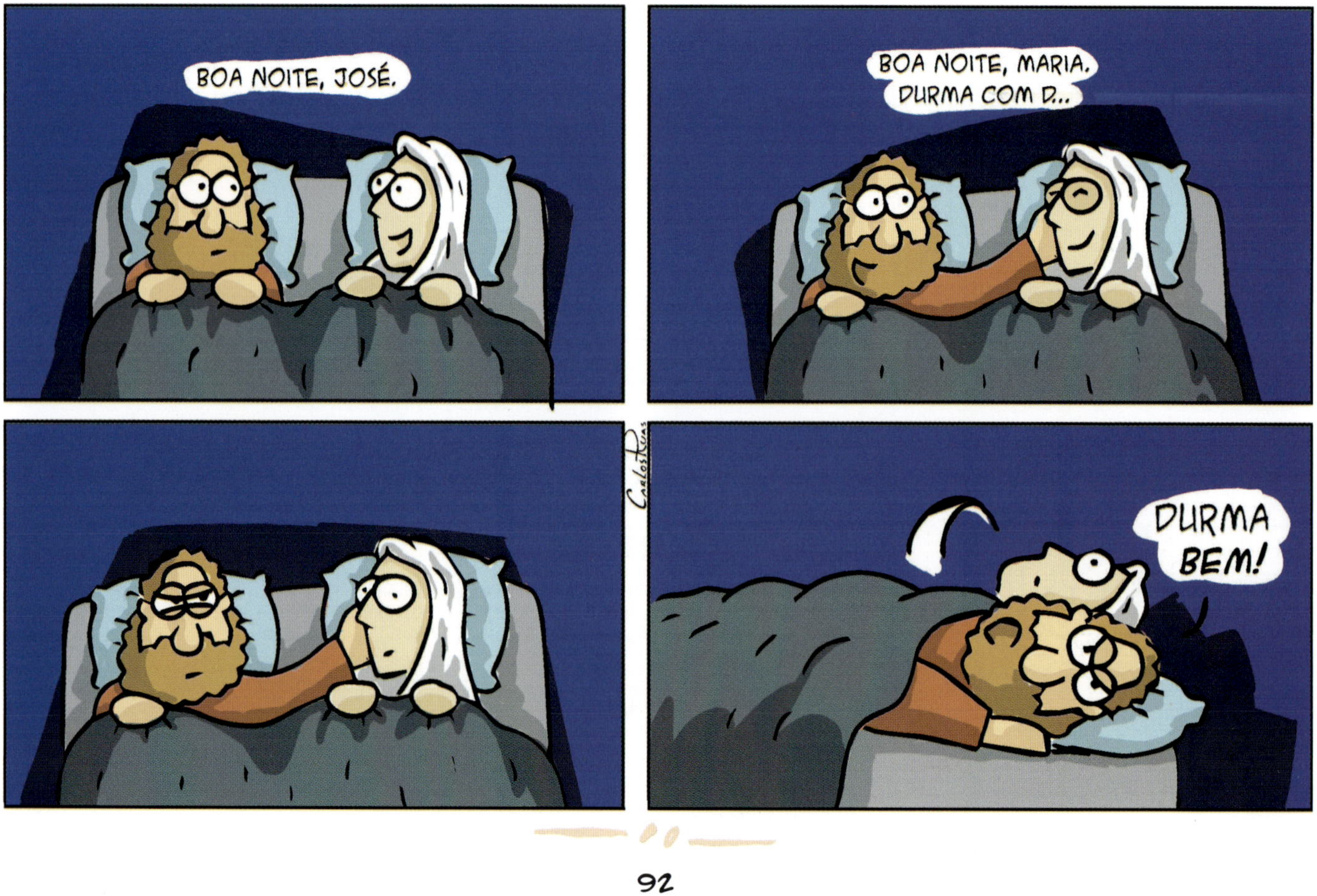
BOA NOITE, JOSÉ.
BOA NOITE, MARIA. DURMA COM D...
DURMA BEM!

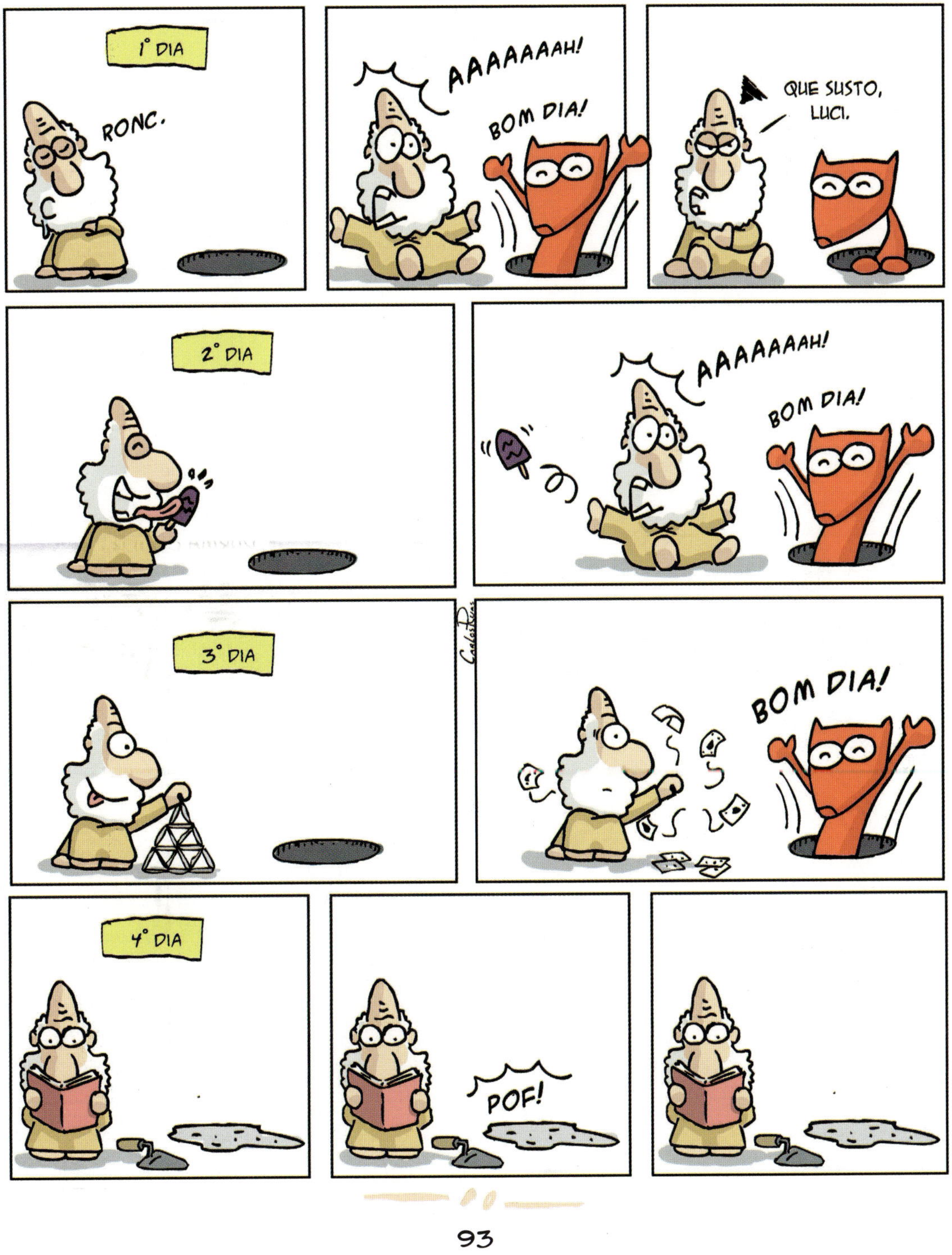

1° DIA
RONC.
AAAAAAAH!
BOM DIA!
QUE SUSTO, LUCI.
2° DIA
AAAAAAAH!
BOM DIA!
3° DIA
BOM DIA!
4° DIA
POF!

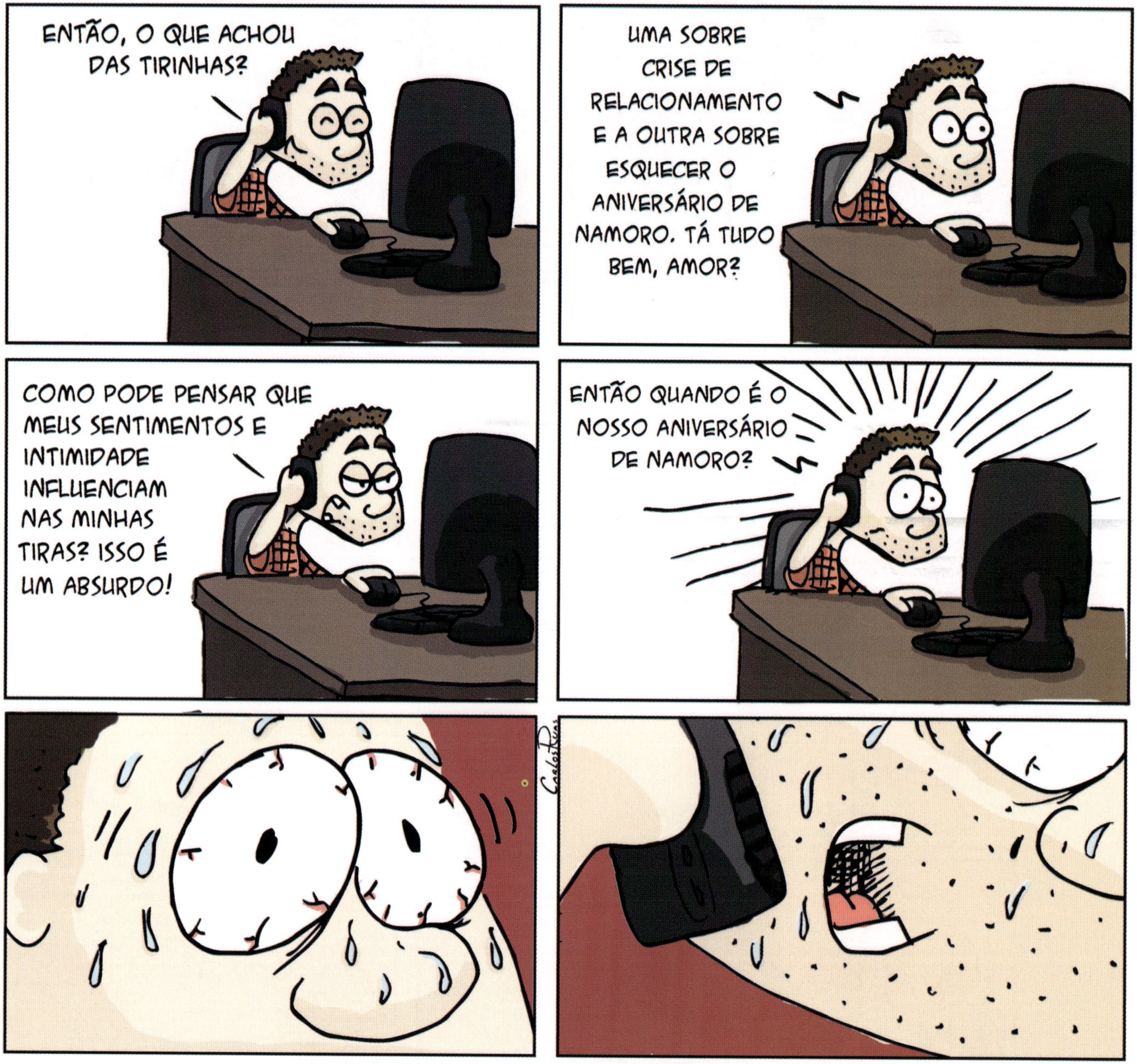
ENTÃO, O QUE ACHOU DAS TIRINHAS?
UMA SOBRE CRISE DE RELACIONAMENTO E A OUTRA SOBRE ESQUECER O ANIVERSÁRIO DE NAMORO. TÁ TUDO BEM, AMOR?
COMO PODE PENSAR QUE MEUS SENTIMENTOS E INTIMIDADE INFLUENCIAM NAS MINHAS TIRAS? ISSO É UM ABSURDO!
ENTÃO QUANDO É O NOSSO ANIVERSÁRIO DE NAMORO?
Carlos Ruas

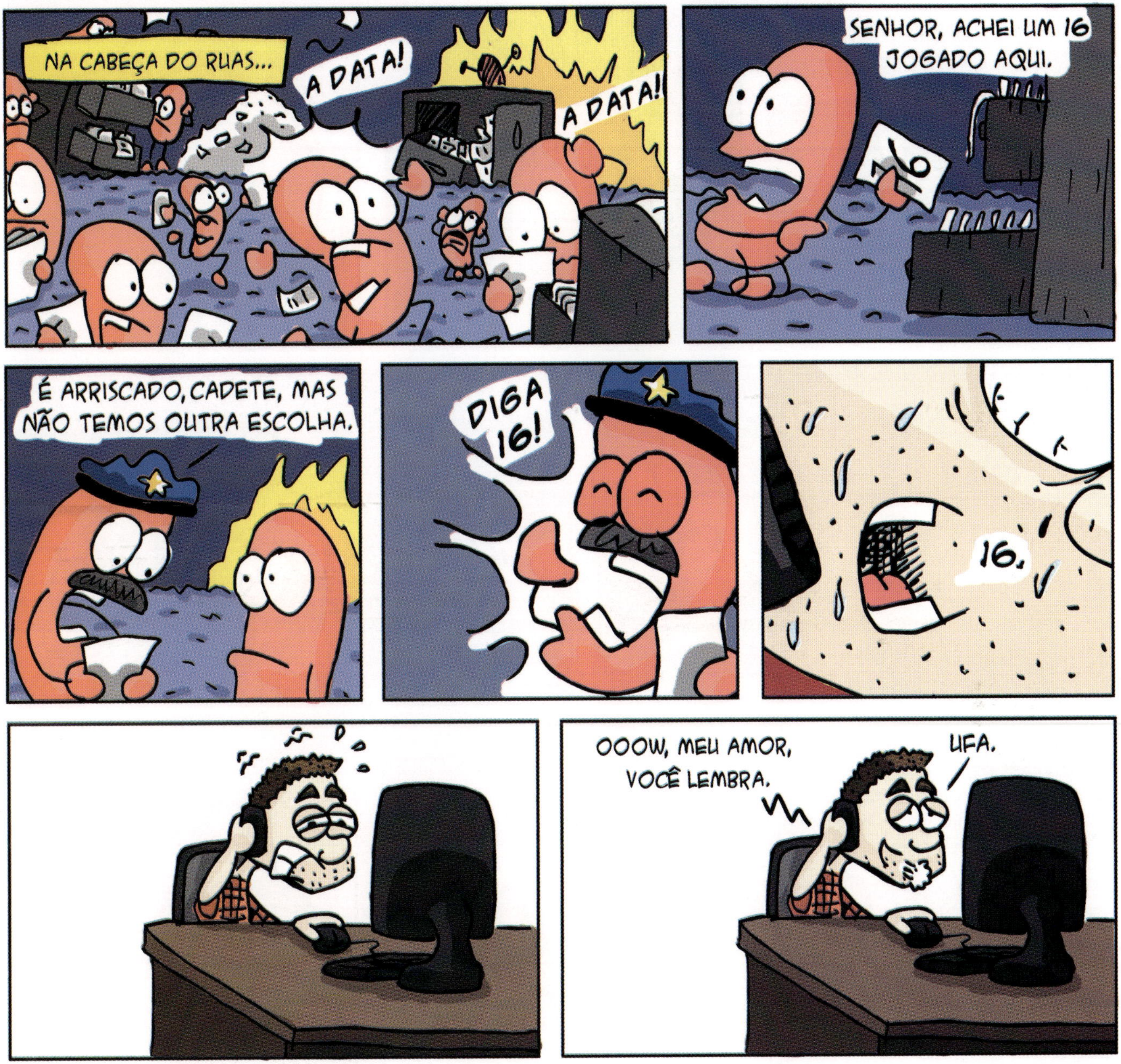
NA CABEÇA DO RUAS...
A DATA!
A DATA!
SENHOR, ACHEI UM 16 JOGADO AQUI.
16
É ARRISCADO, CADETE, MAS NÃO TEMOS OUTRA ESCOLHA.
DIGA 16!
16.
OOOW, MEU AMOR, VOCÊ LEMBRA.
UFA.

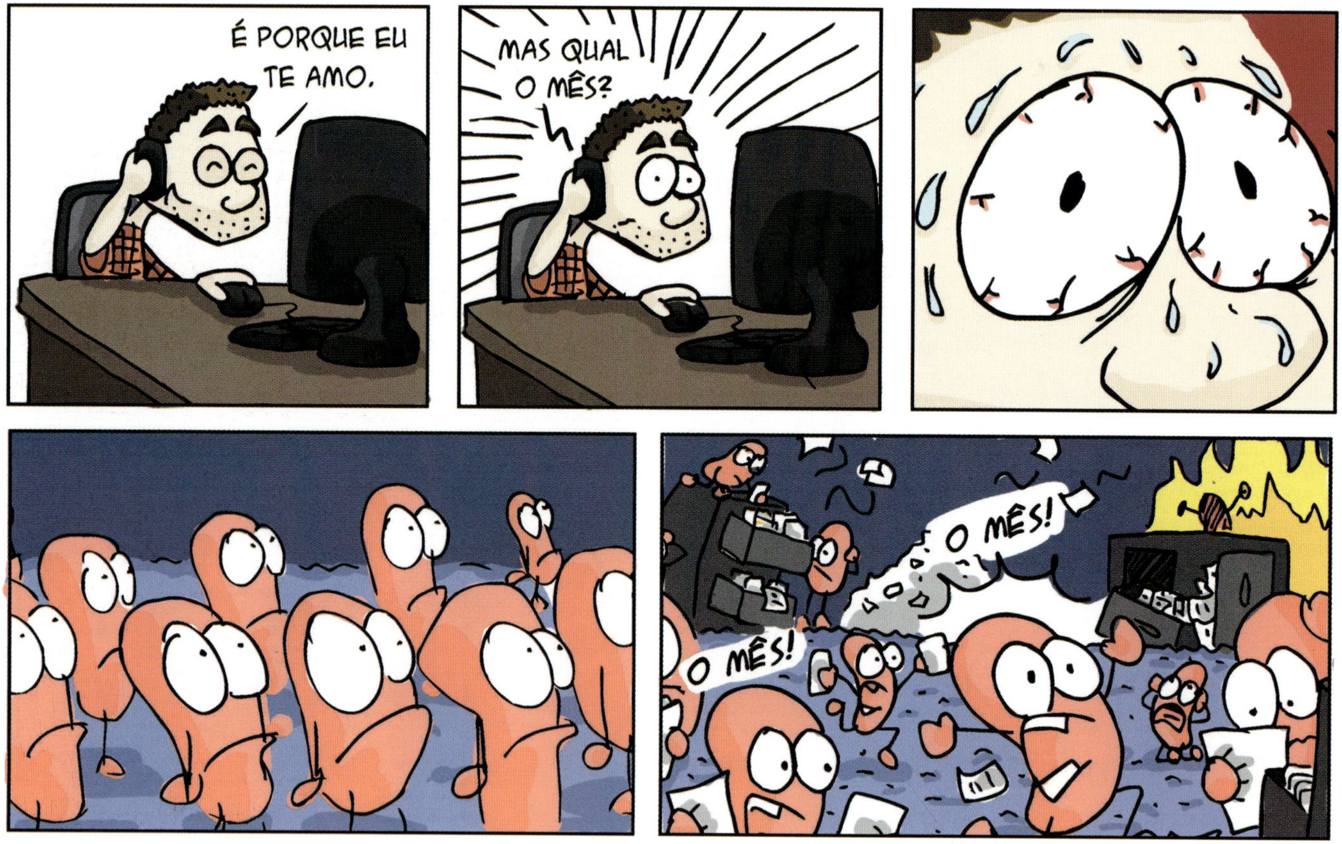
É PORQUE EU TE AMO.
MAS QUAL O MÊS?
O MÊS!
O MÊS!

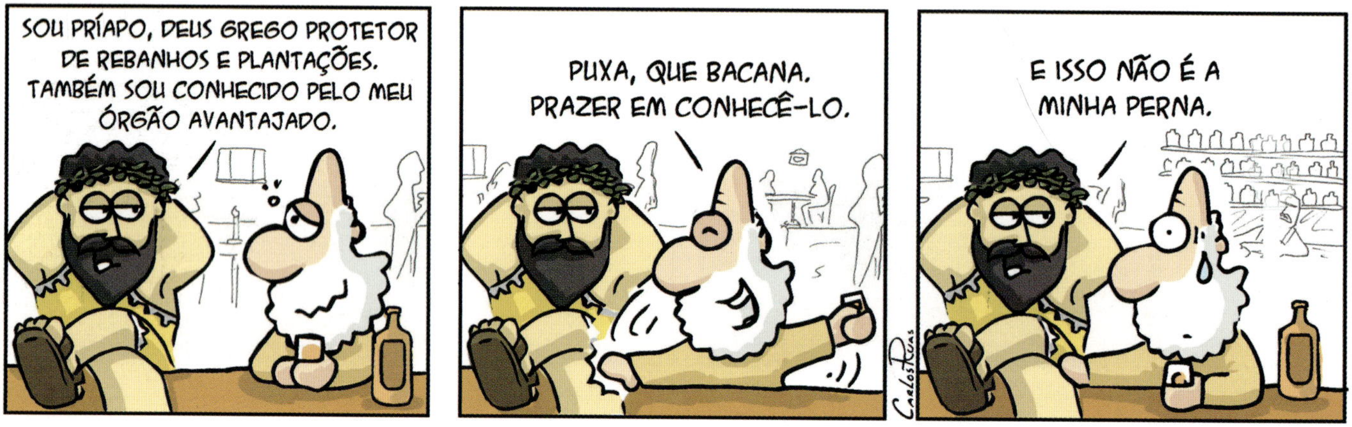
SOU PRÍAPO, DEUS GREGO PROTETOR DE REBANHOS E PLANTAÇÕES. TAMBÉM SOU CONHECIDO PELO MEU ÓRGÃO AVANTAJADO.
PUXA, QUE BACANA. PRAZER EM CONHECÊ-LO.
E ISSO NÃO É A MINHA PERNA.

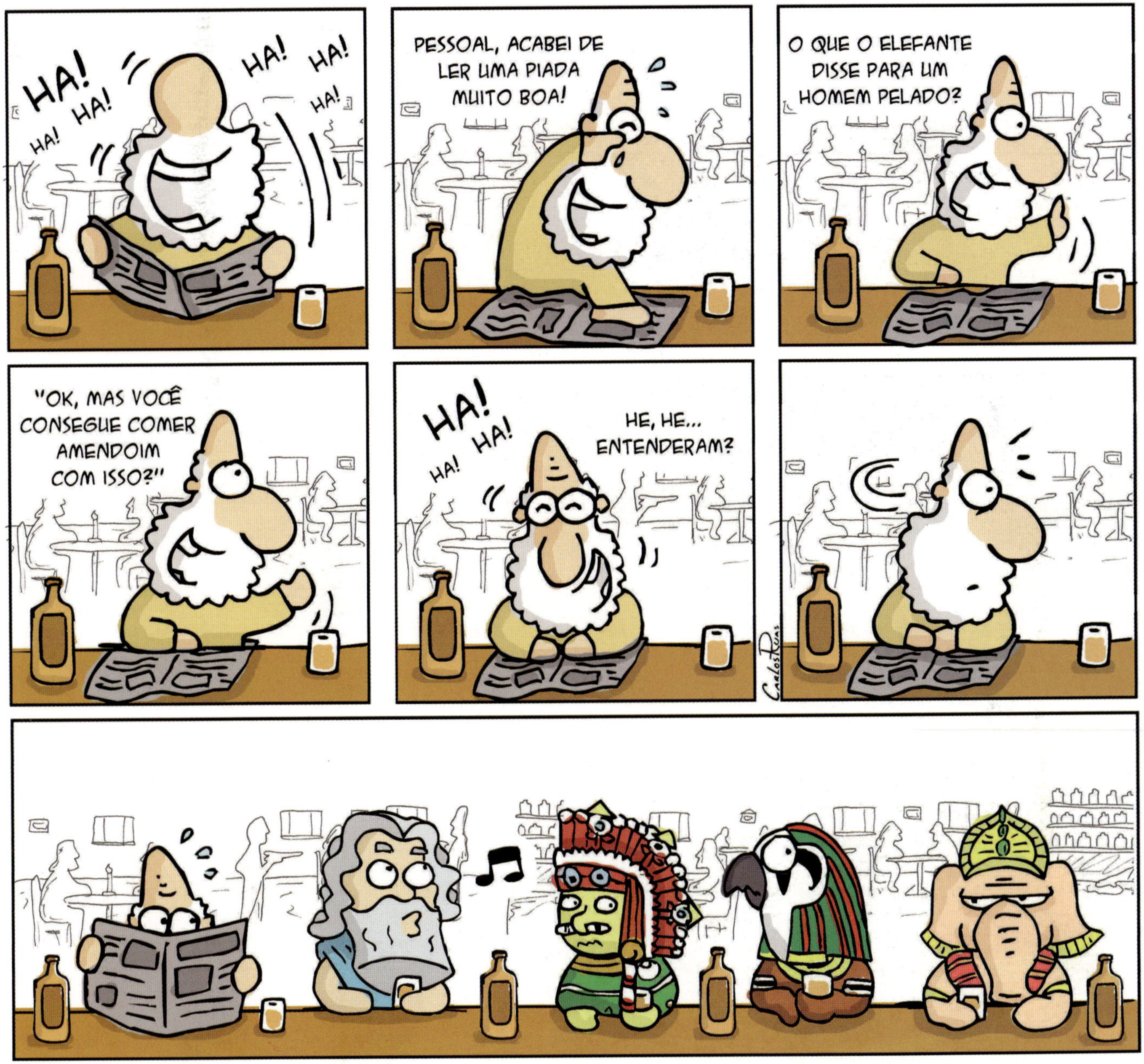
HA! HA! HA! HA! HA! HA!
PESSOAL, ACABEI DE LER UMA PIADA MUITO BOA!
O QUE O ELEFANTE DISSE PARA UM HOMEM PELADO?
"OK, MAS VOCÊ CONSEGUE COMER AMENDOIM COM ISSO?"
HA! HA! HA!
HE, HE... ENTENDERAM?
CARLOS RUAS

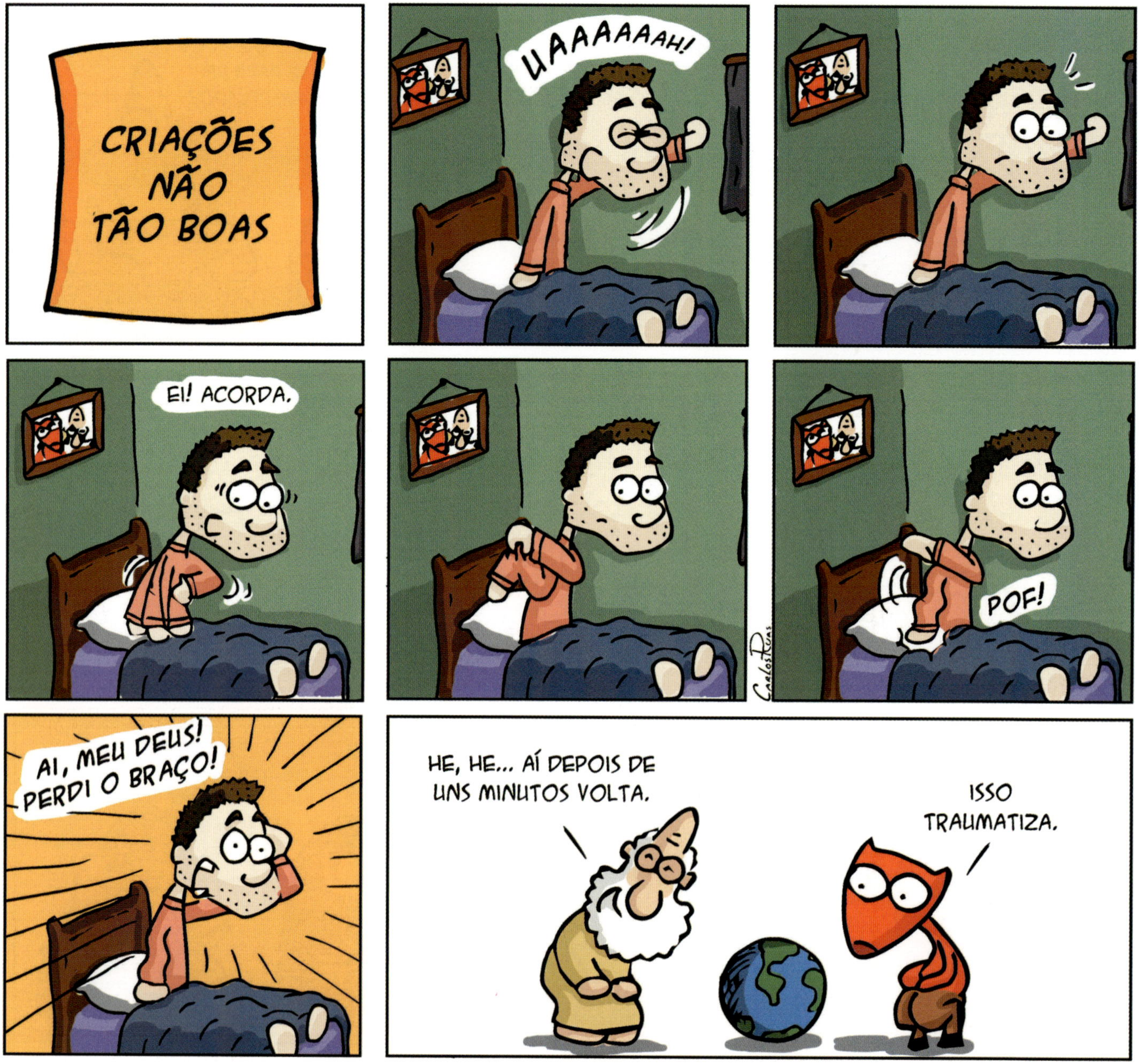
CRIAÇÕES NÃO TÃO BOAS
UAAAAAAH!
EI! ACORDA.
POF!
Carlos Ruas
AI, MEU DEUS! PERDI O BRAÇO!
HE, HE... AÍ DEPOIS DE UNS MINUTOS VOLTA.
ISSO TRAUMATIZA.

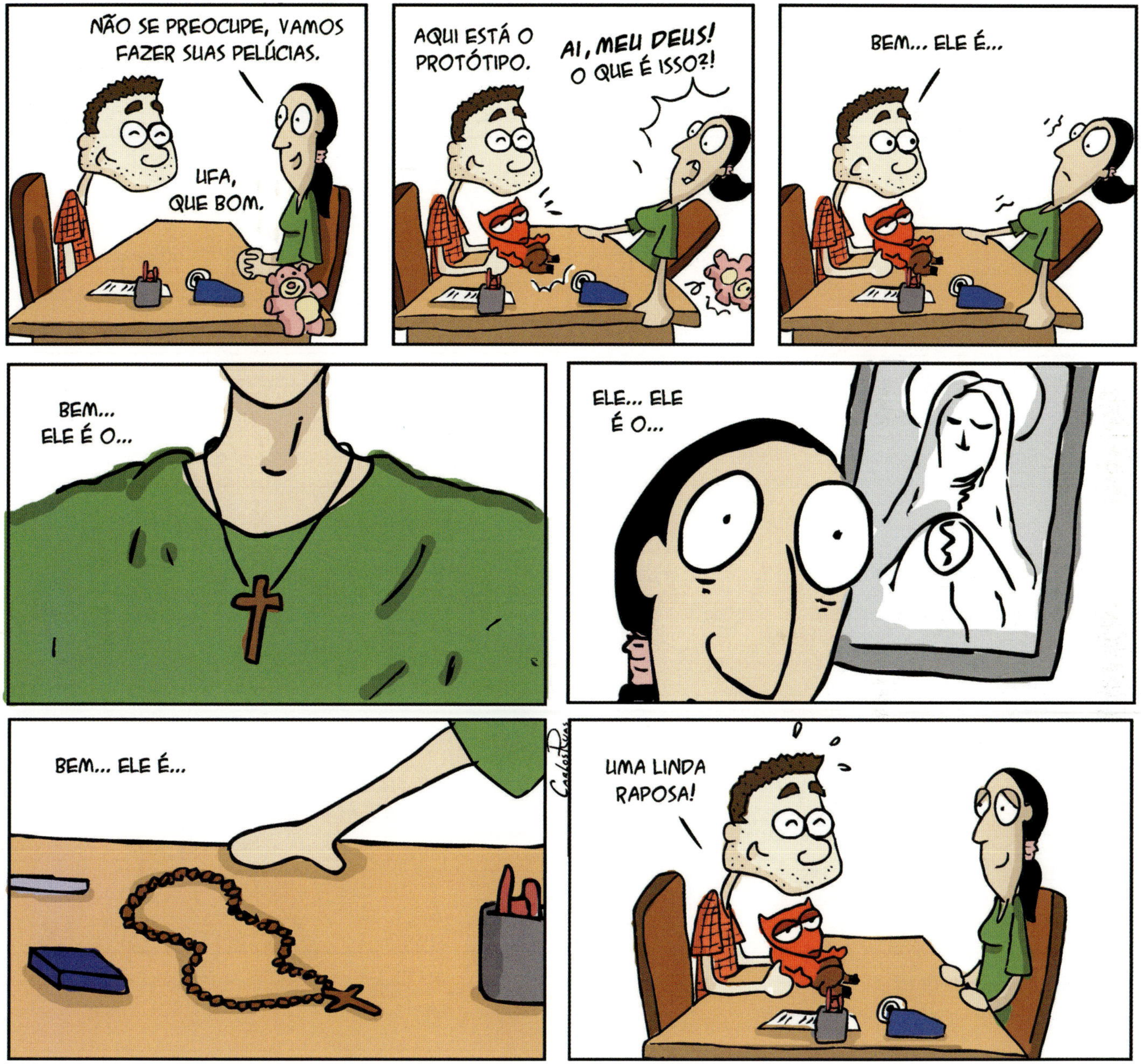
NÃO SE PREOCUPE, VAMOS FAZER SUAS PELÚCIAS.
UFA, QUE BOM.
AQUI ESTÁ O PROTÓTIPO.
AI, MEU DEUS! O QUE É ISSO?!
BEM... ELE É...
BEM... ELE É O...
ELE... ELE É O...
BEM... ELE É...
UMA LINDA RAPOSA!

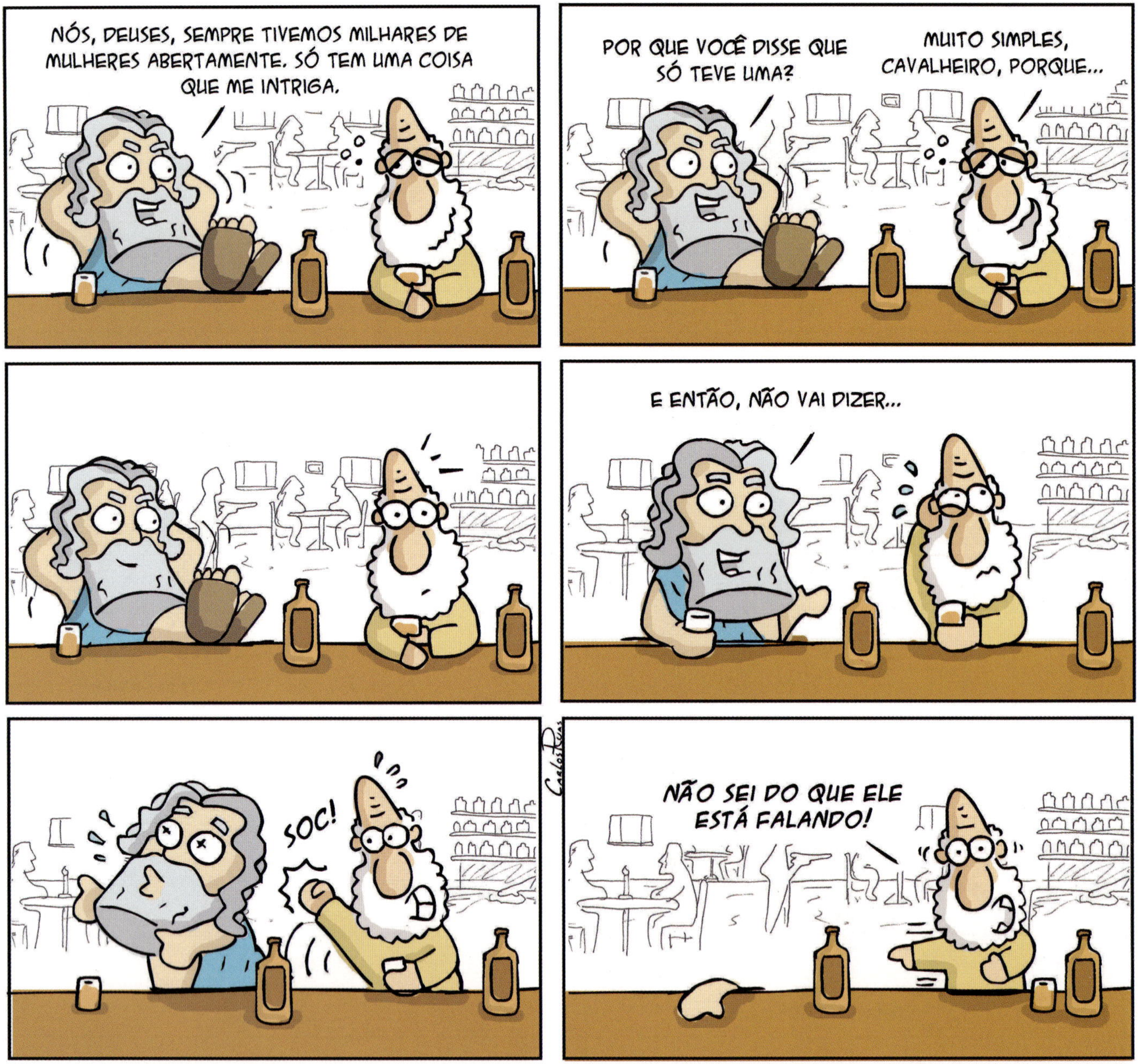
NÓS, DEUSES, SEMPRE TIVEMOS MILHARES DE MULHERES ABERTAMENTE. SÓ TEM UMA COISA QUE ME INTRIGA.
POR QUE VOCÊ DISSE QUE SÓ TEVE UMA?
MUITO SIMPLES, CAVALHEIRO, PORQUE...
E ENTÃO, NÃO VAI DIZER...
SOC!
NÃO SEI DO QUE ELE ESTÁ FALANDO!

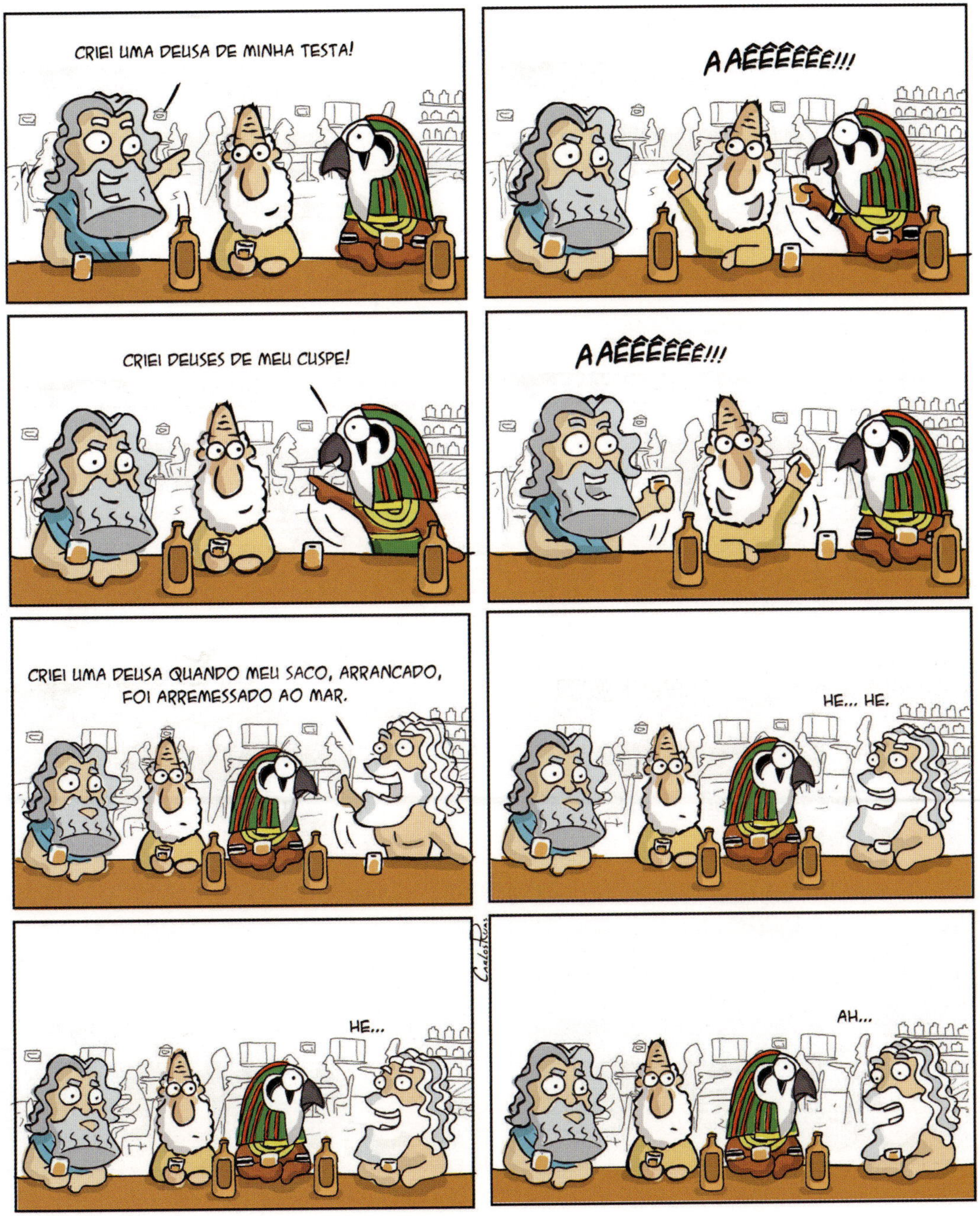
CRIEI UMA DEUSA DE MINHA TESTA!
AAÊÊÊÊÊÊ!!!
CRIEI DEUSES DE MEU CUSPE!
AAÊÊÊÊÊÊ!!!
CRIEI UMA DEUSA QUANDO MEU SACO, ARRANCADO, FOI ARREMESSADO AO MAR.
HE... HE.
HE...
AH...

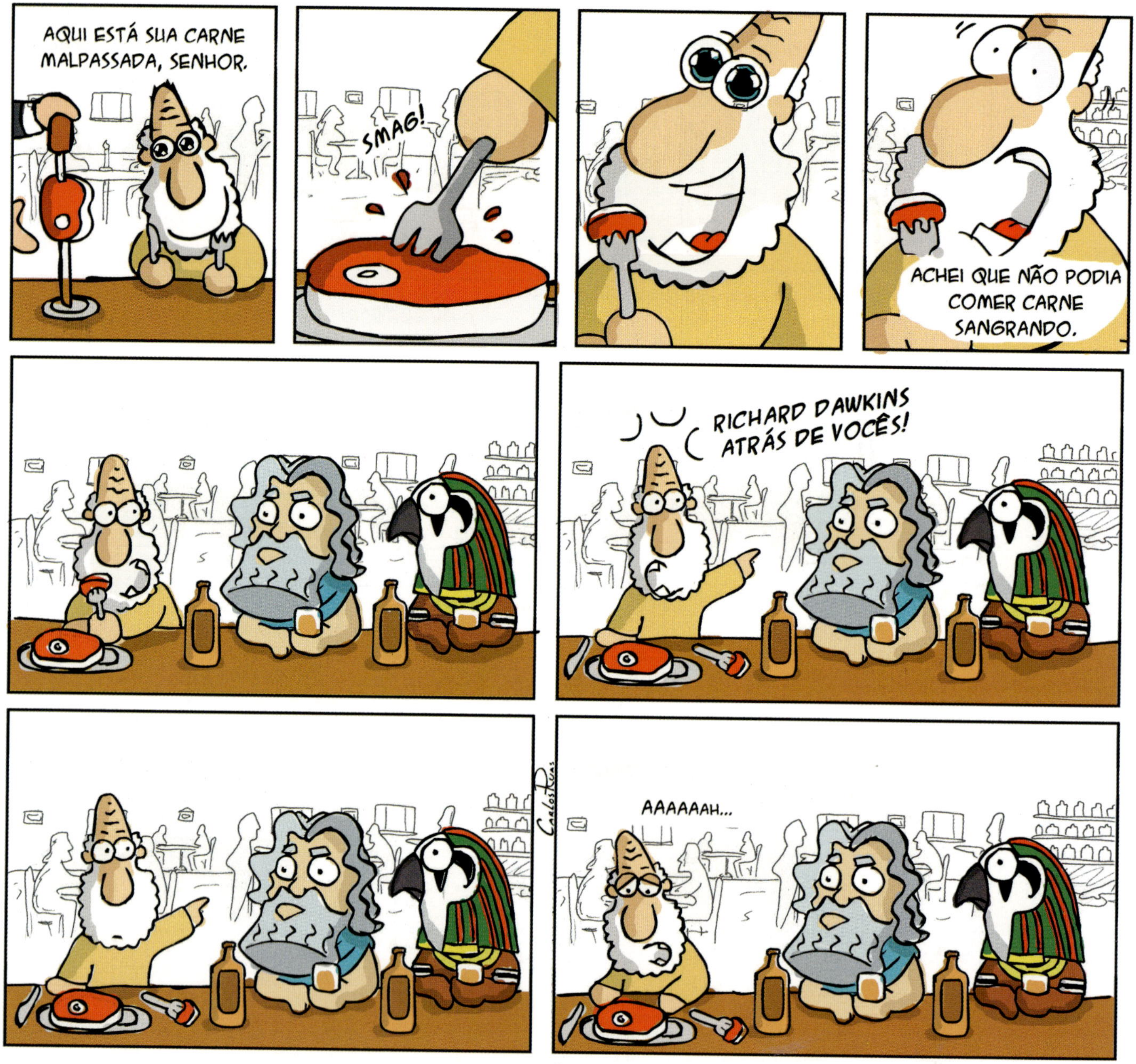
AQUI ESTÁ SUA CARNE MALPASSADA, SENHOR.
SMAG!
ACHEI QUE NÃO PODIA COMER CARNE SANGRANDO.
RICHARD DAWKINS ATRÁS DE VOCÊS!
Carlos Ruas
AAAAAAH...

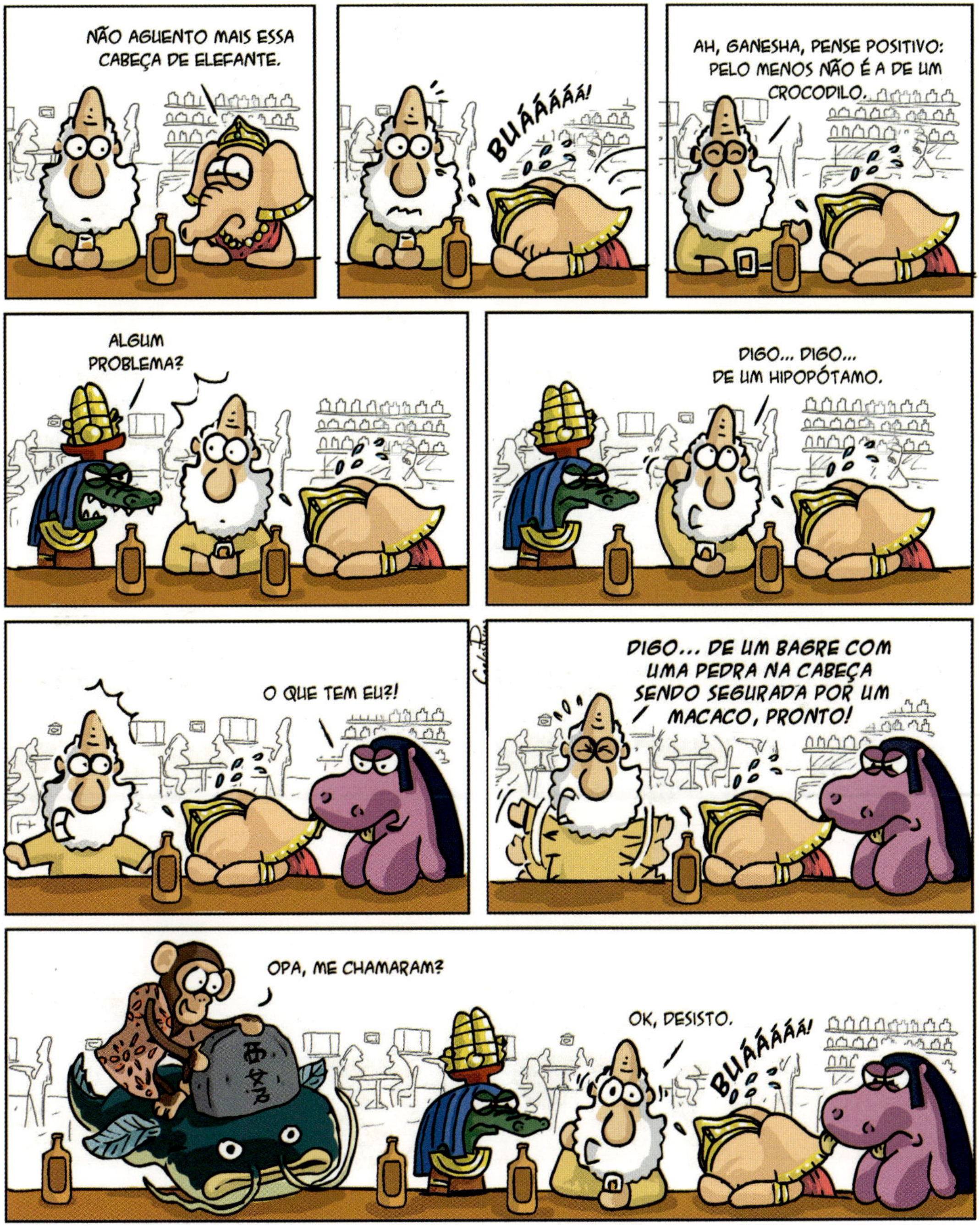
NÃO AGUENTO MAIS ESSA CABEÇA DE ELEFANTE.
BUÁÁÁÁÁ!
AH, GANESHA, PENSE POSITIVO: PELO MENOS NÃO É A DE UM CROCODILO.
ALGUM PROBLEMA?
DIGO... DIGO... DE UM HIPOPÓTAMO.
O QUE TEM EU?!
DIGO... DE UM BAGRE COM UMA PEDRA NA CABEÇA SENDO SEGURADA POR UM MACACO, PRONTO!
OPA, ME CHAMARAM?
OK, DESISTO.
BUÁÁÁÁÁ!

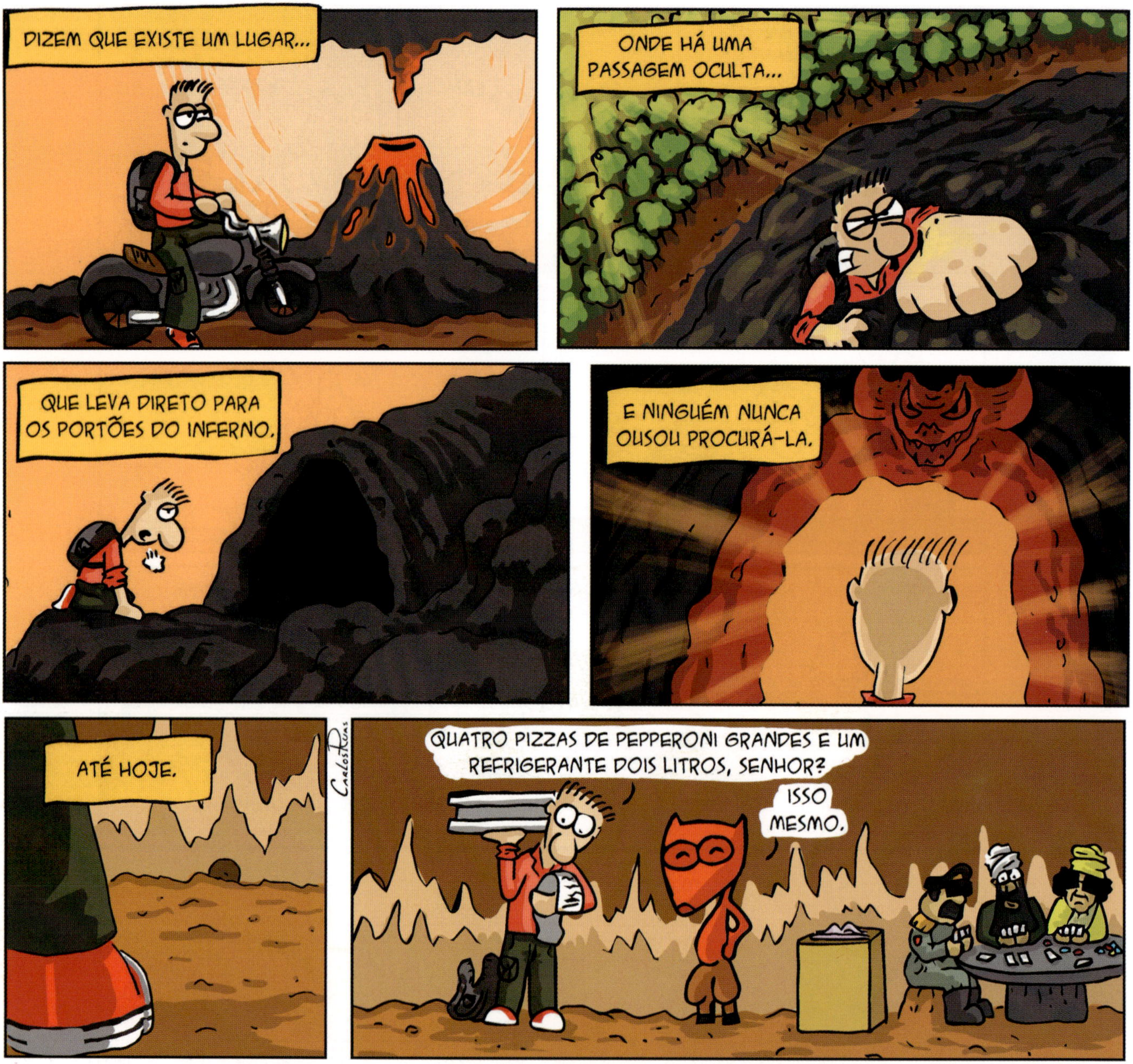
DIZEM QUE EXISTE UM LUGAR...
ONDE HÁ UMA PASSAGEM OCULTA...
QUE LEVA DIRETO PARA OS PORTÕES DO INFERNO.
E NINGUÉM NUNCA OUSOU PROCURÁ-LA.
ATÉ HOJE.
Carlos Ruas
QUATRO PIZZAS DE PEPPERONI GRANDES E UM REFRIGERANTE DOIS LITROS, SENHOR?
ISSO MESMO.

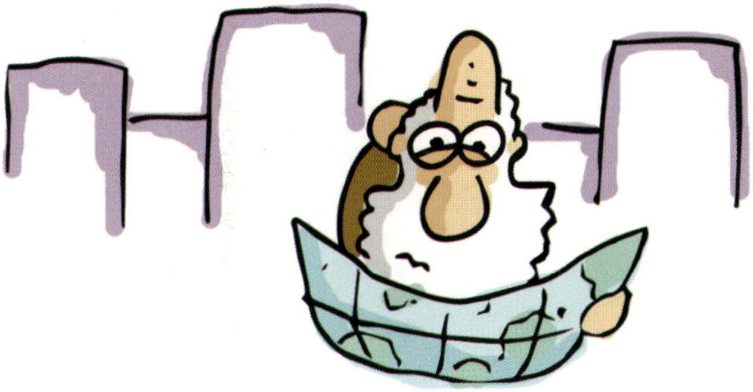

DEUS EM BUSCA DO PARAÍSO

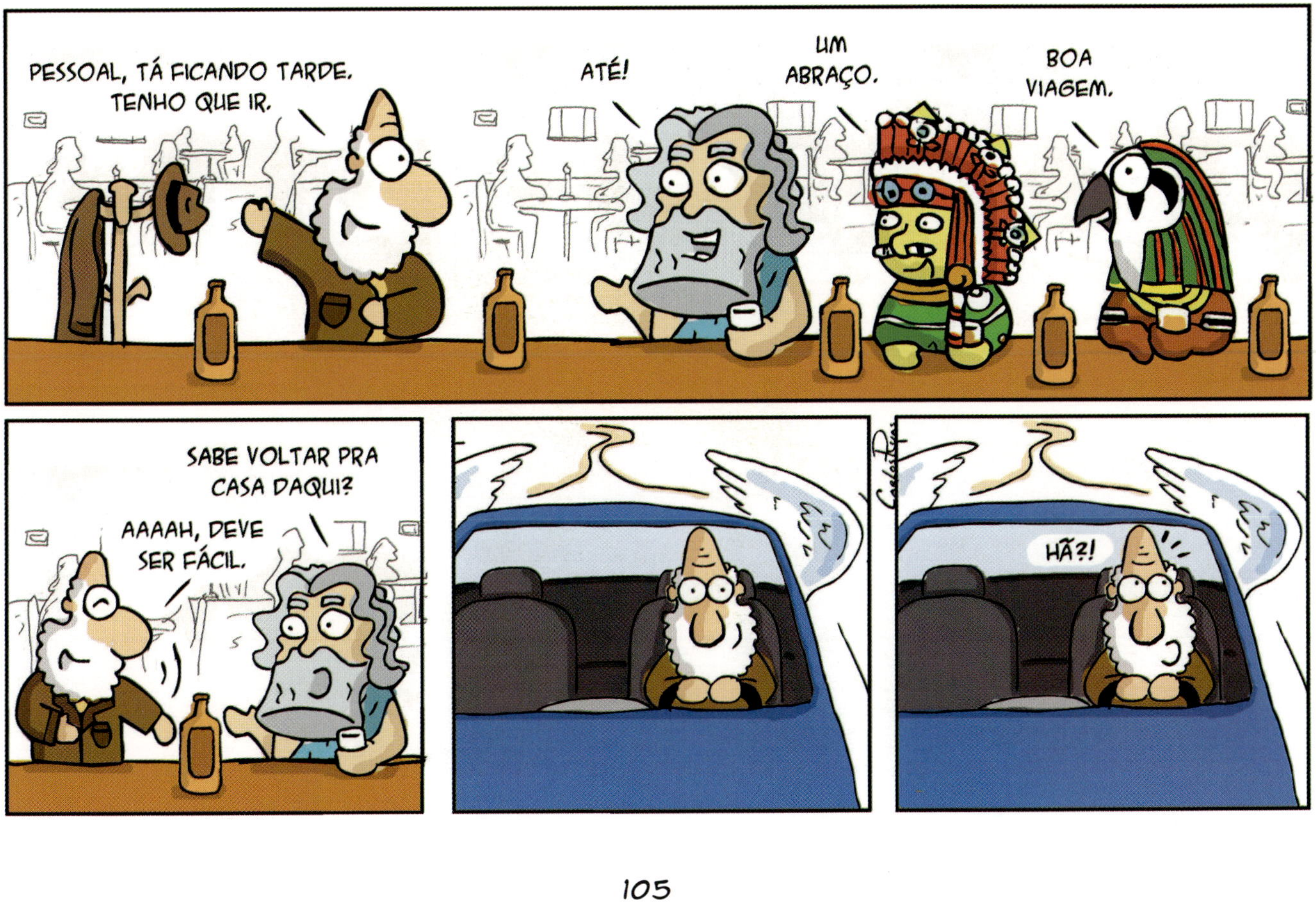
PESSOAL, TÁ FICANDO TARDE. TENHO QUE IR.
ATÉ!
UM ABRAÇO.
BOA VIAGEM.
SABE VOLTAR PRA CASA DAQUI?
AAAAH, DEVE SER FÁCIL.
HÃ?!

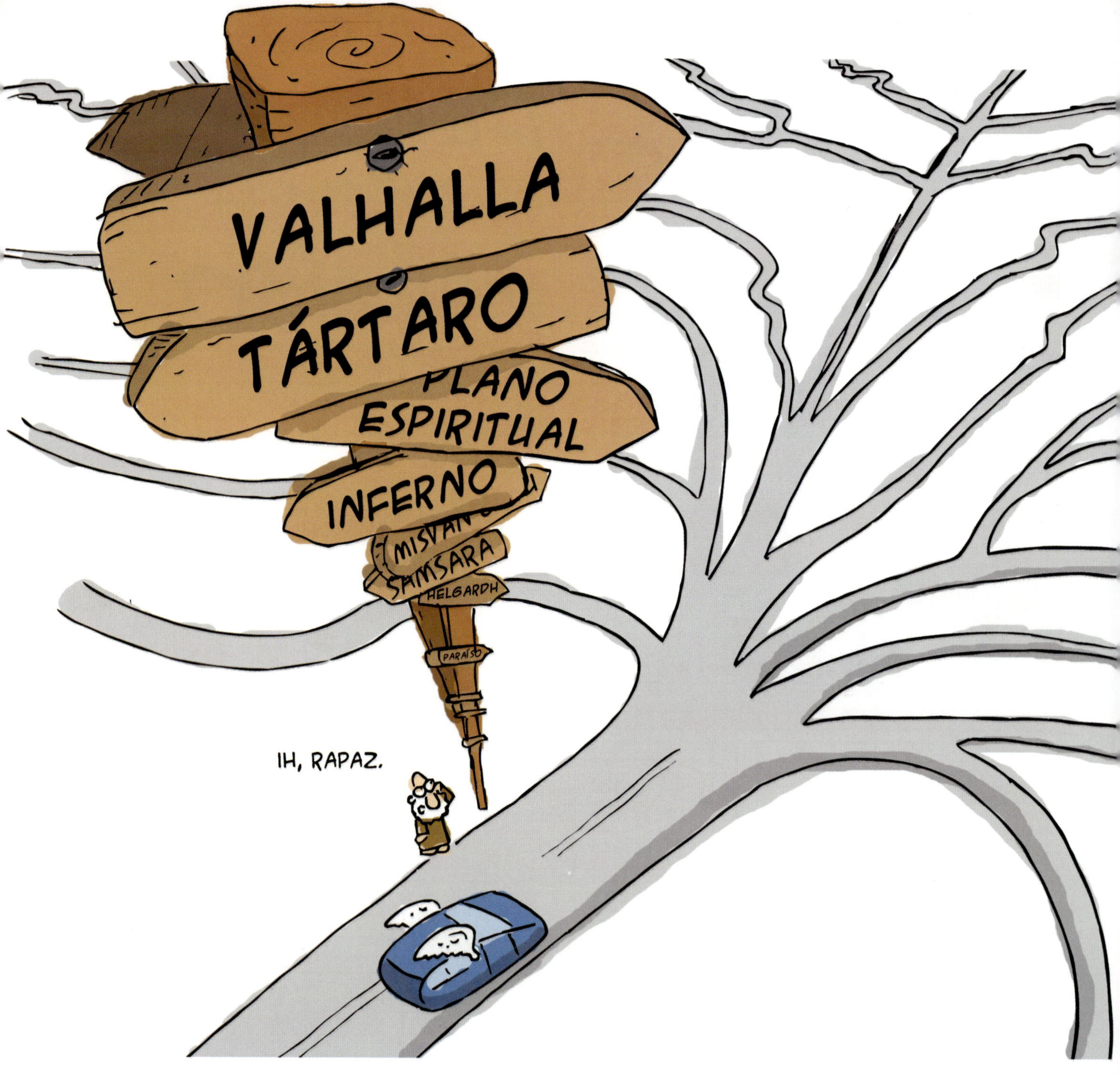
VALHALLA
TÁRTARO
PLANO ESPIRITUAL
INFERNO
MISVAN
SAMSARA
HELGARDH
PARAÍSO
IH, RAPAZ.

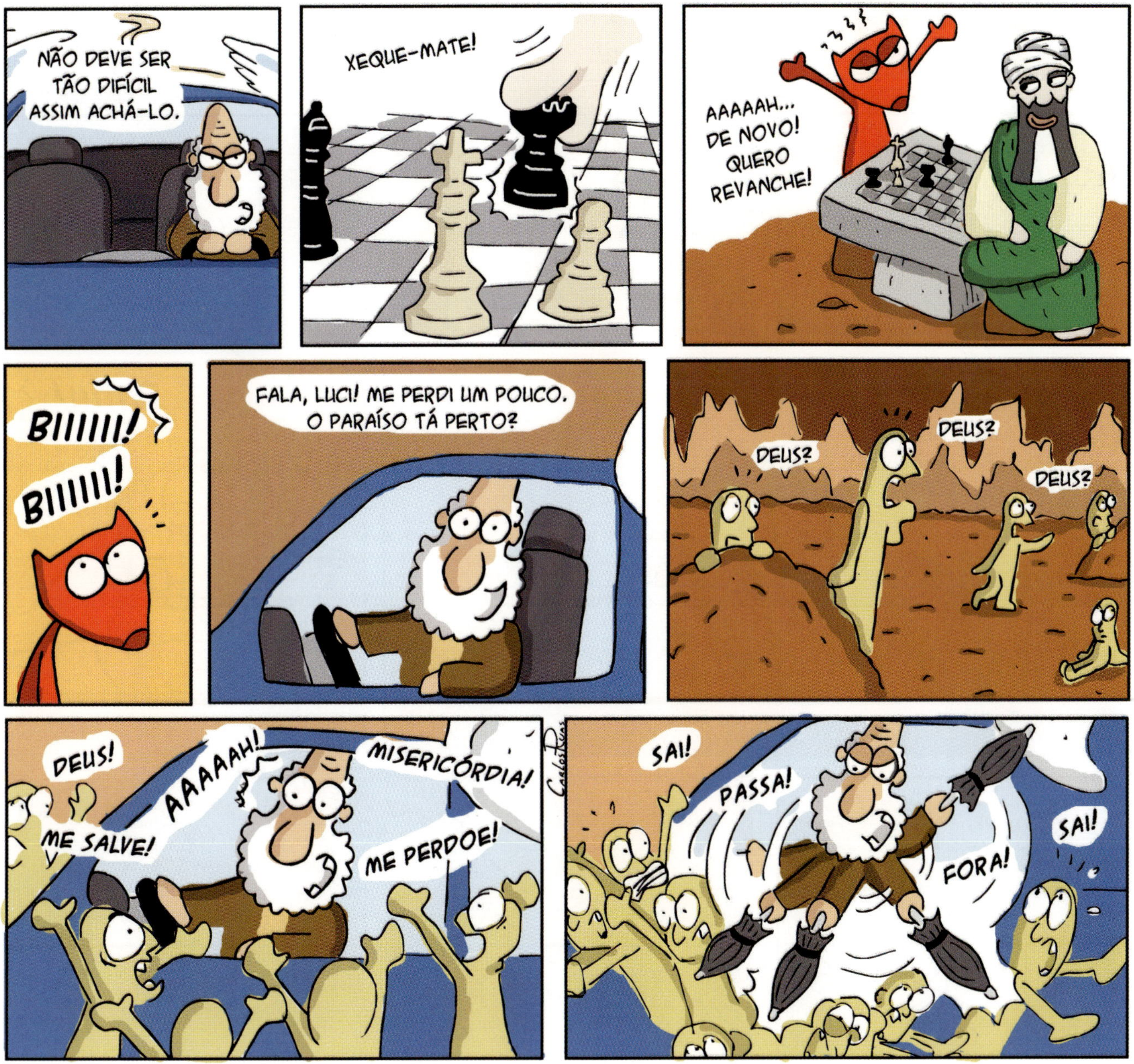
NÃO DEVE SER TÃO DIFÍCIL ASSIM ACHÁ-LO.
XEQUE-MATE!
AAAAAH... DE NOVO! QUERO REVANCHE!
BIIIIII!
BIIIIII!
FALA, LUCI! ME PERDI UM POUCO. O PARAÍSO TÁ PERTO?
DEUS?
DEUS?
DEUS?
DEUS!
AAAAAH!
MISERICÓRDIA!
ME SALVE!
ME PERDOE!
SAI!
PASSA!
SAI!
FORA!

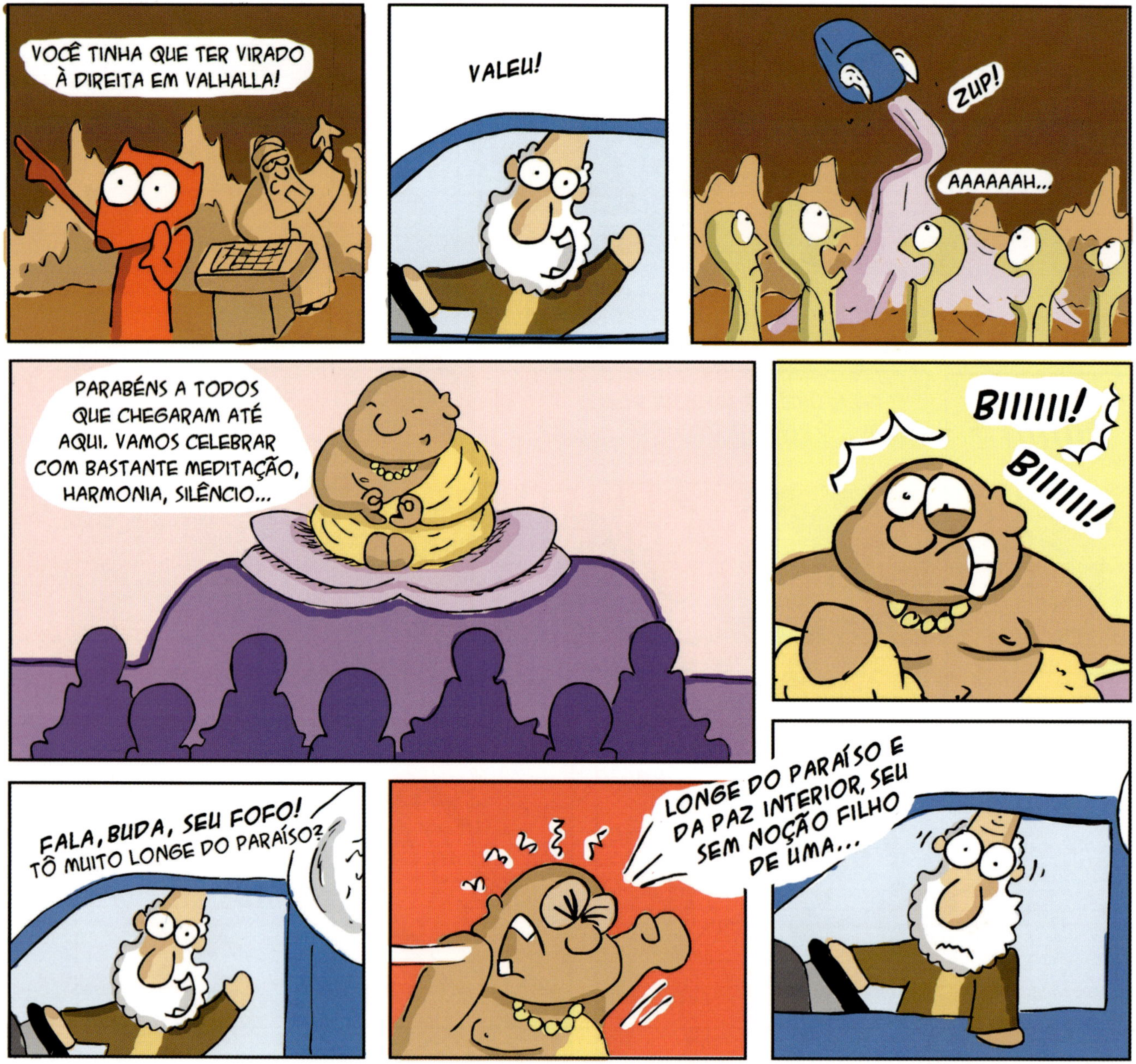
VOCÊ TINHA QUE TER VIRADO À DIREITA EM VALHALLA!
VALEU!
ZUP!
AAAAAAH...
PARABÉNS A TODOS QUE CHEGARAM ATÉ AQUI. VAMOS CELEBRAR COM BASTANTE MEDITAÇÃO, HARMONIA, SILÊNCIO...
BIIIIII!
BIIIIII!
FALA, BUDA, SEU FOFO! TÔ MUITO LONGE DO PARAÍSO?
LONGE DO PARAÍSO E DA PAZ INTERIOR, SEU SEM NOÇÃO FILHO DE UMA...

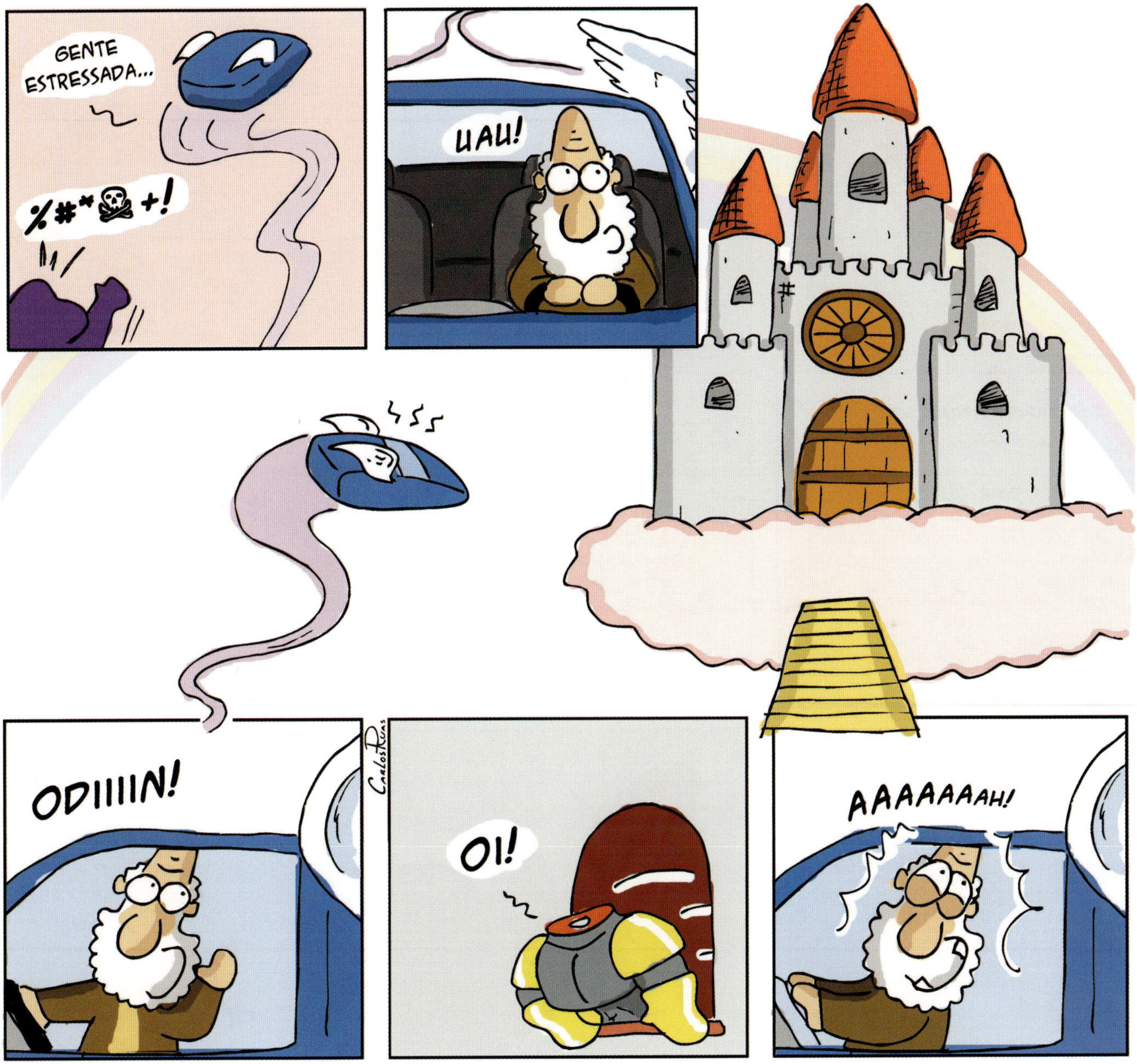
GENTE ESTRESSADA...
%#*☠+!
UAU!
ODIIIIN!
OI!
AAAAAAAH!
Carlos Ruas

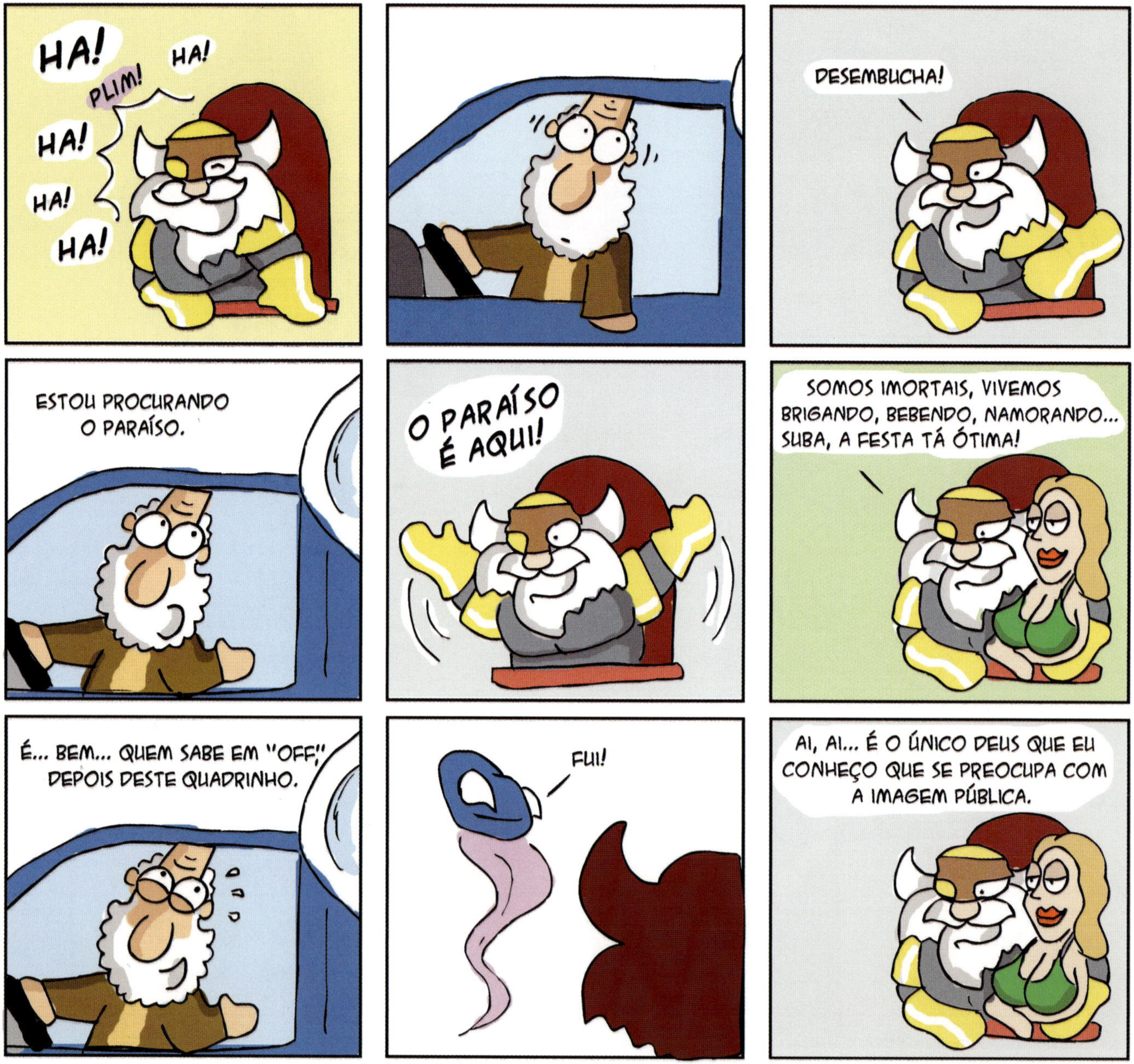
HA!
HA!
PLIM!
HA!
HA!
HA!
DESEMBUCHA!
ESTOU PROCURANDO O PARAÍSO.
O PARAÍSO É AQUI!
SOMOS IMORTAIS, VIVEMOS BRIGANDO, BEBENDO, NAMORANDO... SUBA, A FESTA TÁ ÓTIMA!
É... BEM... QUEM SABE EM "OFF" DEPOIS DESTE QUADRINHO.
FUI!
AI, AI... É O ÚNICO DEUS QUE EU CONHEÇO QUE SE PREOCUPA COM A IMAGEM PÚBLICA.

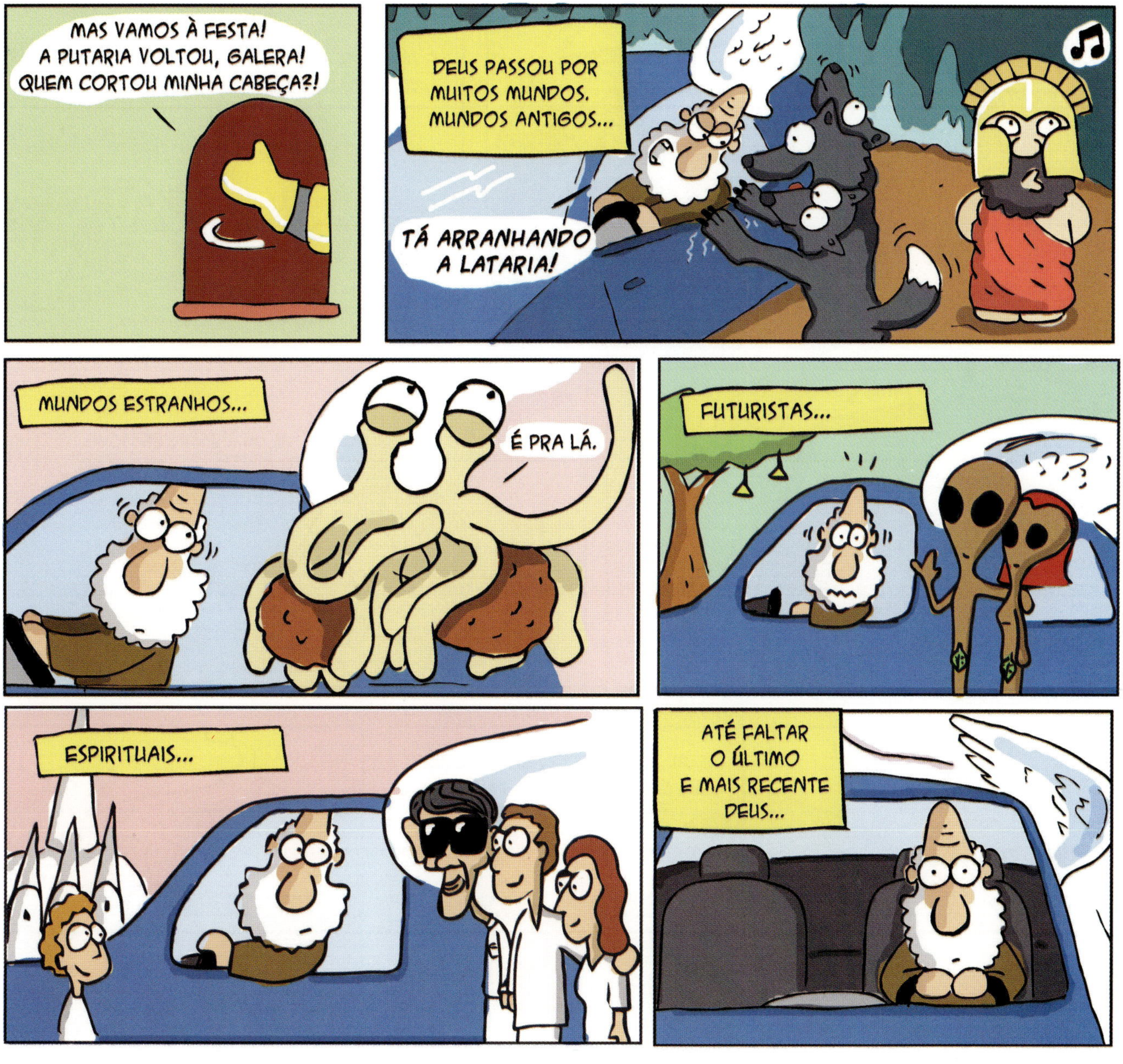
MAS VAMOS À FESTA! A PUTARIA VOLTOU, GALERA! QUEM CORTOU MINHA CABEÇA?!
DEUS PASSOU POR MUITOS MUNDOS. MUNDOS ANTIGOS...
TÁ ARRANHANDO A LATARIA!
MUNDOS ESTRANHOS...
É PRA LÁ.
FUTURISTAS...
ESPIRITUAIS...
ATÉ FALTAR O ÚLTIMO E MAIS RECENTE DEUS...

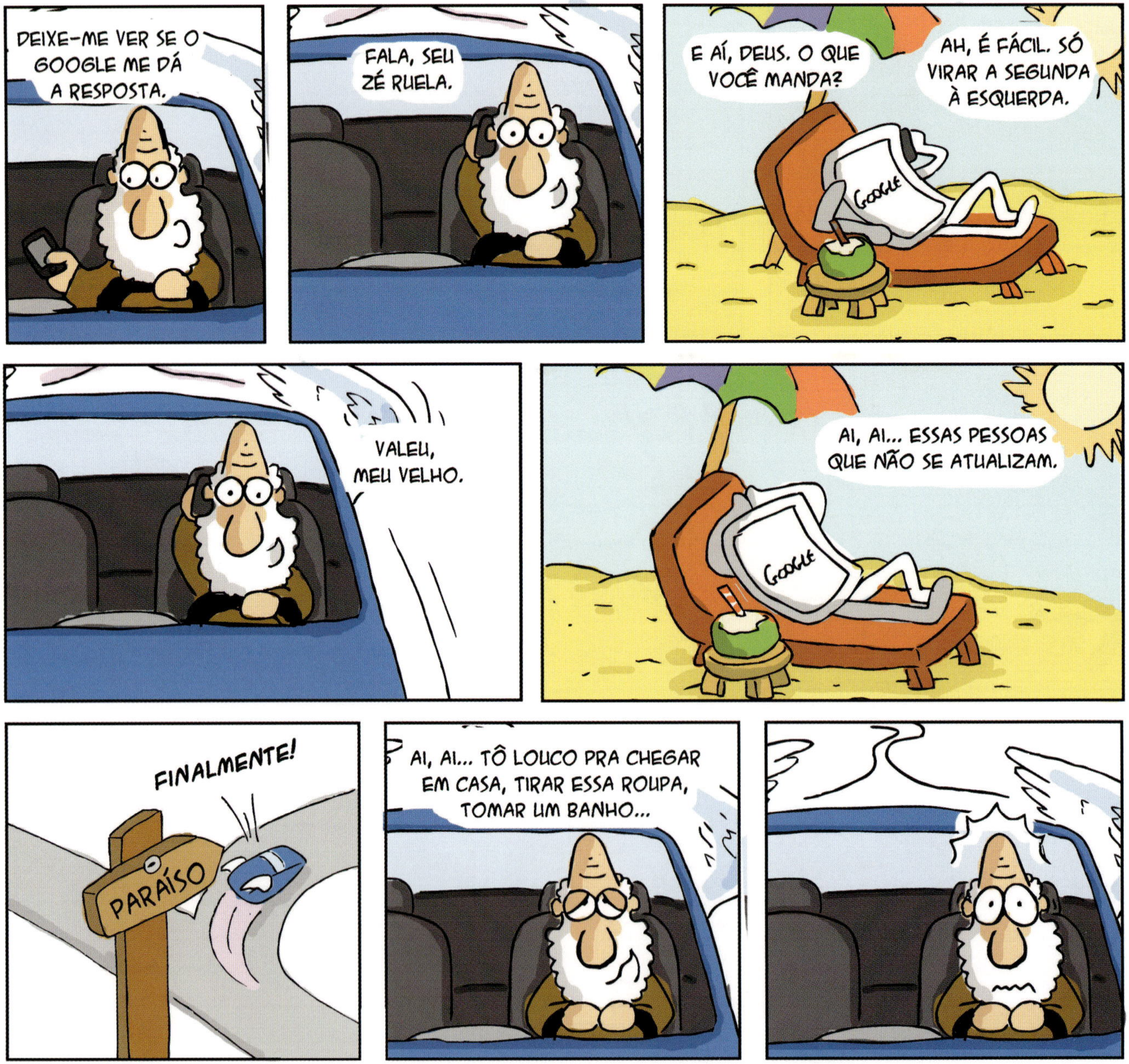
DEIXE-ME VER SE O GOOGLE ME DÁ A RESPOSTA.
FALA, SEU ZÉ RUELA.
E AÍ, DEUS. O QUE VOCÊ MANDA?
AH, É FÁCIL. SÓ VIRAR A SEGUNDA À ESQUERDA.
GOOGLE
VALEU, MEU VELHO.
AI, AI... ESSAS PESSOAS QUE NÃO SE ATUALIZAM.
GOOGLE
FINALMENTE!
PARAÍSO
AI, AI... TÔ LOUCO PRA CHEGAR EM CASA, TIRAR ESSA ROUPA, TOMAR UM BANHO...

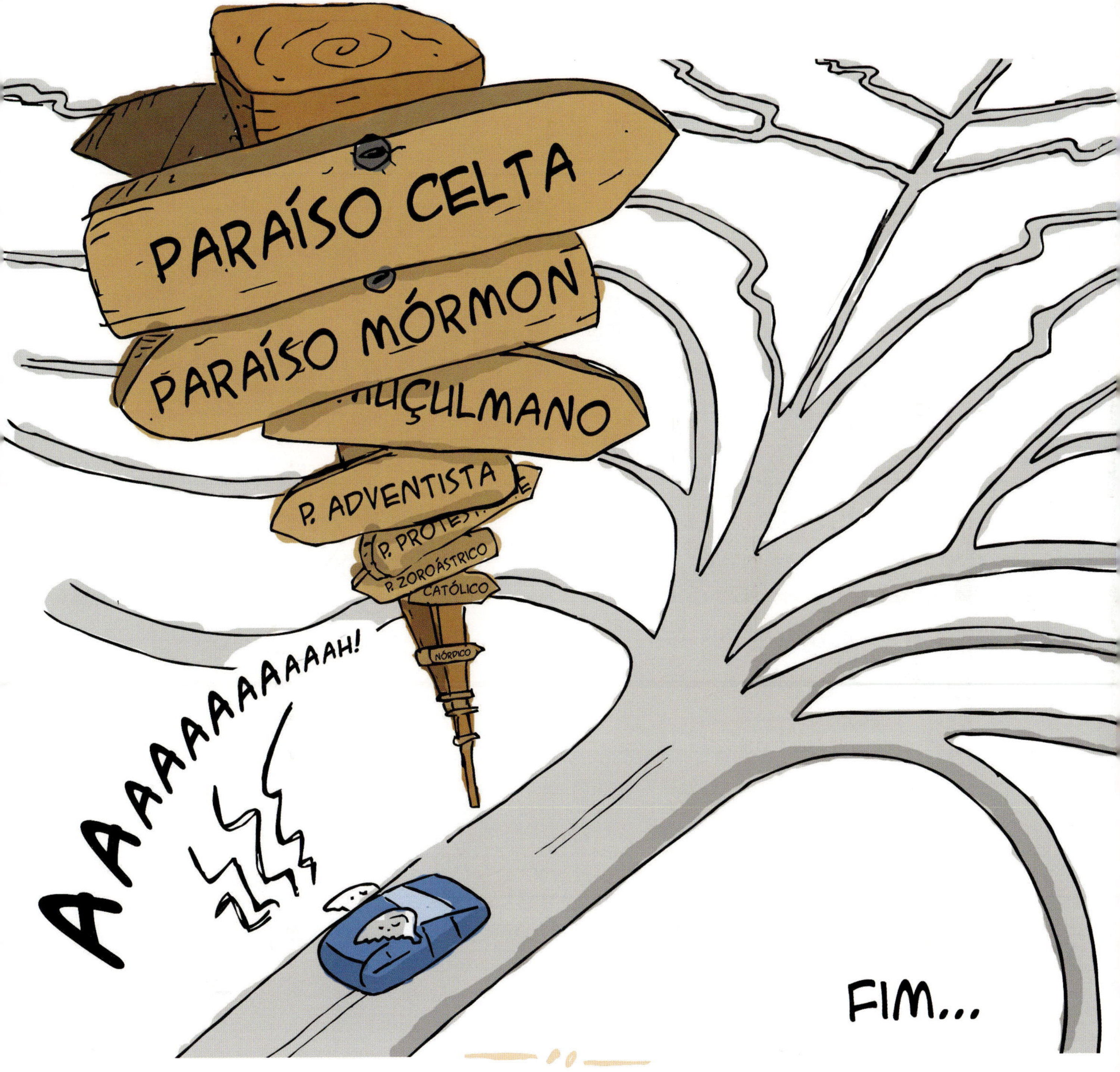
PARAÍSO CELTA
PARAÍSO MÓRMON
P. ADVENTISTA
P. ZOROÁSTRICO
CATÓLICO
NÓRDICO
AAAAAAAAAAAAH!
FIM...

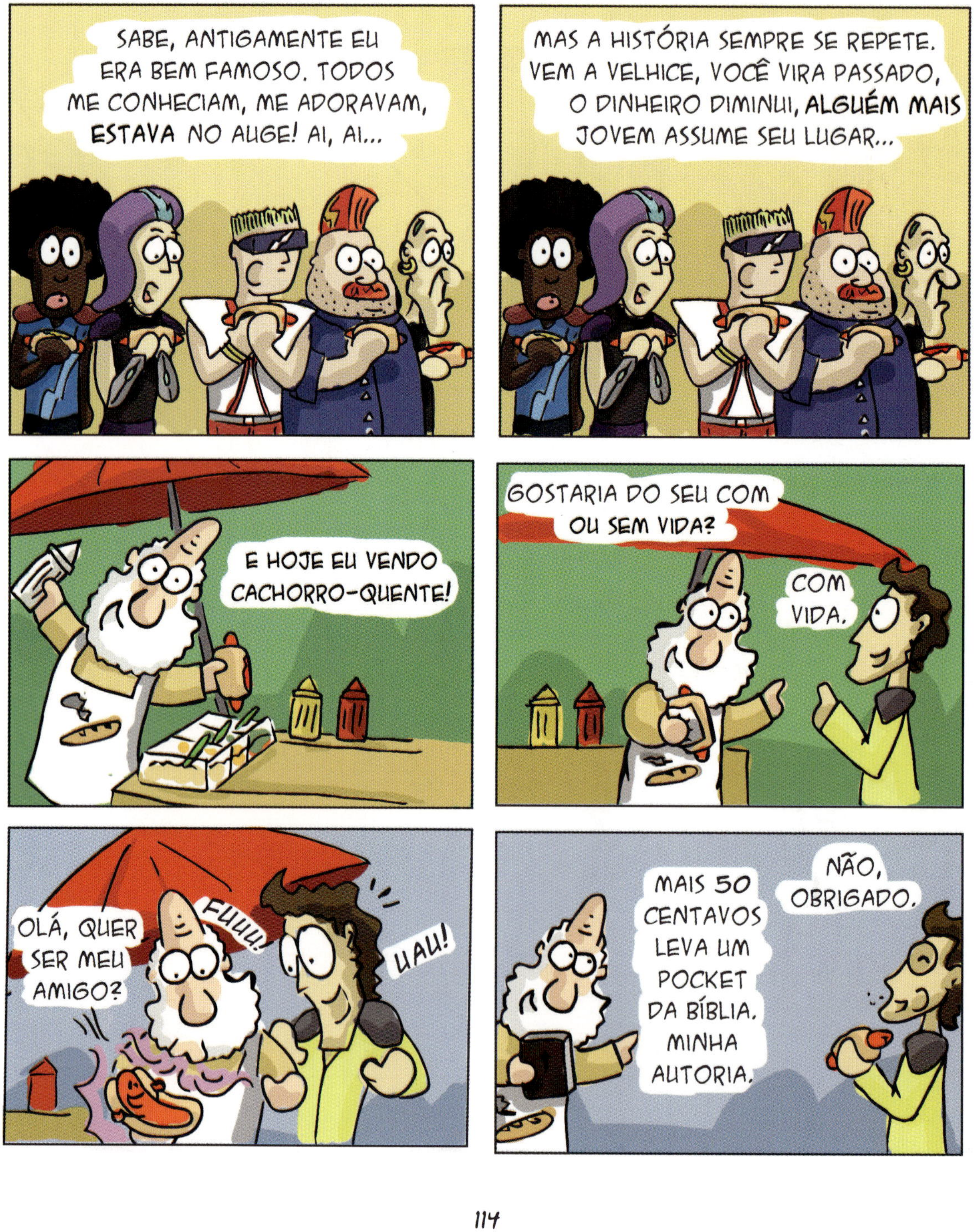
SABE, ANTIGAMENTE EU ERA BEM FAMOSO. TODOS ME CONHECIAM, ME ADORAVAM, ESTAVA NO AUGE! AI, AI...
MAS A HISTÓRIA SEMPRE SE REPETE. VEM A VELHICE, VOCÊ VIRA PASSADO, O DINHEIRO DIMINUI, ALGUÉM MAIS JOVEM ASSUME SEU LUGAR...
E HOJE EU VENDO CACHORRO-QUENTE!
GOSTARIA DO SEU COM OU SEM VIDA?
COM VIDA.
OLÁ, QUER SER MEU AMIGO?
FUUU!
UAU!
MAIS 50 CENTAVOS LEVA UM POCKET DA BÍBLIA. MINHA AUTORIA.
NÃO, OBRIGADO.

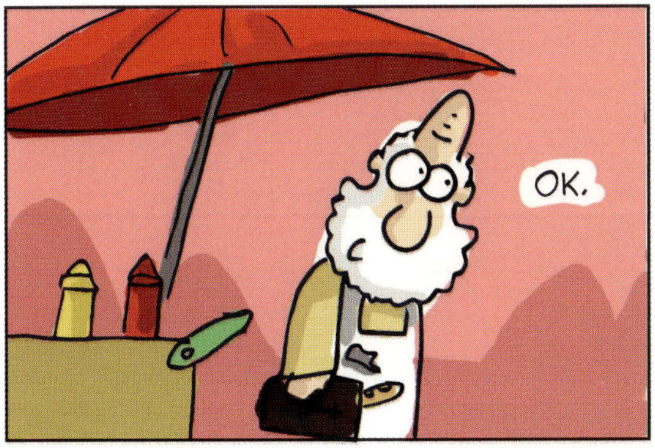
OK.

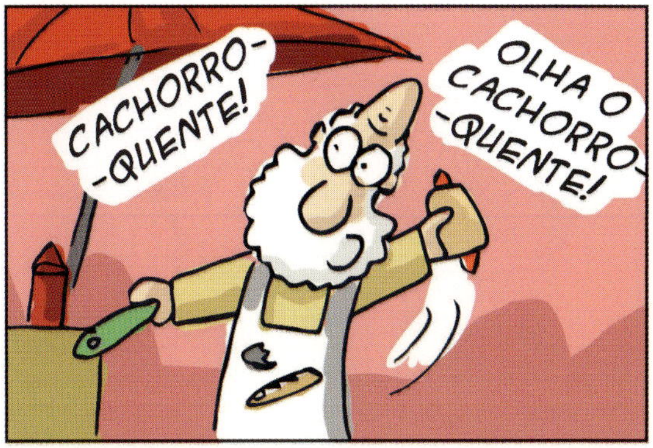
CACHORRO-
-QUENTE!
OLHA O
CACHORRO-
-QUENTE!

O FUTURO DOS DEUSES

ROTEIRO E DESENHO
CARLOS RUAS

COLORIZAÇÃO
VICTOR COSTA

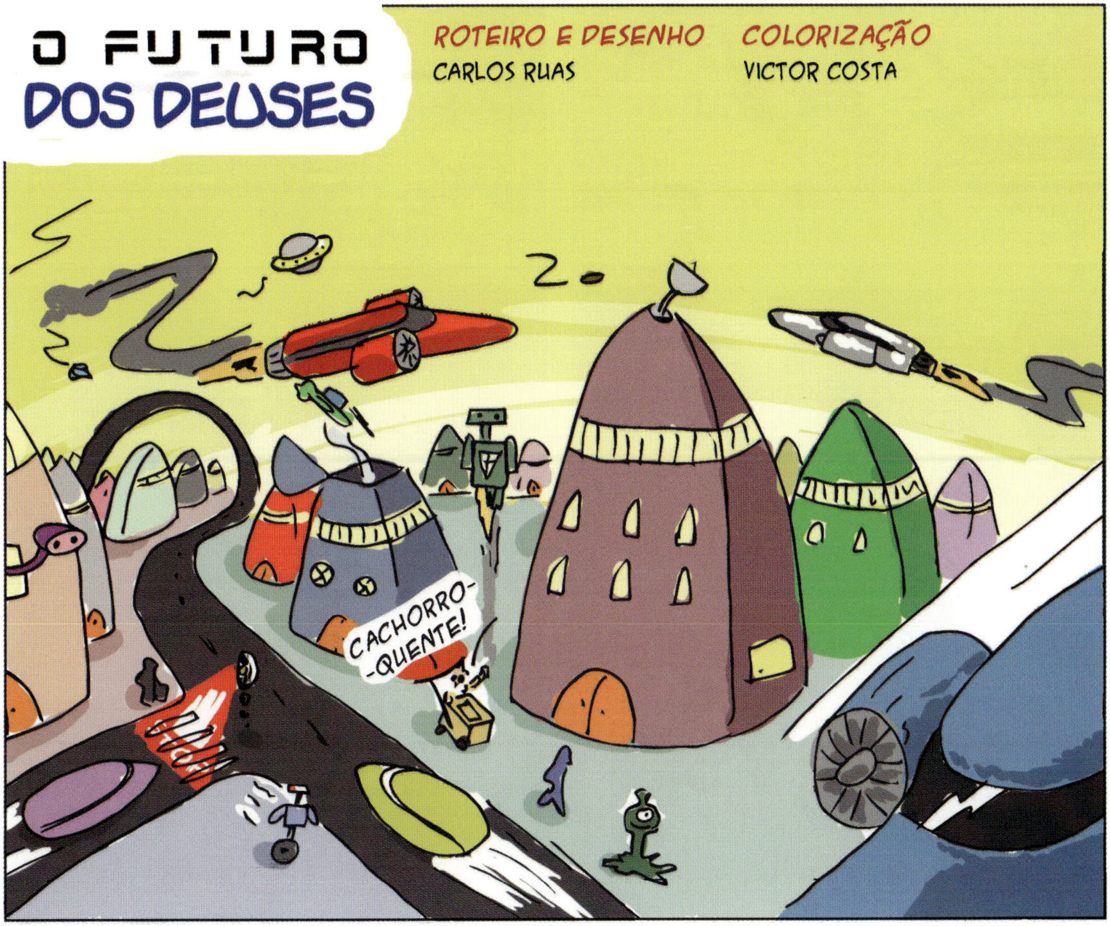
CACHORRO-
-QUENTE!

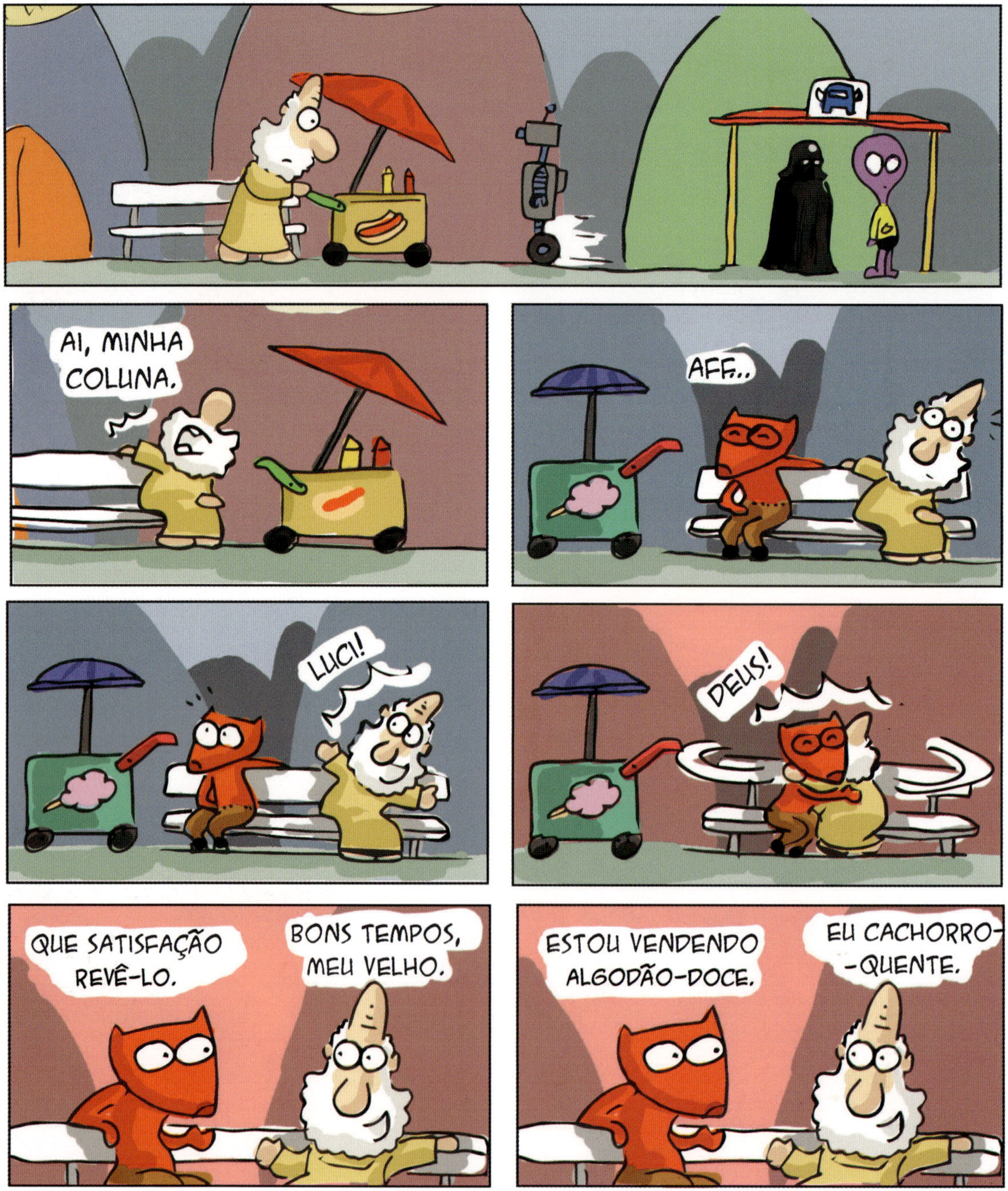
AI, MINHA COLUNA.
AFF...
LUCI!
DEUS!
QUE SATISFAÇÃO REVÊ-LO.
BONS TEMPOS, MEU VELHO.
ESTOU VENDENDO ALGODÃO-DOCE.
EU CACHORRO--QUENTE.

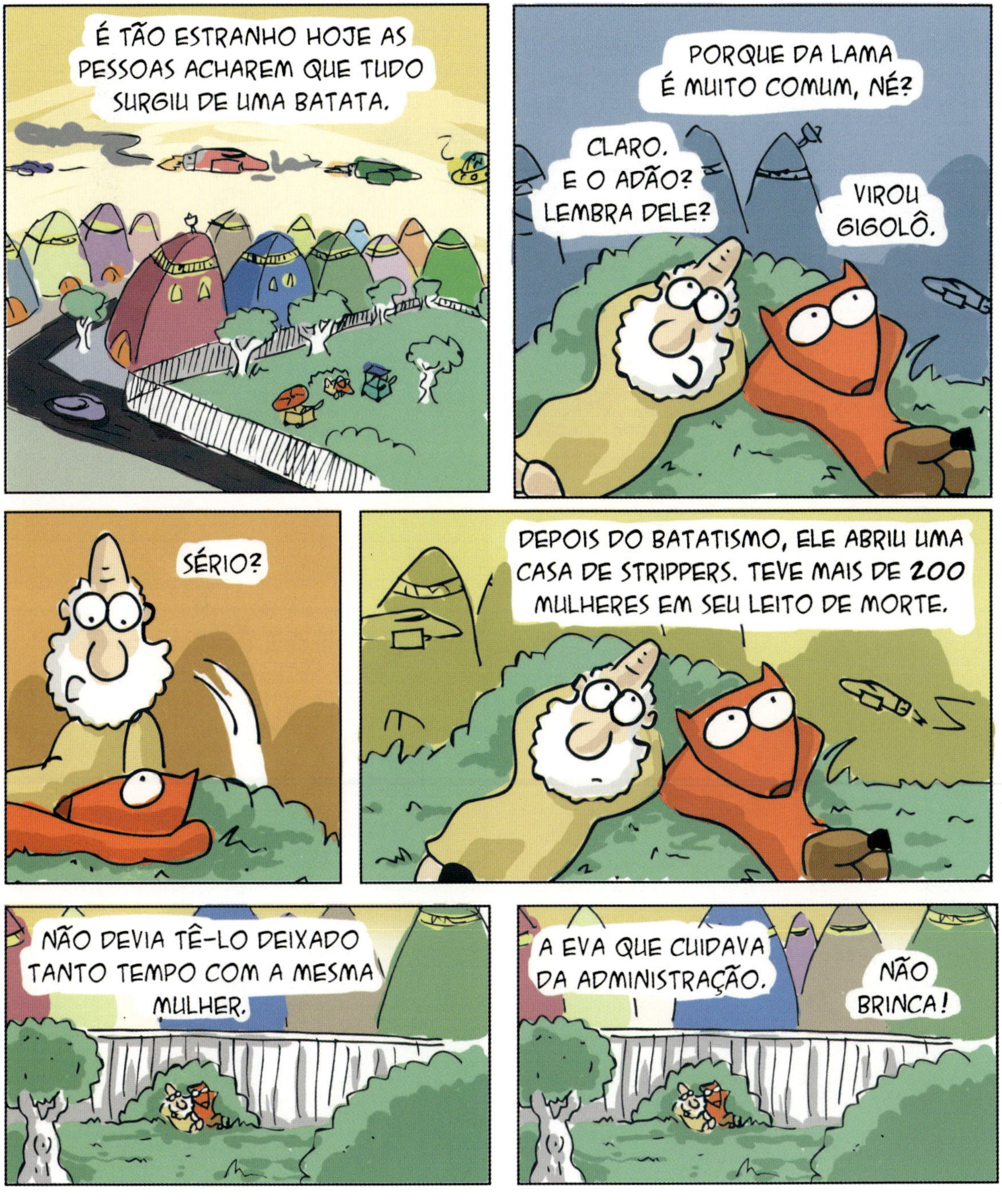
É TÃO ESTRANHO HOJE AS PESSOAS ACHAREM QUE TUDO SURGIU DE UMA BATATA.
PORQUE DA LAMA É MUITO COMUM, NÉ?
CLARO. E O ADÃO? LEMBRA DELE?
VIROU GIGOLÔ.
SÉRIO?
DEPOIS DO BATATISMO, ELE ABRIU UMA CASA DE STRIPPERS. TEVE MAIS DE 200 MULHERES EM SEU LEITO DE MORTE.
NÃO DEVIA TÊ-LO DEIXADO TANTO TEMPO COM A MESMA MULHER.
A EVA QUE CUIDAVA DA ADMINISTRAÇÃO.
NÃO BRINCA!

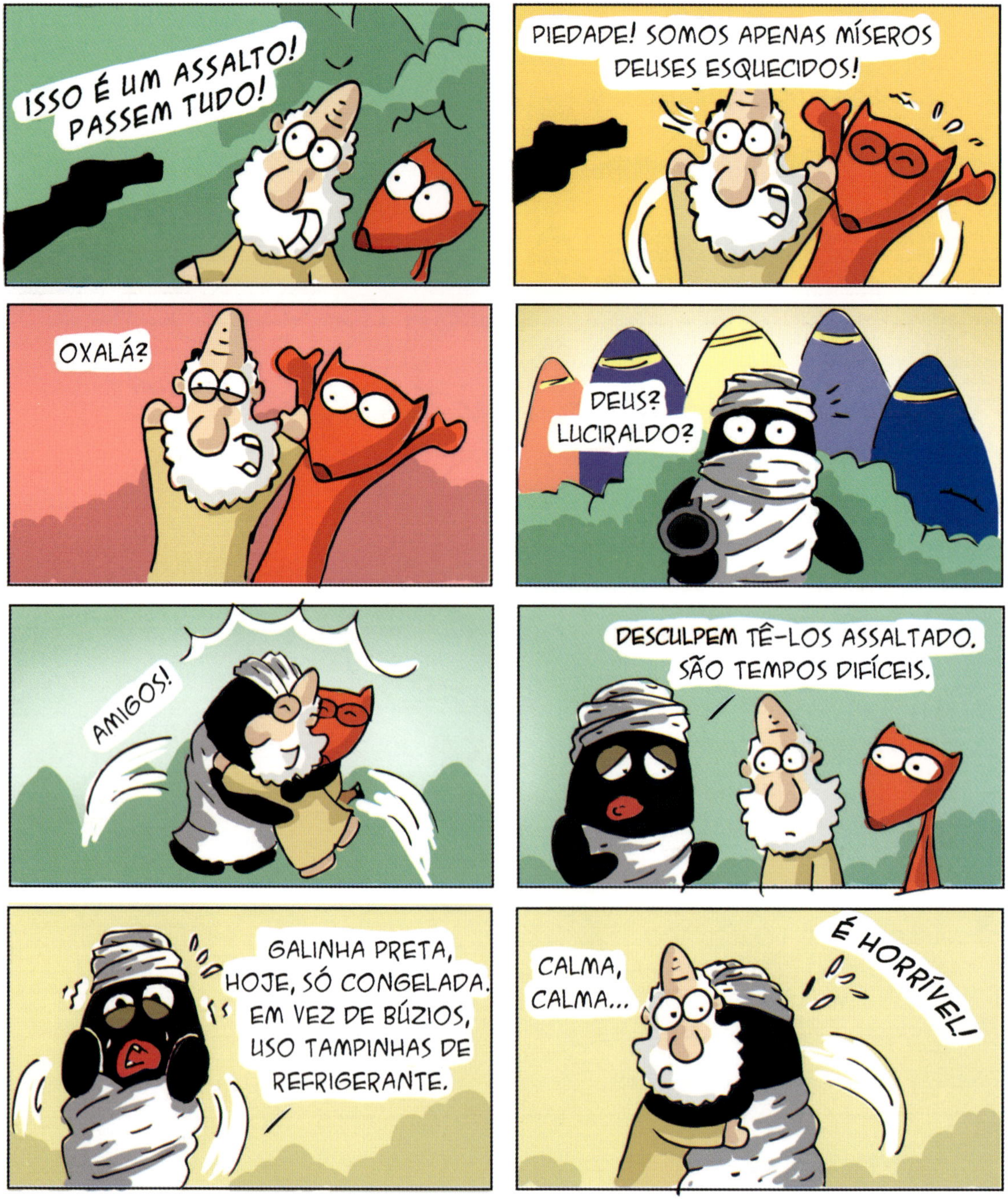
ISSO É UM ASSALTO! PASSEM TUDO!
PIEDADE! SOMOS APENAS MÍSEROS DEUSES ESQUECIDOS!
OXALÁ?
DEUS? LUCIRALDO?
AMIGOS!
DESCULPEM TÊ-LOS ASSALTADO. SÃO TEMPOS DIFÍCEIS.
GALINHA PRETA, HOJE, SÓ CONGELADA. EM VEZ DE BÚZIOS, USO TAMPINHAS DE REFRIGERANTE.
CALMA, CALMA...
É HORRÍVEL!

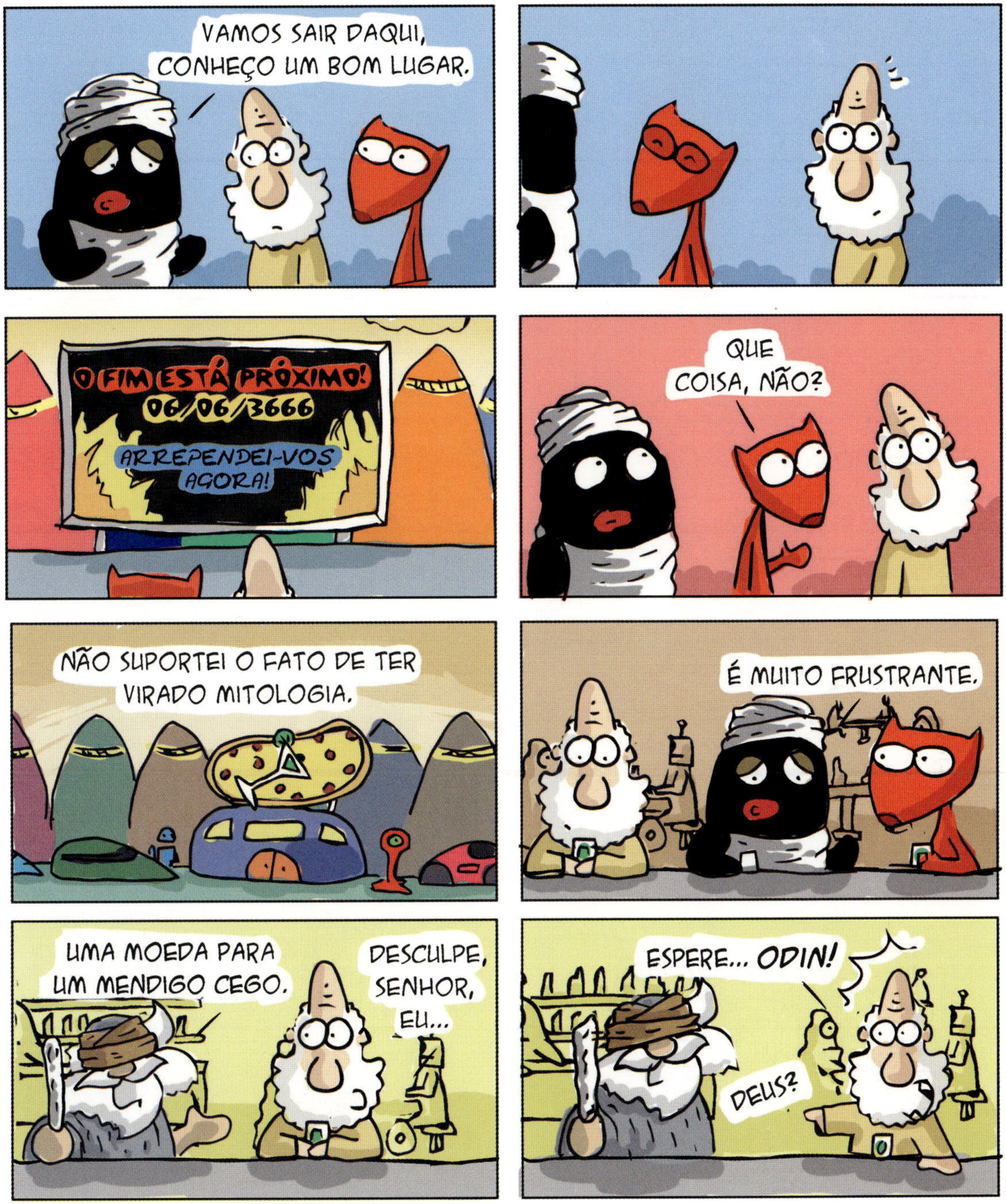
VAMOS SAIR DAQUI, CONHEÇO UM BOM LUGAR.
O FIM ESTÁ PRÓXIMO! 06/06/3666
ARREPENDEI-VOS AGORA!
QUE COISA, NÃO?
NÃO SUPORTEI O FATO DE TER VIRADO MITOLOGIA.
É MUITO FRUSTRANTE.
UMA MOEDA PARA UM MENDIGO CEGO.
DESCULPE, SENHOR, EU...
ESPERE... ODIN!
DEUS?

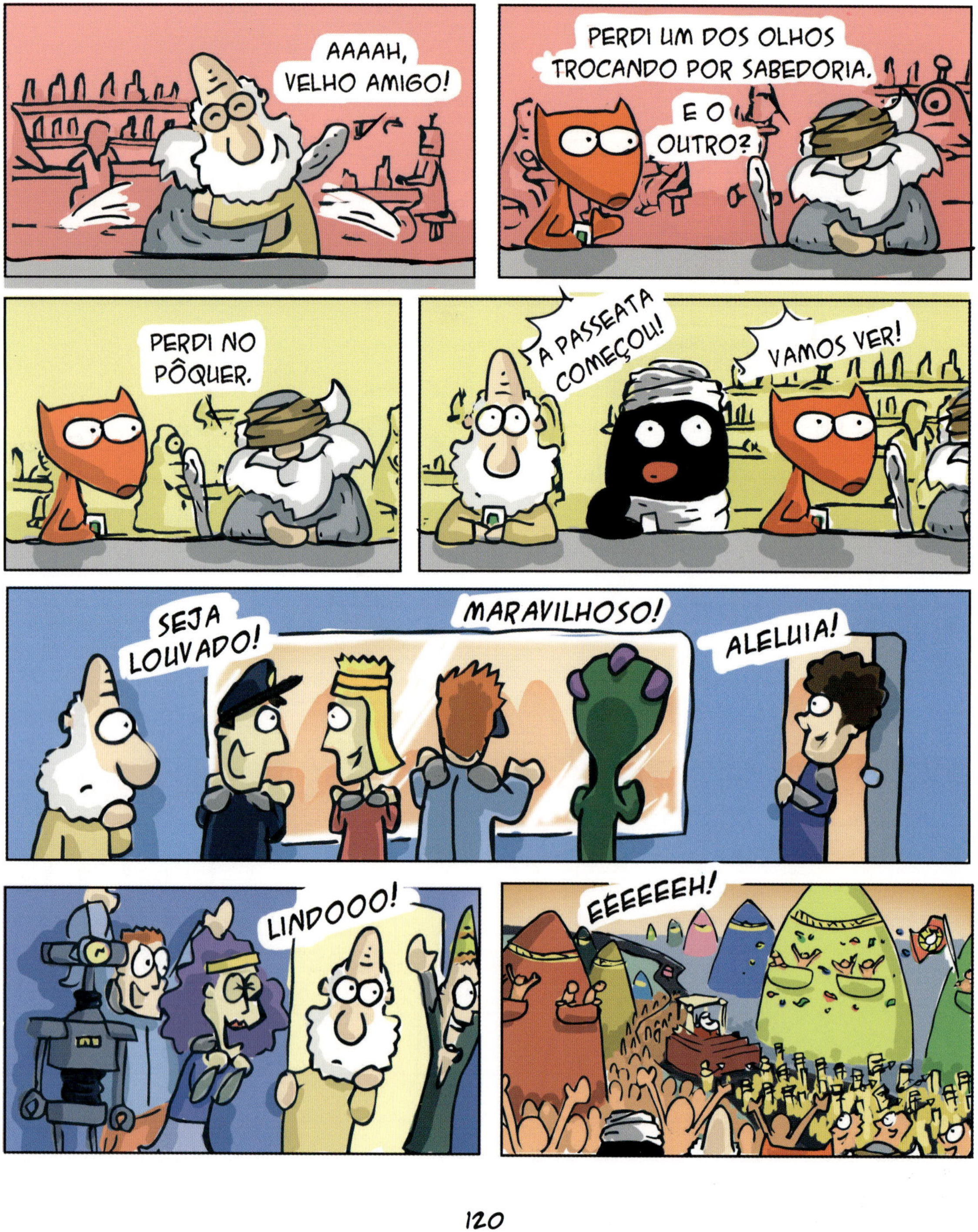
AAAAH, VELHO AMIGO!
PERDI UM DOS OLHOS TROCANDO POR SABEDORIA.
E O OUTRO?
PERDI NO PÔQUER.
A PASSEATA COMEÇOU!
VAMOS VER!
SEJA LOUVADO!
MARAVILHOSO!
ALELUIA!
LINDOOO!
ÉÉÉÉÉÉH!

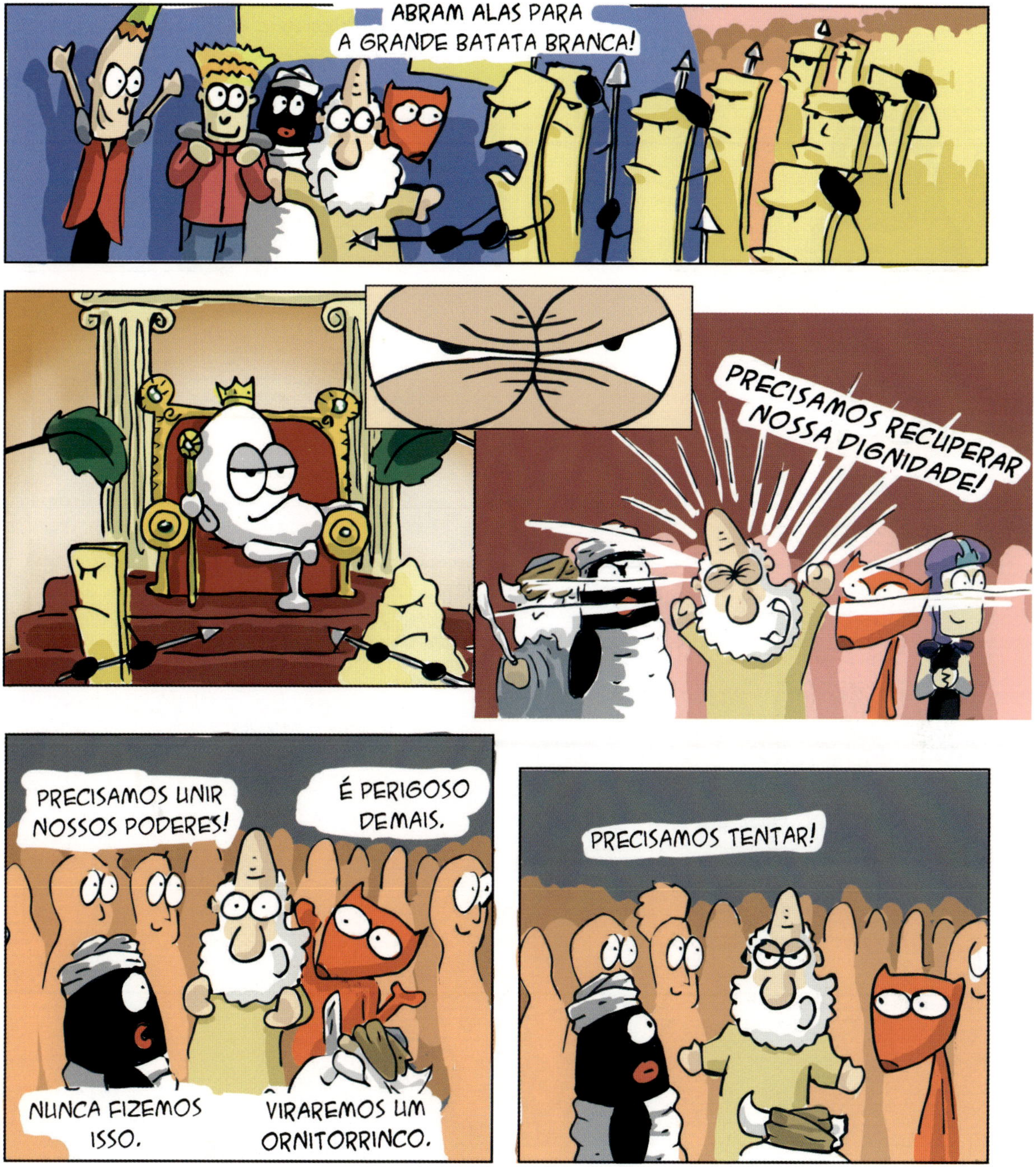
ABRAM ALAS PARA A GRANDE BATATA BRANCA!
PRECISAMOS RECUPERAR NOSSA DIGNIDADE!
PRECISAMOS UNIR NOSSOS PODERES!
É PERIGOSO DEMAIS.
NUNCA FIZEMOS ISSO.
VIRAREMOS UM ORNITORRINCO.
PRECISAMOS TENTAR!

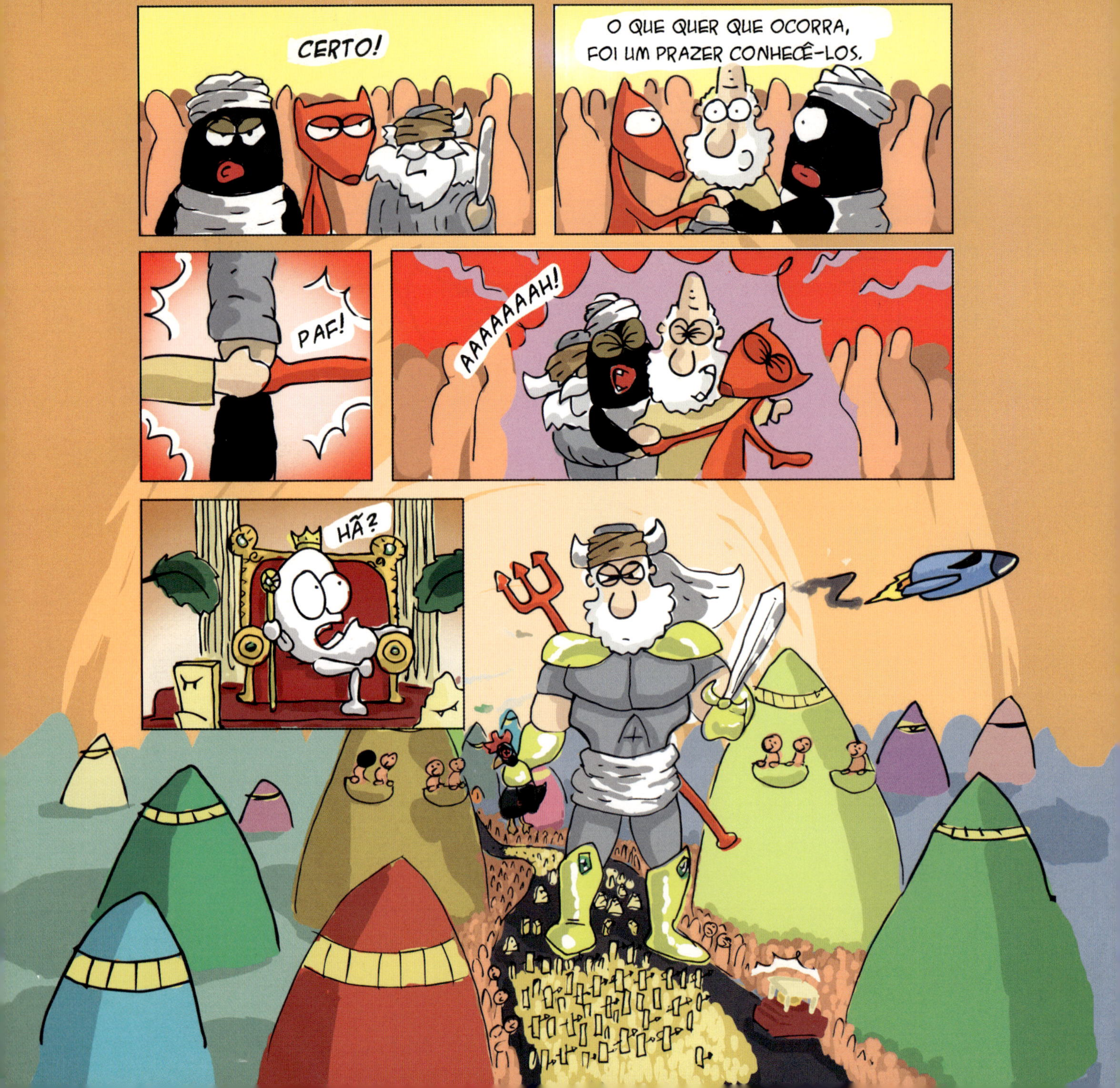
CERTO!
O QUE QUER QUE OCORRA, FOI UM PRAZER CONHECÊ-LOS.
PAF!
AAAAAAAH!
HÃ?

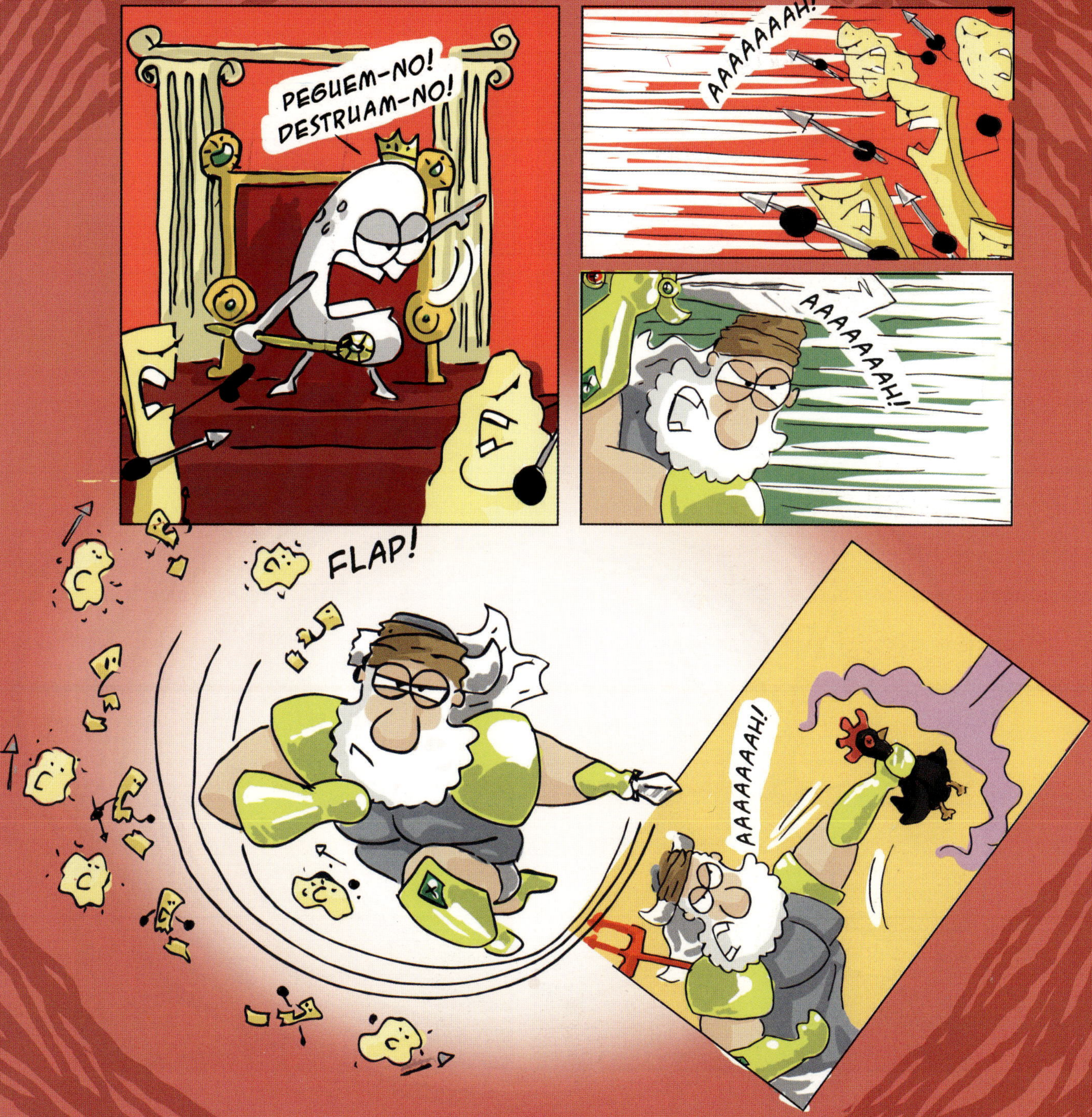
PEGUEM-NO!
DESTRUAM-NO!
AAAAAAAH!
AAAAAAAAH!
FLAP!
AAAAAAAH!

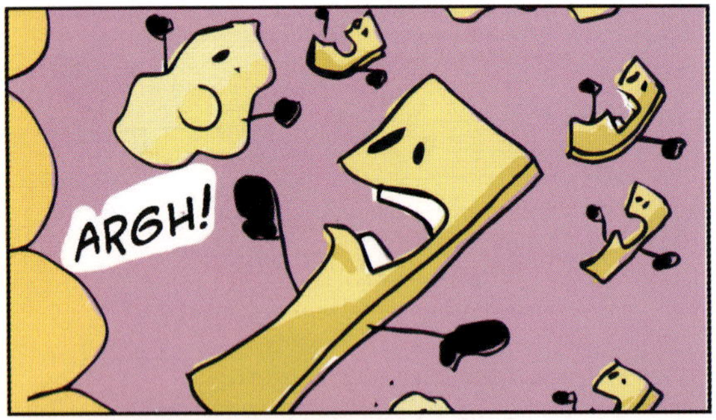
ARGH!

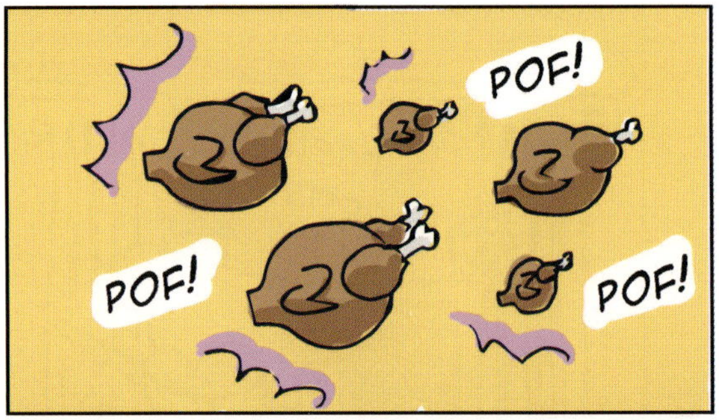
POF!
POF!
POF!

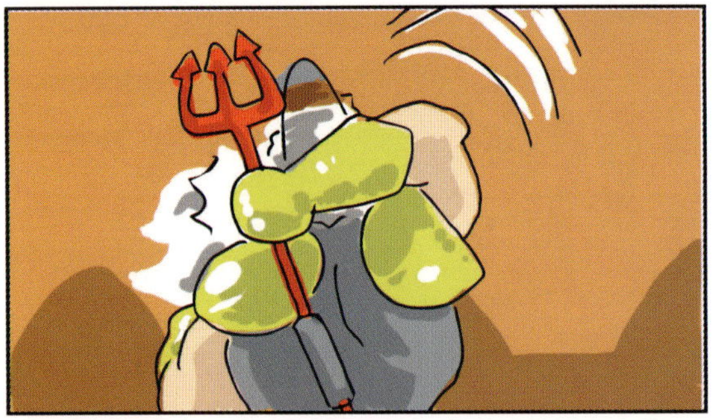

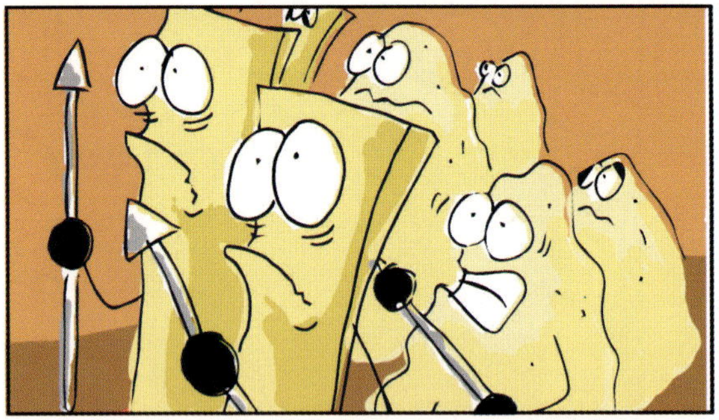

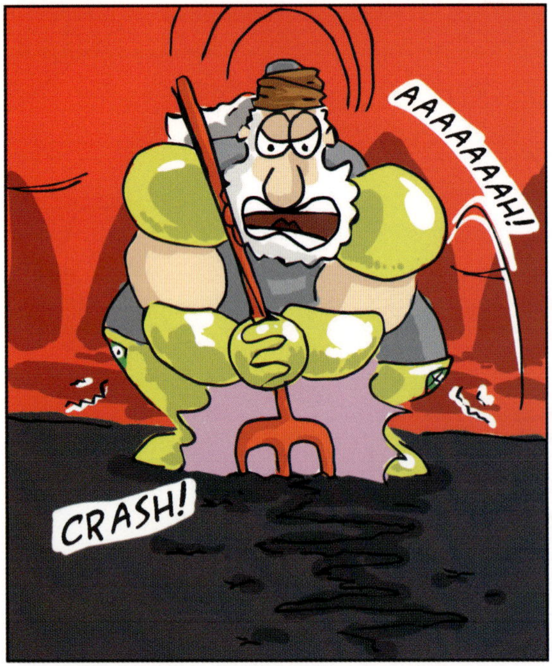
AAAAAAAH!
CRASH!

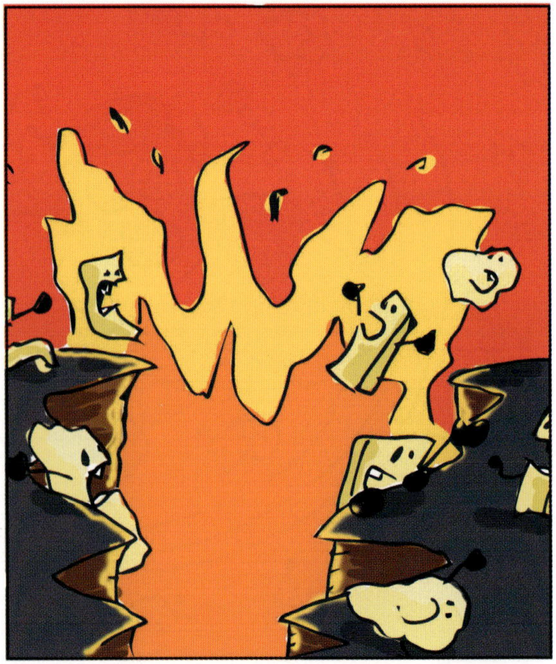

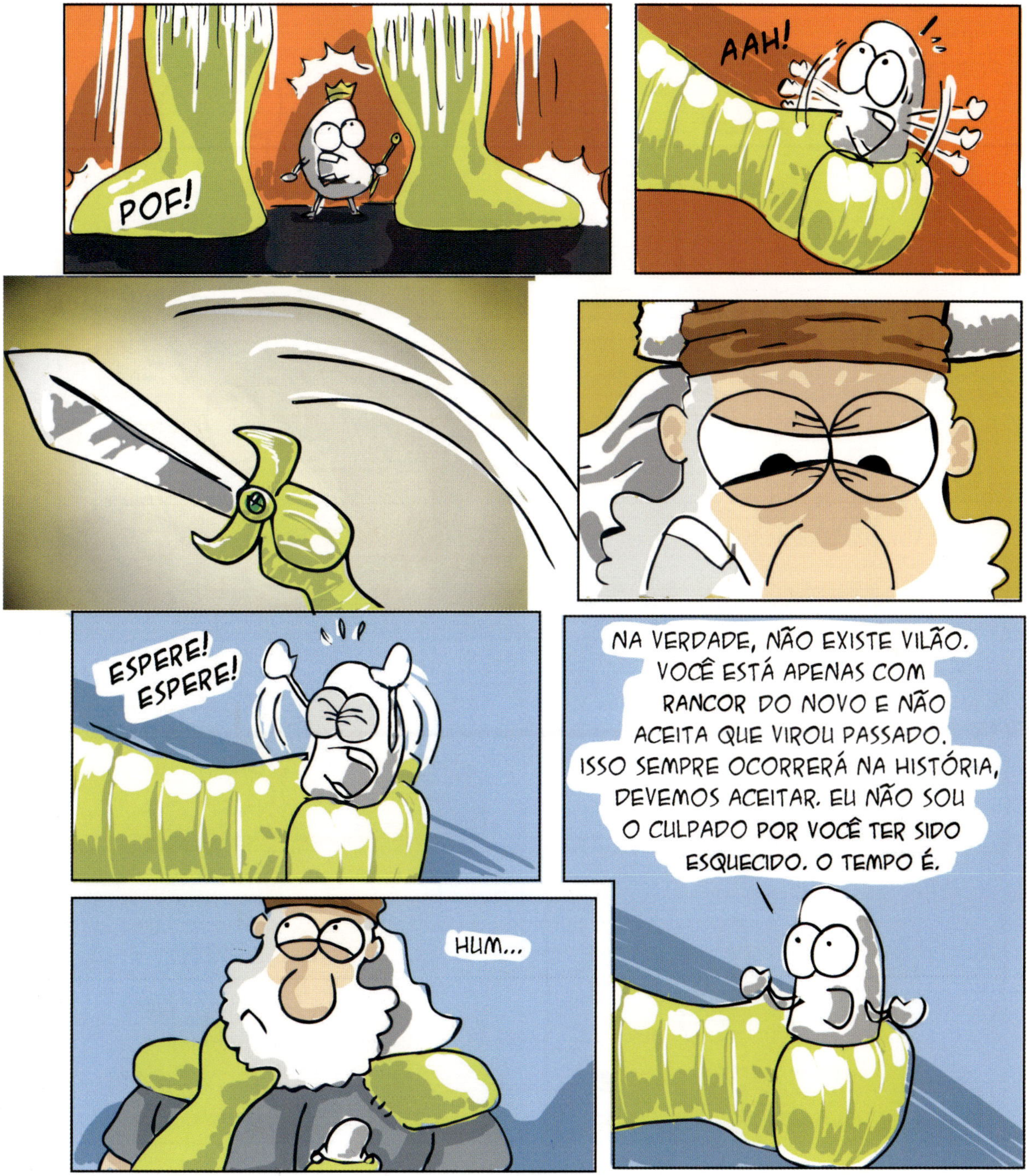
POF!
AAH!
ESPERE! ESPERE!
NA VERDADE, NÃO EXISTE VILÃO. VOCÊ ESTÁ APENAS COM RANCOR DO NOVO E NÃO ACEITA QUE VIROU PASSADO. ISSO SEMPRE OCORRERÁ NA HISTÓRIA, DEVEMOS ACEITAR. EU NÃO SOU O CULPADO POR VOCÊ TER SIDO ESQUECIDO. O TEMPO É.
HUM...

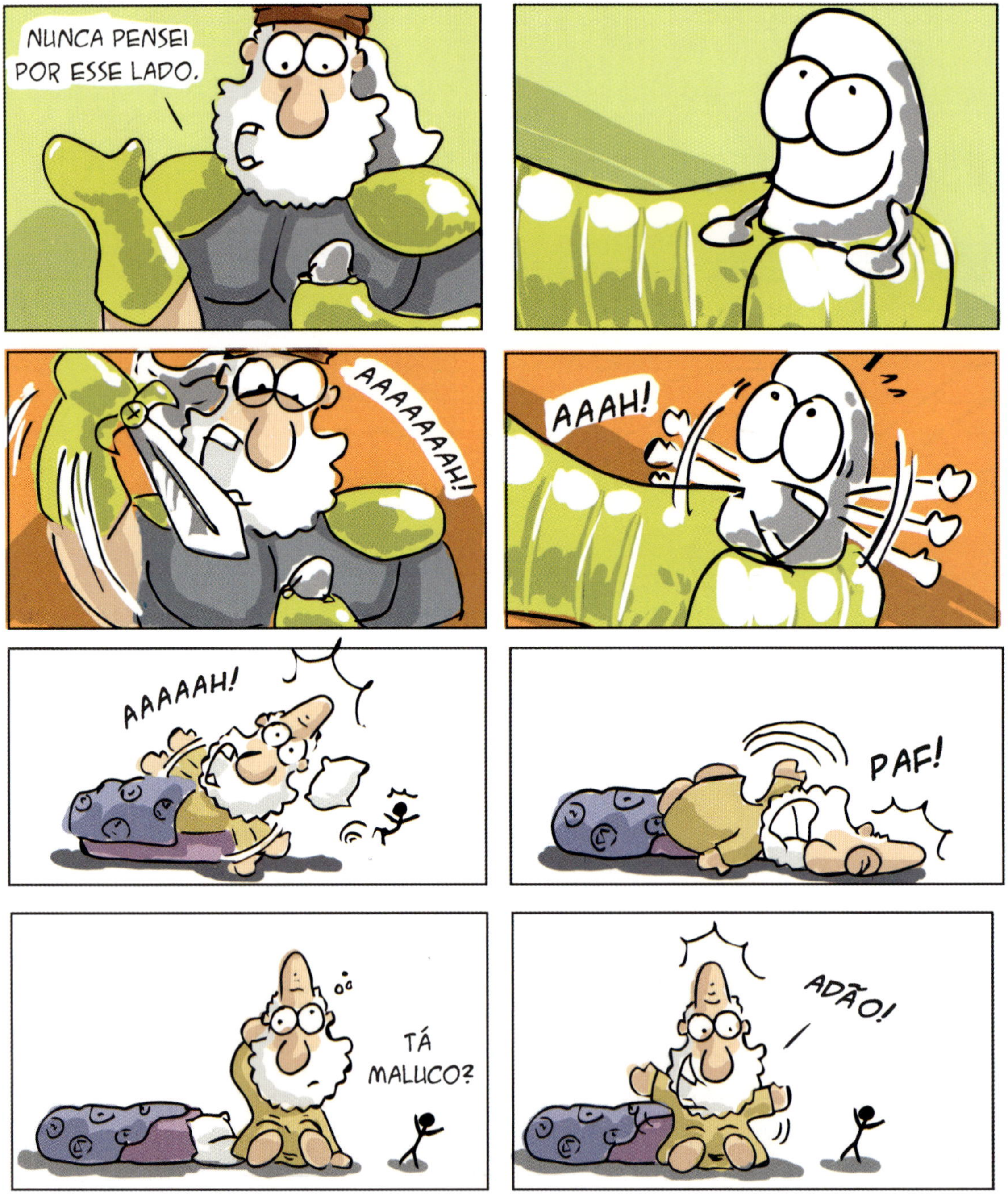
NUNCA PENSEI POR ESSE LADO.
AAAAAAAAH!
AAAH!
AAAAAH!
PAF!
TÁ MALUCO?
ADÃO!

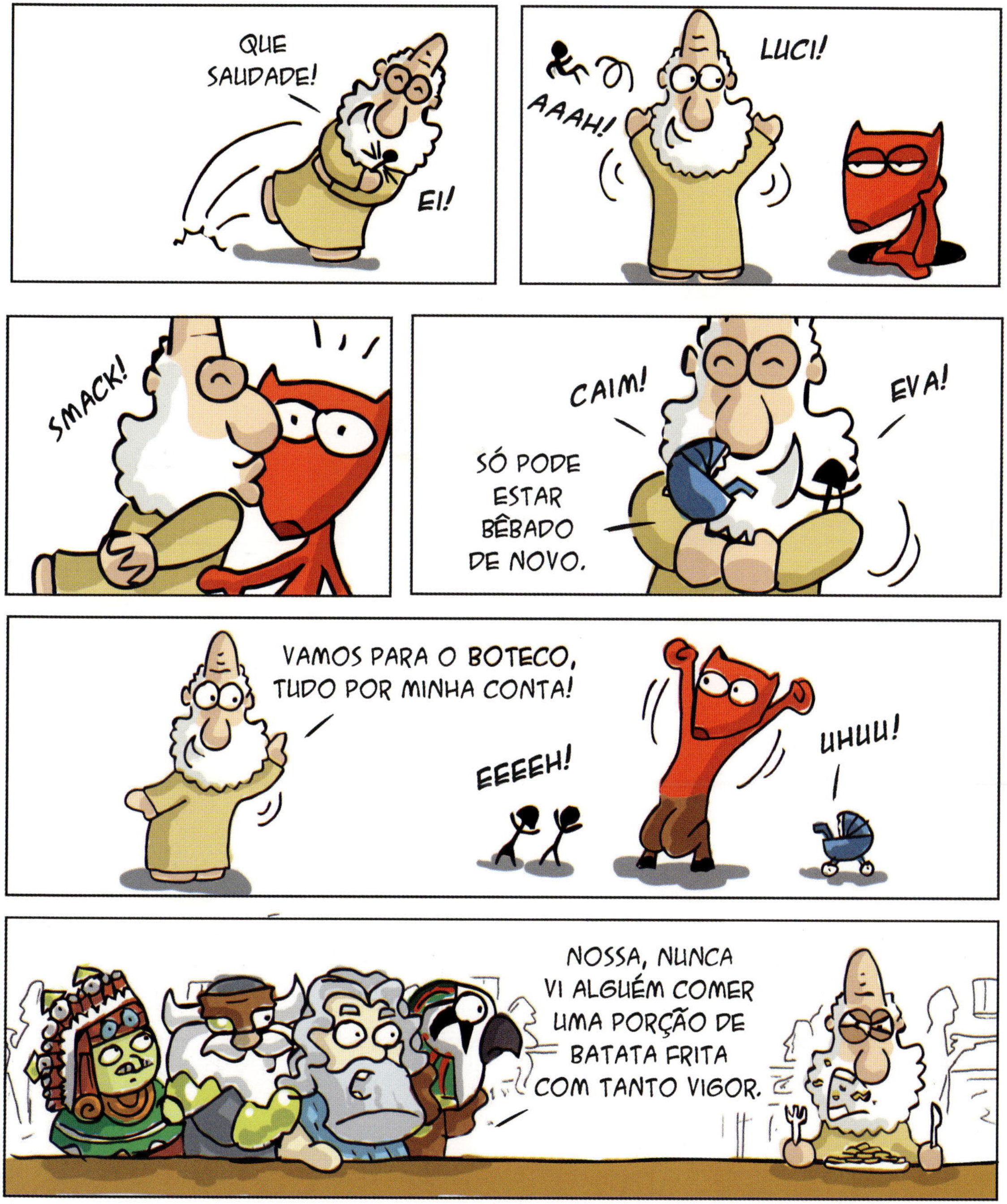
QUE SAUDADE!
EI!
LUCI!
AAAH!
SMACK!
CAIM!
EVA!
SÓ PODE ESTAR BÊBADO DE NOVO.
VAMOS PARA O BOTECO, TUDO POR MINHA CONTA!
EEEEH!
UHUU!
NOSSA, NUNCA VI ALGUÉM COMER UMA PORÇÃO DE BATATA FRITA COM TANTO VIGOR.

Carlos Ruas nasceu em 1985, em Niterói, RJ. Quando tinha 5 anos de idade, seu pai o ensinou a desenhar, vocação que levou por toda a vida. Recém-formado em desenho industrial, já era o responsável pelo departamento de design da Vega Cultural. Em 2009, com apenas 23 anos, criou o blog de tiras humorísticas Um Sábado Qualquer.

Com o abrangente porém polêmico tema religião, o blog começou a se destacar na web. Em apenas dois anos, Um Sábado Qualquer se tornou o blog de quadrinhos mais acessado do país, com uma média de cinquenta mil visitas diárias.

Sua criatividade levou à ideia da loja virtual. Sucesso de vendas, os produtos, como camiseta e bichos de pelúcia dos personagens Deus e o capeta Luciraldo, são a maior sensação!

Carlos Ruas pertence à nova geração da internet, e suas tiras são publicadas em mais de quinhentos blogs nacionais.

Na mídia impressa, começou com a publicação de tiras em jornais regionais e logo vieram o convite para participar do livro em homenagem a Mauricio de Sousa, *MSP novos 50*, e a série *Um Sábado Qualquer*.

Abraços,

Carlos Ruas

WWW.UMSABADOQUALQUER.COM